*Reichs-Marineamt*

# Forschungsreise S.M.S. „Planet" 1906-1907

2. Band: Aerologie

Reichs-Marineamt

**Forschungsreise S.M.S. „Planet" 1906-1907**

2. Band: Aerologie

ISBN/EAN: 9783956560064

Auflage: 1

Erscheinungsjahr: 2013

Erscheinungsort: Bremen, Deutschland

@ weitsuechtig in Access Verlag GmbH. Alle Rechte beim Verlag und bei den jeweiligen Lizenzgebern.

weitsuechtig

# Forschungsreise
# S. M. S. „Planet" 1906/07

Herausgegeben vom
Reichs-Marine-Amt

## II. Band
## AEROLOGIE

Unter Mitwirkung von: Geh. Regierungsrat Prof. **Dr. Hergesell**, Vorsitzender der Internat. Kommiss. für wissensch. Luftschiffahrt, Admiralitätsrat Prof. **Dr. Köppen**, Abteilungsvorstand an der Deutschen Seewarte, Kapitänleutnant **Kurtz**, derzt. Kommandant S. M. S. „Planet", Korvetten-Kapitän **Lübbert**, Reichs-Marine-Amt, Prof. **Dr. Maurer**, Reichs-Marine-Amt, Oberleutnants zur See **Schlenzka** und **Schweppe**, derzt. Wachoffiziere S. M. S. „Planet".

BERLIN 1909
VERLAG VON KARL SIEGISMUND
Hofbuchhändler Sr. Majestät d. Königs v. Sachsen

# Inhalt.

## I. Kapitel.
                                                                     Seite

Meteorologisches Tagebuch . . . . . . . . . . . . . . . . . . 1—40

## II. Kapitel.

Ausrüstung, Theorie und Praxis der Aufstiege . . . . . . . . . . . 41—70

Vorbemerkung.

  I. Drachenaufstiege . . . . . . . . . . . . . . . . . . 41—53

      a) Ausrüstung

          1. Drachenwinde. 2. Drachenleine. 3 Drachen. 4. Meteorographen. 5. Luftpumpe.

      b) Praktische Durchführung der Aufstiege

          1. Vorbereitungen. 2. Der Aufstieg. 3. Der Abstieg. 4. Havarien. 5. Behandlung des Instruments nach dem Aufstieg.

  II. Ballonaufstiege . . . . . . . . . . . . . . . . . . 53—67

      a) Ausrüstung

          1. Ballons. 2. Instrumente.

      b) Die Technik

         I. Zur physikalischen Theorie

         II. Die Praxis

      a) Sondierballons

          1. Allgemeines. 2. Die auf „Planet" verwendeten Werte. 3. Abwurfvorrichtung. 4. Berechnung des Landungspunktes. 5. Das Auffüllen der Ballons.

      b) Pilotballons

      c) Fesselballons an der Drachenwinde

  III. Auswertung der Meteorogramme . . . . . . . . . . . . . 67—70

## III. Kapitel.

Aerologisches Tagebuch . . . . . . . . . . . . . . . . . . 71—104

## IV. Kapitel.

Wissenschaftliche Luftschiffahrt. Geschichtliches und Ergebnisse . . . . 105—118

1. Die Entstehung der Höhenforschung über den Ozeanen. 2. Bemerkungen über die Ausrüstung „Planet". 3. Allgemeine Ergebnisse

    a) Nordatlantischer Ozean. b) Südatlantischer Ozean. c) Indischer Ozean und Malayischer Archipel. d) Andere Meere. e) Allgemeine Schlussfolgerungen.

## V. Kapitel.

### Die Drachenaufstiege auf S. M. Torpedoboot „Sleipner"

Sommer 1904, veranstaltet auf Befehl Seiner Majestät des Kaisers . . . 119–124

**Anhang** zum III. Kapitel: 6 Übersichtskarten, 1 Tafel und 1 Heft mit 68 Diagrammen . . . . . . . . . . . . . . am Schluss des Bandes.

# Erstes Kapitel.
# Meteorologisches Tagebuch.

### Vorbemerkungen.

1. Die Reise S. M. S. „Planet" hat sich nach folgendem Reiseplan vollzogen:

| | |
|---|---|
| 21. I. 1906 Kiel verlassen | 30. VII. In der Sikakap-Strasse zu Anker |
| 29. I.—3. II. Lissabon | 3. VIII.—8. VIII. Batavia |
| 13. II.—17. II. Porto Grande | 18. VIII.—22. VIII. Makassar |
| 24. II.—28. II. Freetown | 29. VIII.—3. IX. Amboina |
| 15. III.—18. III. St. Helena | 15. IX.—2. X. Hermit-Inseln |
| 4. IV.—14. IV. Kapstadt | 3. X.—5. X. Andrew-Hafen |
| 5. V.—14. V. Durban | 5. X.—6. X. Pak (St. Gabriel) ⎫ Admiralitäts- |
| 30. V.—2. VI. Tamatave ⎫ Madagaskar | 7. X.—10. X. Bird-Insel ⎭ Inseln |
| 3. VI. St. Mary ⎭ | 13. X. Herbertshöhe |
| 8. VI.—13. VI. Port Louis (Mauritius) | 13. X.—5. I. 1907. Vermessungsgebiet |
| 16. VI.—17. VI. Rodriguez | (Bismarck-Archipel) |
| 29. VI. Suvadiva-Atoll | 6. I.—7. I. Nusa (Neu-Mecklenburg) |
| 3. VII.—13. VII. Colombo | 16. I.—20. I. Yap (West-Carolinen) |
| 20. VII.—22. VII. Lugu Bigo-Bucht auf Simalur | 22. I. Korror-Hafen, Palau-Inseln |
| | 8. II.—12. II. Manila |
| 25. VII.—29. VII. Padang (Sumatra) | 17. II. Ankunft in Hongkong. |

2. Im Tagebuch sind nur die Seetage aufgenommen = 225 Tage. Vorstehende 65 Hafentage sind weggelassen; desgleichen die 101 Tage im Vermessungsgebiet.

3. Die 12 Uhr-Positionen sind die Mittagsbestecke nach astronomischen Beobachtungen.

4. Windrichtungen sind rechtweisend.

5. Die Barometerangaben sind auf $0°$ Celsius und Meeresniveau reduziert. Die Angaben sind mit den Registrierungen eines Richard-Barographen verglichen worden, grössere Abweichungen von diesem wurden ausgeglichen.

6. Die Angaben für Luft- und Oberflächentemperatur beruhen zum grossen Teil auf doppelten, von einander unabhängigen Beobachtungen. Ausschläge von über $1°$ sind eingeklammert.

7. Bewölkung des Himmels ist im Verhältnis von $0-10$ gegeben. $0$ = vollständig klarer Himmel, $10$ = vollständig bez. ft.

Für die Wetterangaben gelten folgende Abkürzungen:

| | | |
|---|---|---|
| b = Klarer Himmel | h = Hagel | q = Böig |
| c = Einzelne Wolken | l = Blitzen | r = Regen |
| d = Staubregen | m = Diesig | s = Schnee |
| f = Nebel | o = Bedeckter Himmel | t = Donner |
| g = Trübe | p = Regenschauer | u = Drohende Luft |
| | v = Sehr durchsichtige Luft | |
| | w = Tau. | |

Verstärkte Erscheinungen sind unterstrichen, schwache eingeklammert.

8. Die Beobachtungen über relative Feuchtigkeit befinden sich im Band „Ozeanographie" bei den Oberflächenbeobachtungen.
9. In der Rubrik „Stationsnummer" sind die laufenden Nummern der wissenschaftlichen Arbeiten gegeben.
10. Die Rubrik „Wissenschaftliche Tätigkeit" gibt ungefähre Zeit und Art der wissenschaftlichen Arbeiten. Es bedeuten:

$\quad$ L = Tiefseelotung $\quad$ P = Pilotballon
$\quad$ S = Serienmessung $\quad$ D = Drachenaufstieg
$\quad$ B = Ballonsonde $\quad$ Bl = Biologische Arbeiten (Planktonfang pp.)
$\quad$ W = Stereophotogrammetrische Wellenaufnahmen.

11. Der gefallene Regen wurde täglich einmal gemessen. Die Menge ist nach Millimetern unter „Regenhöhe" bei den Bemerkungen aufgenommen.

Meteorologisches Tagebuch

## Von Kiel nach Lissabon.

| Datum | Uhrzeit | Breite N | Länge | Wind u. Stärke | Barometer für Temperatur verbessert und auf Meeresspiegel reduziert | Lufttemperatur °C | Bewölkung 0—10 | Wetter | Temperatur der Meeresoberfläche | Seegang 0—9 | Stationsnummer | Wissenschaftliche Tätigkeit | Bemerkungen |
|---|---|---|---|---|---|---|---|---|---|---|---|---|---|
| 1906 | 8 | | | NzO 2 | 772.3 | 0.1 | 2 | c | | 3 | | | 8 h Kiel verlassen. |
| 22. I. | 12 | 53°40' | 5°32' | NOzO 2 | 774.2 | 4.8 | 2 | ,, | | 2 | | | Gezeitenstrom. |
| | 4 | | | O 4 | 775.7 | 2.2 | 2 | ,, | | 2 | | | |
| | 8 | | | OSO 3 | 776.3 | 1.5 | 5 | ,, | | 5 | | | |
| | 12 | | | ,, | 777.8 | 1.6 | 4 | ,, | | 2 | | | |
| | 4 | | | OSO 2 | 778.6 | 1.2 | 3 | c | | 2 | | | |
| | 8 | | | SOzS 2 | 779.1 | 1.1 | 5 | ,, | | 2 | | | |
| 23. I. | 12 | 51°8' | 2°9' | ,, | 779.2 | 2.3 | 4 | ,, | | 2 | | | Gezeitenstrom. |
| | 4 | | | SOzO 2 | 779.0 | 6.8 | 3 | ,, | | — | | | |
| | 8 | | | WzS 1 | 779.2 | 2.2 | 2 | ,, | | — | | | |
| | 12 | | | ,, | 778.2 | 3.0 | 4 | ,, | | | | | |
| | 4 | | | WzN 1 | 778.2 | 3.7 | 6 | c | | — | | | Wind dreht links bis auf WSW und frischt auf. |
| | 8 | | W | SWzS 2 | 777.4 | 3.9 | 10 | o u | | — | | | Gezeitenstrom. |
| 24. I. | 12 | 49°46' | 2°0' | WzS 1 | 776.5 | 5.2 | 6 | c | | — | | | |
| | 4 | | | WSW 3 | 773.7 | 5.8 | 8 | ,, | | 2 | | | 10 h 30 min — 11 h 20 min Regenschauer. |
| | 8 | | | SW 5 | 772.3 | 6.3 | 6 | ,, | | 2 | | | |
| | 12 | | | ,, | 771.3 | 8.0 | 6 | ,, | | 3 | | | |
| | 4 | | | SW 5 | 767.5 | 9.5 | 8 | c (d) | | 5 | | | |
| | 8 | | | SW 7 | 765.0 | 9.5 | 10 | o m d | | 6 | | | Wind drehte auf W und flaute ab. |
| 25. I. | 12 | 48°36' | 5°11' | WSW 7 | 764.0 | 10.6 | 10 | o d r | | 7 | | | |
| | 4 | | | W 4 | 763.0 | 10.2 | 10 | o m r | | 4 | | | |
| | 8 | | | ,, | 763.9 | 10.6 | 10 | ,, | | 4 | | | |
| | 12 | | | W 3 | 763.8 | 11.2 | 10 | o | | 4 | | | |
| | 4 | | | W 4 | 765.1 | 10.2 | 10 | o m (r) | 11.3 | 4 | 1 | 8h bis 12h L S | 12h 15 min—21h 15 min Regen. |
| | 8 | | | ,, | 767.3 | 10.6 | 10 | ,, | 11.4 | 4 | | 9h Bl | |
| 26. I. | 12 | 46°52' | 7°5' | W 3 | 768.4 | 11.2 | 10 | o | 12.0 | 6 | 1 | 12h bis 5h D | |
| | 4 | | | ,, | 769.0 | 11.3 | 7 | c (d) | 11.9 | 3 | 1 | | |
| | 8 | | | ,, | 769.5 | 11.2 | 9 | o | 13.0 | 3 | | | |
| | 12 | | | W 2 | 771.0 | 11.2 | 6 | c | 13.0 | 3 | | | |
| | 4 | | | SSW 1 | 770.9 | 11.0 | 10 | o (d) | 13.0 | — | | | Wind unbeständig. |
| | 8 | | | SO 1 | 770.5 | 11.3 | 10 | ,, | 12.7 | — | | | |
| 27. I. | 12 | 44°19' | 9°17' | O 1 | 770.8 | 11.6 | 10 | ,, | 13.0 | — | | | |
| | 4 | | | OzS 3 | 769.6 | 11.0 | 10 | o | 13.0 | — | | | 8 h 20 min frischt d Wind auf und dreht auf N, um 9 h plötzlich auf S und dann weiter rechts drehend. |
| | 8 | | | N 1 | 769.3 | | | ,, | 12.9 | — | | | |
| | 12 | | | S 2 | 769.2 | 11. | 8 | c | 13.2 | — | | | |

Meteorologisches Tagebuch

| Datum | Uhrzeit | Breite N | Länge W | Wind u. Stärke | Barometer für Temperatur verbessert und auf Meeresspiegel reduziert | Lufttemperatur °C | Bewölkung 0—10 | Wetter | Temperatur der Meeresoberfläche | Seegang 0—9 | Stationsnummer | Wissenschaftliche Tätigkeit | Bemerkungen |
|---|---|---|---|---|---|---|---|---|---|---|---|---|---|
| 28. I. | 4 | | | 8W 2 | 769.4 | 11.3 | 6 | c | 14.0 | | | | |
| | 8 | | | ,, | 769.4 | 11.3 | 6 | ,, | (13.9) | | | | |
| | 12 | 41°19' | 11°31' | SSW 1 | 770.0 | 13.7 | 3 | ,, | 14.0 | 1 | 2 | 12ʰ bis 4ʰ L S 2ʰ Bl | |
| | 4 | | | S 1 | 769.7 | 15.1 | 4 | ,, | 14.4 | | | | |
| | 8 | | | ,, | 770.3 | 12.8 | 3 | ,, | 14.7 | | 2 | | 9 h vereinzelter Sternschnuppenfall aus dem Sternbild des „Grossen Bären". |
| | 12 | | | SOzS 1 | 770.9 | 12.8 | 0 | b | 14.6 | | | | |
| 29. I. | 4 | | | SOzS 1 | 771.1 | 12.7 | 6 | c | 14.0 | | | | |
| | 8 | | | OSO 1 | 771.1 | 15.3 | 6 | ,, | 14.9 | | | | |
| | 12 | 38°50' | 9°32' | ,, | 771.5 | 17.5 | 6 | ,, | (14.9) | | | | |
| | 4 | | | ,, | 771.5 | 17.5 | 4 | ,, | 14.8 | | | | 3 h 25 min in den Hafen von Lissabon eingelaufen. |
| | 8 | | | N 2 | 772.2 | 16.4 | 1 | ,, | 14.7 | | | | |
| | 12 | | | ,, | 771.7 | 11.3 | 3 | ,, | 12.2 | | | | |

## Von Lissabon nach Porto Grande.

| Datum | Uhrzeit | Breite N | Länge W | Wind u. Stärke | Barom. | Lufttemp. | Bew. | Wetter | Temp. Meer | Seegang | Station | Wiss. Tätigkeit | Bemerkungen |
|---|---|---|---|---|---|---|---|---|---|---|---|---|---|
| 3. II. | 12 | 38°38' | 9°13' | NW 3 (4) | 770.0 | 17.5 | 0 | b q | 13.0 | | | | 11 h 50 min Lissabon verlassen. |
| | 4 | | | NNW 6 | 768.7 | 17.5 | 3 | c q | 14.5 | 5 | | | |
| | 8 | | | NNW 7 | 768.2 | 13.5 | 7 | c q | 14.8 | 6 | | | 10 h 55 min — 11 h 20 min Staubregen. |
| | 12 | | | NzW 6 | 766.0 | 13.3 | 10 | o | 14.7 | 5 | | | |
| 4. II. | 4 | | | N 6 (7) | 763.0 | 13.0 | 2 | c q | 14.7 | 5 | | | 2 h 30 min wurde der Wind bölg. Stärke der Böen 7. 5 h hörten die Böen auf, Wind dreht links auf NOzN. |
| | 8 | | | NOzN 5 | 762.5 | 13.5 | 2 | c | 15.5 | 5 | 3 | 10ʰ Bl 9ʰ bis 12ʰ L S | |
| | 12 | 35°58' | 7°54' | NzW 5 | 761.0 | 14.0 | 2 | ,, | 16.8 | 5 | | | |
| | 4 | | | ,, | 760.0 | 16.2 | 1 | ,, | 16.2 | 5 | 4 | 5ʰ bis 6ʰ S | 6 h Wind springt auf NW und frischt auf. 10 h 30 min springt der Wind auf N. |
| | 8 | | | NW 7 | 760.2 | 13.8 | 1 | ,, | 16.5 | 6 | | | |
| | 12 | | | N 6 | 760.5 | 13.2 | 4 | ,, | 15.5 | 6 | | | |
| 5. II. | 4 | | | N 7 (8) | 760.2 | 13.3 | 5 | c q | 15.6 | 6 | | | 1 h Böen bis zur Stärke 8. |
| | 8 | | | N 7 | 761.2 | 13.6 | 9 | o q | 15.8 | 6 | 5 | 7ʰ bis 9ʰ S | 10 h 25 min Staubregen. Auf 34° N und 12° W ca. 15 Möven und eine Schule Delphine beim Schiff. 5 h Wind flaut ab. 6 h 15 min —6 h 30 min Regen. |
| | 12 | 34°25' | 11°33' | ,, | 761.8 | 14.3 | 7 | c q | 16.0 | 7 | | | |
| | 4 | | | NzO 6 (7) | 761.8 | 14.2 | 6 | c q | 16.0 | 6 | | | |
| | 8 | | | NNWb (7) | 763.2 | 14.4 | 8 | ,, | 16.2 | 6 | | | |
| | 12 | | | N 4 | 764.0 | 14.2 | 6 | c | 16.0 | 5 | | | |
| 6. II. | 4 | | | NNO 4 | 763.4 | 14.1 | 8 | c | 16.5 | 5 | | | 7 h 20 min—25 min Regenbogen in W. 10 h 15 min frischte d. Wind auf und wurde bölg. 10 h 50 min kurzer Regenschauer. 3 h 20 min vereinz Schweinsfische beim Schiff. Petersvogel (Oceanites) beim Schiff. 5 h 10 min Regenbogen in SO. 8 h 25 min flaute es ab. |
| | 8 | | | ,, | 765.1 | 14.9 | 9 | o | 16.8 | 5 | 2 | 8ʰ bis 3ʰ D 4ʰ Bl | |
| | 12 | 33°3' | 14°36' | N 6 (7) | 766.2 | 15.1 | 8 | c q | 17.0 | 6 | | | |
| | 4 | | | NNO 5 | 766.7 | 13.9 | 5 | c | 17.0 | 5 | 4 | | |
| | 8 | | | N 4 (5) | 767.8 | 14.5 | 4 | c | 17.0 | 4 | | | |
| | 12 | | | N 4 | 767.9 | 14.8 | | | — | 4 | | | |

Meteorologisches Tagebuch

| Datum | Uhrzeit | Breite N | Länge W | Wind u. Stärke | Barometer für Temperatur verbessert und auf Meeresspiegel reduziert | Lufttemperatur °C | Bewölkung 0—10 | Wetter | Temperatur der Meeresoberfläche | Seegang 0—9 | Stationsnummer | Wissenschaftliche Tätigkeit | Bemerkungen |
|---|---|---|---|---|---|---|---|---|---|---|---|---|---|
| 7.II. | 4 | 31°23′ | 17°40′ | NNO 4(5) | 767.9 | 15.2 | 8 | c q (r) | 17.1 | 4 | | | Bis 7 h kurze Regenböen Stärke 6. Bei 32° N in den NO-Passat eingetreten. **Strom in den letzten 24 St.:** S 16° W 15 Sm. 3 h 20 min—25 min u. 4 h bis 4 h 10 min Staubregen. 4 h 15 min Schweinsfische b. Schiff. |
| | 8 | | | NNO 5(6) | 768.8 | 15.2 | 5 | c (q) | 17.2 | 5 | | | |
| | 12 | | | NO 6 | 769.4 | 16.6 | 4 | c | 17.6 | 5 | | | |
| | 4 | | | NO 4 | 768.5 | 16.0 | 8 | c (d) | 17.7 | 4 | | | |
| | 8 | | | NOzO 4 | 770.0 | 15.5 | 10 | ,, | 17.7 | 4 | | | |
| | 12 | | | NOzN 5 | 770,1 | 16.1 | 8 | c | 17.7 | 4 | | | |
| 8. II. | 4 | 30°1′ | 20°47′ | NzO 4 | 769.4 | 15.6 | 8 | c d | 17.5 | 3 | 6 | 8ʰ bis 3ʰ L S 10ʰ Bi | 3 h 25 min—3 h 50 min Regenschauer. 8 h 15 min—8 h 45 min Staubr. Zahlreiche „Bei dem Winde" (Physalien) beim Schiff. **Strom in den letzten 24 St.:** S 63° W 14 Sm. 4 h 30 min—5 h 10 min kalte Böen aus N z O, Temp. fiel währ. d. Böen v. 19°5 auf 17°1. |
| | 8 | | | ,, | 770.5 | 16.6 | 7 | c | 18.4 | 4 | 5 | | |
| | 12 | | | NOzN 4 | 770.2 | 18.0 | 6 | ,, | 18.6 | 4 | | | |
| | 4 | | | NOzN 5 | 770.9 | 19.5 | 4 | ,, | 17.4 | 4 | | | |
| | 8 | | | NOzN6(7) | 771.8 | 17.2 | 6 | c q | 18.0 | 6 | | | |
| | 12 | | | NO 5 | 770.9 | 17.3 | 8 | c | 17.2 | 4 | | | |
| 9. II. | 4 | 27°16′ | 21°34′ | NOzO 5 | 771.1 | 17.7 | 8 | c | 17.7 | 4 | | | 4 h 50 min—5 h Regenbö aus NO Stärke 6. Die totale Mondfinsternis konnte wegen bedeckten Himmels nicht beob. werd. |
| | 8 | | | ONO 4 | 771.9 | 17.8 | 8 | ,, | 18.5 | 4 | | | |
| | 12 | | | NOzO 5 | 771.3 | 19.0 | 8 | c d | 17.0 | 4 | | | |
| | 4 | | | ,, | 769.6 | 19.9 | 5 | c | 19.3 | 4 | | | |
| | 8 | | | ,, | 770.2 | 18.1 | 10 | o | 19.5 | 4 | | | 9 h 30 min Wind unbeständig, schrait zwisch. NO—ONO. 11 h 30 min—11 h 45 min Staubregen. Böiges Wetter. |
| | 12 | | | NOzO 4 | 770.1 | 18.0 | 8 | c q | 19.4 | 4 | | | |
| 10. II. | 4 | 24°20′ | 22°37′ | NOzO 4 | 768.6 | 18.3 | 10 | o | 19.5 | 4 | 7 | 10ʰ bis 4ʰ L S 11ʰ Bi | 12 h 55 min—5ᵐ min Staubreg. 6 h Wind sprang auf NNO. 6 h 45 min vereinz. Walfisch b. Schiff. Flieg. Fische und Oceanites beim Schiff. **Strom in den letzten 24 St.:** S 57° W 12 Sm. N m. häufige Böen mit Regen. |
| | 8 | | | NNO 4 | 768.5 | 17.2 | 9 | o q (r) | 19.8 | 4 | 6 | | |
| | 12 | | | NO 4 | 767.1 | 20.7 | 6 | c | 19.9 | 4 | | | |
| | 4 | | | ,, | 765.8 | 18.0 | 9 | o | 19.0 | 4 | | | |
| | 8 | | | OzN 3 (4) | 768.0 | 17.3 | 10 | ,, | 19.6 | 3 | | | |
| | 12 | | | ONO 4 (6) | 766.7 | 16.9 | 10 | o q r | 19.4 | 4 | | | |
| 11. II. | 4 | 22°3′ | 22°27′ | O 4 | 765.9 | 18.1 | 5 | c | 19.5 | 4 | 3 | 9ʰ bis 12ʰ P | Böiges Wetter. Grosse Physalien, flieg. Fische u. Oceanites b. Schiff. Marienkäfer an Deck geflogen. In 3000—4000 m Höhe SSW-liche Winde, durch Ballontrift festgestellt. 1 h 30 min frischte d. Wind auf. 10 h 15 min wurde der Wind böig. |
| | 8 | | | OzN 5 | 766.7 | 19.2 | 5 | ,, | 18.6 | 4 | | | |
| | 12 | | | ONO 5 | 766.9 | 21.9 | 4 | ,, | 20.9 | 4 | | | |
| | 4 | | | OzN 6 | 764.2 | 20.2 | 2 | ,, | 20.0 | 5 | | | |
| | 8 | | | OzN 6 | 764.9 | 18.3 | 6 | ,, | 19.5 | 5 | | | |
| | 12 | | | OzN 4 (5) | 765.8 | 18.6 | 7 | c q | 19.3 | 5 | | | |
| 12. II. | 4 | 19°32′ | 22°48′ | ONO 6 | 763.0 | 18.0 | 3 | c | 19.1 | 4 | 8 | 6ʰ bis 8ʰ L 8ʰ bis 12ʰ P | Obere Wolken, alto-cum. ziehen gegen ab. Wind. 3 h 35 min Sternschnuppenfälle. 5 h 10 min flaute es ab. Seeschwalben beim Schiff. 7 h flieg. Fische gefangen. 9 h drehte der Wind auf O. |
| | 8 | | | NOzO 6 | 764.3 | 19.3 | 4 | ,, | 19.6 | 4 | 4 | | |
| | 12 | | | NO 5 | 764.5 | 18.8 | 5 | ,, | 20.4 | 4 | | | |
| | 4 | | | NO 6 | 763.2 | 18.1 | 4 | ,, | 19.9 | 4 | | | |
| | 8 | | | SzO 3 | 765.0 | 19.0 | 4 | ,, | 19.5 | 5 | | | |
| | 12 | | | O 3 | 76. | 19. | | | 19.2 | 3 | | | |

Meteorologisches Tagebuch

| Datum | Uhrzeit | Breite N | Länge W | Wind u. Stärke | Barometer für Temperatur verbessert und auf Meeresspiegel reduziert | Lufttemperatur °C | Bewölkung 0–10 | Wetter | Temperatur der Meeresoberfläche | Seegang 0–9 | Stationsnummer | Wissenschaftliche Tätigkeit | Bemerkungen |
|---|---|---|---|---|---|---|---|---|---|---|---|---|---|
| 13. II. | 4 | 17°25′ | 24°27′ | O 3 | 763.2 | 19.0 | 5 | c | 21.0 | 4 | | | 8 h 30 min im SW Horizont drohendes Gewölk. |
| | 8 | | | ONO 2 | 764.0 | 20.1 | 6 | ,, | 22.0 | 3 | | | |
| | 12 | | | NOzO 4 | 764.1 | 24.2 | 8 | ,, | 23.0 | 4 | | | |
| | 4 | | | NOzO 3 | 761.5 | 28.7 | 6 | ,, | 21.9 | 3 | | | 6 h im Hafen von Porto Grande geankert. |
| | 8 | | | ,, | 762.0 | 20.0 | 7 | ,, | 21.0 | — | | | |
| | 12 | | | ,, | 762.1 | 20.0 | 5 | ,, | 21.2 | — | | | |

## Von Porto Grande nach Freetown.

| Datum | Uhrzeit | Breite N | Länge W | Wind u. Stärke | Bar. | Lufttemp. | Bew. | Wetter | T. Meer | Seegang | Stat. | Wiss. Tätigkeit | Bemerkungen |
|---|---|---|---|---|---|---|---|---|---|---|---|---|---|
| 17. II. | 12 | Porto Grande | | NOzN 4(6) | 763.9 | 20.8 | 4 | c q | 20.4 | — | | | 4 h 3 min Porto Grande verlassen. |
| | 4 | | | NOzN5(6) | 762.6 | 21.8 | 4 | ,, | 20.5 | -- | | | |
| | 8 | | | NOzN 5 | 763.5 | 19.8 | 0 | b | 20.3 | 4 | | | 11 h flaute es ab. |
| | 12 | | | NOzO 4 | 763.5 | 19.8 | 0 | ,, | 21.0 | 3 | | | |
| 18. II. | 4 | | | NOzO 4 | 762.7 | 19.8 | 8 | c | 21.4 | 3 | | | Sternschnuppenfälle. |
| | 8 | | | NO 5 | 763.6 | 20.6 | 8 | ,, | 21.6 | 4 | | | 5 h vereinz. fliegende Fische, ein Exemplar gefangen. |
| | 12 | 14°56′ | 24°35′ | NNO 5 | 762.9 | 22.2 | 7 | ,, | 21.7 | 4 | | | |
| | 4 | | | NNO 4 | 761.8 | 22.8 | 7 | ,, | 21.7 | 4 | | | 5 h 50 min sprang d. Wind auf SO u. flaute ab, dreht um 7 h auf OSO u. springt um 7 h 30 min auf NO zurück. |
| | 8 | | | NO 5 (7) | 762.5 | 20.6 | 6 | c q | 21.6 | 3 | | | |
| | 12 | | | NO 2 | 762.6 | 20.6 | 10 | o | 21.0 | 3 | | | |
| 19. II. | 4 | | | NOzO 4(6) | 761.9 | 20.5 | 9 | o | 21.7 | 4 | | 8ʰ bis 12ʰ L S 10ʰ Bl | Stück einer Salpe am Lotdraht mit hochgekommen. Seeschwalben beim Schiff. 9 h Hai (Carcharias), Männchen, mit d. Angel gefang. Abends viel Seetölpel (Sula) nach fliegenden Fischen jagend, aber immer sehr ungeschickt, sie tauchen unter, sich ins Wasser werfend, aber scheinbar immer ohne Erfolg. |
| | 8 | | | NOzO4(5) | 763.4 | 20.7 | 8 | c | 22.8 | 3 | 9 | | |
| | 12 | 13°17′ | 23°30′ | NNO 5 | 763.4 | 21.7 | 8 | ,, | 23.9 | 4 | 7 | | |
| | 4 | | | NNO 4 | 761.7 | 22.0 | 9 | o | 23.8 | 4 | | | |
| | 8 | | | NNO 4 (5) | 762.7 | 21.9 | 6 | c q | 23.0 | 4 | | | |
| | 12 | | | NOzO 2 | 762.5 | 21.6 | 5 | c | 23.2 | 4 | | | |
| 20. II. | 4 | | | ONO 2 | 762.4 | 21.2 | 6 | c | 23.0 | 3 | 10a 8 5 10b 6 | 8ʰ bis 1ʰ L S 8ʰ Bl B 2ʰ bis 4ʰ L D | Viele fliegende Fische. |
| | 8 | | | NOzO 2 | 762.9 | 22.5 | 5 | ,, | 23.5 | 2 | | | |
| | 12 | 11°8′ | 22°7′ | N 3 | 762.0 | 23.2 | 2 | ,, | — | 2 | | | |
| | 4 | | | NNO 2 | 762.0 | 23.3 | 0 | b | 23.8 | 2 | | | |
| | 8 | | | NOzN 2 | 762.0 | 23.2 | 0 | ,, | 24.8 | 2 | | | 11 h–4 h Sternschnuppenfälle a. d. „Grossen Bären". |
| | 12 | | | NO 2 | 762.0 | 23.5 | 0 | ,, | 24.4 | 2 | | | |
| 21. II. | 4 | | | NOzO 3 | 761.3 | 23.8 | 3 | c | 24.5 | | | 9ʰ bis 11ʰ D | 1 h 45 min Haie beim Schiff. |
| | 8 | | | NOzO 2 | 762.5 | 24.6 | 2 | ,, | 24.5 | | 7 | | 4 h 40 min Windstille. |
| | 12 | 9°52′ | 19°55′ | NOzN 1 | 761.8 | 24.6 | 2 | ., | 25.9 | leichte Dünung | | | |
| | 4 | | | NOzN 2 | 759.5 | 24.4 | 3 | ,, | 27.1 | | | | |
| | 8 | | | SzO 1 | 760.9 | 25.0 | | ′ | 27.0 | | | | 9 h 15 min Wind aus SSO. |
| | 12 | | | SSO 1 | 762.4 | 24.7 | | | .9 | | | | 12 h Wind frischt auf. |

Meteorologisches Tagebuch

| Datum | Uhrzeit | Breite N | Länge W | Wind u. Stärke | Barometer für Temperatur verbessert und auf Meeresspiegel reduziert | Lufttemperatur °C | Bewölkung 0—10 | Wetter | Temperatur der Meeresoberfläche | Seegang 0—9 | Stationsnummer | Wissenschaftliche Tätigkeit | Bemerkungen |
|---|---|---|---|---|---|---|---|---|---|---|---|---|---|
| 22. II. | 4 | | | SzO 2 | 760.8 | 24.6 | 0 | b m | 26.2 | | | 8ʰ bis 12ʰ B | 1 h 40 min—2 h 15 min drehte d.Wind auf O z8 u. flaute ab. |
| | 8 | | | SzO 1 | 763.3 | 25.8 | 2 | c | 27.0 | Dünung | 8 | | 4 h 15 min Sternschnuppenfälle, Schweinsfische u. Seeschwalben beim Schiff. |
| | 12 | 7°57' | 17°18' | NNO 1 | 762.8 | 26.8 | 2 | ,, | 27.4 | | | | Strom in den letzten 24 St.: S 49° O 11 Sm. |
| | 4 | | | NNO 1 | 760.9 | 26.7 | 5 | ,, | 28.0 | | | | 1 h 15 min grosse Schwärme fliegende Fische b. Schiff. |
| | 8 | | | ,, | 762.6 | 27.5 | 6 | ,, | 27.7 | | | | 4 h 15 min gr. Herd.Schweinsf. |
| | 12 | | | SSO 1 | 762.3 | 26.4 | 0 | b | 27.2 | | | | 9 h 20 min trat nach kurzer Windstille SSO-Wind ein. |
| 23. II. | 4 | | | Stille | 760.8 | 26.3 | 0 | b | 27.5 | —11 | | 7ʰ bis 11ʰ L S | Wolken zwischen 80—NW. |
| | 8 | | | NNO 1 | 762.7 | 27.7 | 2 | c | 27.8 | —9 | | 9ʰ Bl | Bonitoherden, Pelagien und Craspomedusen. |
| | 12 | 6°51' | 15°15' | ,, | 762.0 | 27.3 | 6 | ,, | 27.5 | — | | | Strom in den letzten 24 St.: S 13° O 7 Sm. |
| | 4 | | | N 1 | 761.5 | 27.1 | 4 | ,, | 27.6 | —9 | | 2ʰ bis 4ʰ D | |
| | 8 | | | NNW 1 | 761.7 | 26.8 | 2 | ,, | 27.2 | — | | 5ʰ bis 6ʰ L | 7 h 5 min Wetterleucht. in S. |
| | 12 | | | ,, | 761.7 | 26.3 | 1 | ,, | 27.2 | —12 | | | |
| 24. II. | 4 | | | NWzN 2 | 760.6 | 26.1 | 0 | b w | 28.6 | — | | | |
| | 8 | | | N 1 | 760.9 | 28.1 | 2 | c | — | — | | | |
| | 12 | | Freetown | N 1 | 761.5 | 30.6 | 3 | ,, | 28.9 | — | | | 11 h 45 min im Hafen von Freetown vermoort. |
| | 4 | | | WNW 2 | 759.8 | 27.5 | 2 | ,, | 28.6 | — | | | |
| | 8 | | | Stille | 760.8 | 26.6 | 3 | ,, | 28.3 | — | | | |
| | 12 | | | SW 1 | 761.8 | 26.1 | 3 | ,, | 28.1 | — | | | |

## Von Freetown nach St. Helena.

| Datum | Uhrzeit | Breite N | Länge W | Wind u. Stärke | Barom. | Lufttemp. | Bew. | Wetter | Meerestemp. | Seegang | Stat. | Wiss. Tätigkeit | Bemerkungen |
|---|---|---|---|---|---|---|---|---|---|---|---|---|---|
| 28. II. | 12 | | Freetown | NW 1 | 761.0 | 29.5 | 2 | c | 28.6 | — | | | 1 h Freetown verlassen. |
| | 4 | | | WNW 2 | 758.8 | 28.4 | 2 | ,, | 28.7 | 2 | 10 | 4ʰ Bl | 2 h 20 min sprang der Wind auf WNW. |
| | 8 | | | ,, | 758.9 | 27.3 | 5 | ,, | 27.5 | 2 | | | |
| | 12 | | | ,, | 760.1 | 27.0 | 5 | ,, | 27.2 | 2 | | | |
| 1. III. | 4 | | | WNW 2 | 759.7 | 26.4 | 2 | c | 27.1 | — | 13 | 6ʰ bis 7ʰ L | 2 h ohnen 200 m langen, hell leucht. Streif. passiert, anschein. stark.Meerleuchten. |
| | 8 | | | NW 2 | 760.8 | 26.9 | 0 | b | 27.1 | 1 | | 8ʰ bis 9ʰ L | 5 h 12 min grosse Schwärme fliegende Fische. |
| | 12 | 7°20' | 13°55' | NWzN 1 | 760.2 | 29.0 | 2 | ,, | 28.2 | 1 | 14 | | 7 h drehte der Wind auf NW. Strom in den letzten 24 St.: |
| | 4 | | | Stille | 758.6 | 29.0 | 1 | ,, | 28.6 | 1 | 11 | 9ʰ Bl | S 68° O 15 Sm. |
| | 8 | | | SSW 2 | 758.9 | 27.7 | 5 | ,, | 27.8 | 1 | 10 | 5ʰ P | 12 h 35 min trat Stille ein. 6 h 30 min drehte der Wind |
| | 12 | | | SSW 1 | 759.7 | 28.0 | 0 | b | 27.7 | 1 | | | auf SSW. |
| 2. III. | 4 | | | SSW 2 | 758.4 | 27.9 | 6 | c | 27.8 | — | | | Bei der Wegfahrt v. Afrikan. Kontin. zahlr. Makreie m. d. Schiff schwimmend. Zugeworf. Blänker w. n. gen. |
| | 8 | | | SSO 1 | 760.4 | 28.9 | 6 | ,, | 28.0 | — | | | 10 h 30 min Schweinsfische u. Seeschwalben beim Schiff. |
| | 12 | 6°6' | 11°54' | ONO 1 (5) | 759.6 | 30.3 | 10 | o(qrt) | 28.2 | — | 12 | 1ʰ Bl | 11 h 30 min—35 min Regensch. 11 h 45 min—12 h 2 min Regensch bö (5), währ. d. Bö entfernt. |
| | 4 | | | N 1 | 758.9 | 29.0 | 7 | c | 29.5 | — | | | Donn. Regenmess. 0.4 mm. |
| | 8 | | | Stille | 760.8 | 28.2 | 5 | ,, | 29.1 | | | | Str.i.d.letzt.24St.: S 64° O 16 Sm. 2 h 45 min Schweinsfische u. |
| | 12 | | | S 1 | 760. | | | ,, | 29.0 | — | | | Bonitas beim Schiff. 5 h 35 min trat Stille ein. |

Meteorologisches Tagebuch

| Datum | Uhrzeit | Breite N | Länge W | Wind u. Stärke | Barometer für Temperatur u. auf Meeresspiegel reduziert | Lufttemperatur °C | Bewölkung 0—10 | Wetter | Temperatur der Meeresoberfläche | Seegang 0—9 | Stationsnummer | Wissenschaftliche Tätigkeit | Bemerkungen |
|---|---|---|---|---|---|---|---|---|---|---|---|---|---|
| 3. III. | 4 | 4°50′ | 10°11′ | SSW 1 | 759.8 | 28.0 | 3 | c | 28.6 | 1 | | | 12 h 30 min Wetterl. in SSO. Zahlr. Pelagia und Oceanites. **Kein Strom.** 4 h sehr zahlr.Physalien. Einz. gefang. m. kl. Fischen, die zwisch. i. Fangarm.spielten. 6 h 45 min Hof um den Mond, Halbmesser 22°. 5 h—7 h Nm. Wetterleucht. 8 h 20 min starke elektr. Entladungen in der Kimm. 10 h 10 min—11 h Gew.i.NNO. |
| | 8 | | | ,, | 761.2 | 28.6 | 4 | ,, | 28.8 | 1 | | | |
| | 12 | | | ,, | 759.9 | 30.0 | 7 | ,, | 29.5 | 1 | 11 | 1′ 4ʰ bis 6ʰ S 5ʰ Bl | |
| | 4 | | | SSW 2 | 758.1 | 29.5 | 5 | ,, | 29.4 | 1 | 15 | | |
| | 8 | | | SWzS 1 | 760.3 | 28.7 | 3 | ,, | 29.1 | 1 | 13 | | |
| | 12 | | | SzO 2 | 760.8 | 28.1 | 6 | c l | 29.0 | 1 | | | |
| 4. III. | 4 | 3°50′ | 8°31′ | SzO 3 | 760.0 | 27.8 | 7 | c | 28.5 | 1 | | | 4 h 45 min—52 min Regenbö aus SW. 7 h 30 min—8 h Regenbö aus SO, Regenmesser 0,1 mm. Bonitoherden und Oceanites beim Schiff. **Strom in den letzten 24 St.: N 80° 0 9 Sm.** Während des Nm. vereinzelte Regenböen. 9 h—11 h 20 min Blitze i.ONO. |
| | 8 | | | SOzS 3 (4) | 761.0 | 26.5 | 10 | o (qr) | 28.5 | 2 | | | |
| | 12 | | | W 1 | 760.1 | 29.2 | 10 | o | 28.3 | — | | | |
| | 4 | | | Stille | 758.8 | 27.5 | 9 | ,, | 28.4 | — | | | |
| | 8 | | | SSO 2 | 760.5 | 28.0 | 7 | ,, | 28.3 | — | | | |
| | 12 | | | SSO 1 | 760.1 | 27.8 | 8 | c l u | 28.7 | — | | | |
| 5. III. | 4 | 2°39′ | 6°18′ | SO 2 | 759.2 | 27.6 | 5 | c l | — | 1 | | | 12 h 5 min—15 min Regenbö aus S (4), Regenhöhe 3,1 mm 12 h 10 min—2 h 30 min Wetterleuchten von S bis W. 8 h Oceanites und fliegende Fische beim Schiff. **Strom in den letzten 24 St.: N 84° 0 14 Sm.** 9 h dreht der Wind auf SOzS und um 12 h wieder zurück auf S. |
| | 8 | | | SSO 2 | 760.7 | 28.1 | 2 | c | 28.5 | 1 | 14 | 8ʰ Bl 9ʰ bis 12ʰ S 12ʰ bis 3ʰ P 10ʰ bis 12ʰ L | |
| | 12 | | | S 1 | 760.0 | 30.5 | 2 | ,, | 29.0 | 1 | 16 | | |
| | 4 | | | S 2 | 758.3 | 28.8 | 2 | ,, | 29.0 | — | 12 | | |
| | 8 | | | ,, | 759.5 | 28.2 | 4 | ,, | 28.8 | 1 | | | |
| | 12 | | | SOzS 2 | 760.6 | 28.0 | 4 | ,, | 28.5 | 2 | 17 | | |
| 6. III. | 4 | 1°20′ | 5°11′ | S 2 | 758.2 | 27.8 | 5 | c | 28.4 | 1 | 18 | 7ʰ bis 10ʰ S 9ʰ Bl 10ʰ bis 4ʰ D | Währ. d. Etmals Grenze des Guinea - u. Südäquatorialstromes überschritten. **Strom in den letzten 17 St. vom 5. III., 5 h 50 min Nm: N 82° W 12 Sm.** 5 h 30 min Regenbogen in O. 6 h 37 min—45 min Regen. |
| | 8 | | | ,, | 760.0 | 28.0 | 4 | ,, | 28.4 | 1 | 15 | | |
| | 12 | | | S 3 | 759.3 | 28.1 | 3 | ,, | 28.5 | 1 | | | |
| | 4 | | | ,, | 758.7 | 28.2 | 6 | ,, | 28.7 | 2 | 13 | | |
| | 8 | | | ,, | 760.4 | 27.8 | 4 | ,, | 28.6 | 3 | | | |
| | 12 | | | SzO 3 | 760.0 | 27.4 | 3 | ,, | 28.5 | 3 | | | |
| 7. III. | 4 | 1°18′ | 5°8′ | SSO 3 | 760.0 | 27.2 | 6 | c | 27.6 | 3 | 19 | 6ʰ bis 8ʰ L 8ʰ bis 12ʰ D 7ʰ Bl | 4 h—3 h Wetterleuchten in OSO. Gebiet des SO Passat erreicht. **Strom in den letzten 24 St.: S 80° W 16 Sm.** 10 h 20 min—30 min Staubregen. |
| | 8 | | | ,, | 761.3 | 27.6 | 8 | ,, | 27.8 | 3 | | | |
| | 12 | | | ,, | 760.6 | 27.8 | 6 | ,, | 28.0 | 3 | 14 | | |
| | 4 | | | ,, | 759.6 | 27.7 | 4 | ,, | 28.5 | 3 | | | |
| | 8 | | | SOzS 3 | 760.8 | 27.8 | 3 | ,, | 28.5 | 3 | 16 | | |
| | 12 | | | ,, | 760.8 | 27.4 | 3 | ,, | 28.0 | 3 | | | |
| 8. III. | 4 | 3°42′ | 4°57′ | SOzS 4 | 758.5 | 27.3 | 5 | c | 27.8 | 3 | 20 | 7ʰ bis 8ʰ L 9ʰ Bl 8ʰ bis 4ʰ D | Ein weisser Seevogel (tygis?) beim Schiff. **Strom in den letzten 24 St.: W 13 Sm.** 6 h—6 h 5 min Regenbö aus SOzS 6. 9 h 40 min grosse Schwärme Schweinsfische beim Schiff. |
| | 8 | | | SOzS 3 | 760.5 | 26.5 | 7 | L | 27.7 | 3 | | | |
| | 12 | | | SO 3 | 760.5 | 27.5 | 9 | o (p) | — | 4 | 17 | | |
| | 4 | | | SOzS 3 | 759.5 | 28.1 | 5 | c | 27.9 | 3 | | | |
| | 8 | | | SOzS 4 | 760.9 | 27.8 | 7 | ,, | 27.8 | 3 | | | |
| | 12 | | | SO 4 | 760.9 | 27.0 | 6 | ,, | 27.8 | 3 | | | |

Meteorologisches Tagebuch

| Datum | Uhrzeit | Breite S | Länge W | Wind u. Stärke | Barometer für Temperatur verbessert und auf Meeresspiegel reduziert | Lufttemperatur °C | Bewölkung 0–10 | Wetter | Temperatur der Meeresoberfläche | Seegang 0–9 | Stationsnummer | Wissenschaftliche Tätigkeit | Bemerkungen |
|---|---|---|---|---|---|---|---|---|---|---|---|---|---|
| 9. III. | 4 | 4°52′ | 4°59′ | SO 3 | 758.1 | 27.1 | 2 | c | 27.4 | 3 | 21 | 6ʰ bis 1ʰ L S | 1 h schwacher Mondhof. 8 h—9 h 40 min mehr leichte Regenböen aus Windricht. Hai (Carcharias) an die Angel gegang., aber nicht gefang. Strom in den letzten 24 St.: S 79° W 17 Sm. 3 h 6 min—3 h 25 min Regenbö, Regenhöhe 0,5 mm. 6 h 7 min—6 h 15 min schw. Regenbö. |
|  | 8 |  |  | ,, | 761.4 | 27.5 | 7 | ,, | 27.4 | 3 |  |  |  |
|  | 12 |  |  | SOzO 3 | 760.9 | 28.0 | 8 | ,, | 28.0 | 3 |  |  |  |
|  | 4 |  |  | SOzS 3 | 759.2 | 27.4 | 9 | c (p) | 27.6 | 3 |  |  |  |
|  | 8 |  |  | ,, | 760.4 | 27.1 | 7 | c q | 27.6 | 3 |  |  |  |
|  | 12 |  |  | SSO 4 | 760.7 | 26.8 | 5 | c | 27.5 | 3 |  |  |  |
| 10. III. | 4 | 6°35′ | 5°20′ | SSO 4 | 758.9 | 26.6 | 6 | c (r) | 28.1 | 3 | 22 | 6ʰ bis 8ʰ L | 1 h 40 min—53 min Regen. 4 h 48 min—4 h 57 min Regenbö aus S, Regenh. 1,5 mm. 7 h 50 min—55 min schwache Regenbö. Strom in den letzten 24 St. S 51° W 2 Sm. 2 h 40 min—2 h 55 min und 3 h 15 min—3 h 22 min schwacher Regen. |
|  | 8 |  |  | SOzS 4 | 760.4 | 27.5 | 8 | c | 27.1 | 3 |  |  |  |
|  | 12 |  |  | ,, | 760.0 | 27.0 | 7 | ,, | 27.7 | 3 |  |  |  |
|  | 4 |  |  | ,, | 758.8 | 26.8 | 4 | c (p) | 27.2 | 3 |  |  |  |
|  | 8 |  |  | ,, | 760.3 | 26.3 | 4 | c | 27.0 | 3 |  |  |  |
|  | 12 |  |  | ,, | 759.8 | 26.2 | 8 | ,, | 26.8 | 3 |  |  |  |
| 11. III. | 4 | 7°51′ | 5°28′ | SOzS 4 | 759.3 | 25.8 | 10 | o | 27.0 | 3 | 16 | 8ʰ bis 1ʰ D | 2 h 10 min—15 min schwache Regenbö aus der Windrichtung. 6 h 10 min—17 min Staubreg. Strom in den letzten 24 St.: S 50° W 13 Sm. |
|  | 8 |  |  | ,, | 760.8 | 26.0 | 10 | ,, | 26.5 | 3 |  |  |  |
|  | 12 |  |  | SO 4 | 760.8 | 26.0 | 10 | ,, | 26.9 | 3 |  |  |  |
|  | 4 |  |  | SOzS 4 | 759.7 | 26.0 | 10 | ,, | 26.3 | 3 |  | 7ʰ bis 9ʰ L |  |
|  | 8 |  |  | SO 4 | 761.9 | 26.0 | 10 | ,, | 25.9 | 3 | 23 |  |  |
|  | 12 |  |  | ,, | 761.7 | 25.5 | 1 | c | — | 3 |  |  |  |
| 12. III. | 4 | 9°23′ | 5°42′ | SOzS 4 | 759.9 | 25.5 | 3 | c | 25.8 | 3 |  |  | 3 h 20 min Mondhof, 20° Durchmesser. Strom in den letzten 24 St.: N 49° W 7 Sm. 1 h 30 min Möwen b. Schiff. |
|  | 8 |  |  | SO 4 | 761.8 | 25.5 | 3 | ,, | 25.7 | 3 |  |  |  |
|  | 12 |  |  | ,, | 761.3 | 25.8 | 2 | ,, | 26.0 | 3 |  | 2ʰ bis 6ʰ S |  |
|  | 4 |  |  | ,, | 760.1 | 27.7 | 6 | c d | 26.2 | 3 | 24 | 4ʰ Bl |  |
|  | 8 |  |  | SOzO 3 | 761.2 | 25.4 | 10 | o | 26.0 | 3 | 18 | 8ʰ bis 9ʰ L |  |
|  | 12 |  |  | SOzS 4 | 761.1 | 25.8 | 10 | ,, | 25.8 | 3 |  |  |  |
| 13. III. | 4 | 11°16′ | 5°47′ | SOzS 5(7) | 760.6 | 24.5 | 10 | o q(d) | 25.7 | 4 | 17 | 9ʰ bis 4ʰ D | 1 h frischte der Wind auf und wurde böig. 2 h 25 min—30 min Regen. 5 h 35 min—40 min Regen. 6 h 35 min—40 min Regenbö. Strom in den letzten 24 St.: N 57° W 19 Sm. Mehrfache kurze Regenböen. 8 h — 12 h Wind ändert dauernd. |
|  | 8 |  |  | SO 5(6) | 761.5 | 23.5 | 10 | oq(dr) | 25.7 | 4 |  |  |  |
|  | 12 |  |  | OSO 4 | 761.8 | 24.8 | 7 | c | 25.9 | 4 |  |  |  |
|  | 4 |  |  | SO 4(5) | 759.9 | 25.0 | 6 | c q(r) | 26.1 | 4 |  |  |  |
|  | 8 |  |  | ,, | 761.0 | 24.5 | 9 | o q | 25.7 | 4 |  |  |  |
|  | 12 |  |  | SO 5(6) | 761.4 | 24.6 | 10 | ,, | 25.5 | 5 |  |  |  |
| 14. III. | 4 | 13°49′ | 5°53′ | OSO 4(6) | 760.1 | 24.3 | 10 | o q | 25.5 | 5 |  |  | 5 h 30 min—5 h 40 min Regenbö. Delphine beim Schiff. Während des Tages mehrfach leichte Regenböen. |
|  | 8 |  |  | SO 5(6) | 761.0 | 23.7 | 10 | ,, | 24.5 | 4 |  |  |  |
|  | 12 |  |  | ,, | 760.0 | 23.8 | 9 | ,, | 25.4 | 4 |  |  |  |
|  | 4 |  |  | ,, | 760.5 | 23.9 | 10 | o q(r) | 24.2 | 4 |  |  |  |
|  | 8 |  |  | SOzO 5 | 761.2 | 23.7 | 7 | c | 24.0 | 4 |  |  |  |
|  | 12 |  |  | ,, | 761.2 | 23.3 | 9 | o | 23.6 | 4 |  |  |  |

Meteorologisches Tagebuch

| Datum | Uhrzeit | Breite S | Länge W | Wind u. Stärke | Barometer für Temperatur verbessert und auf Meeresspiegel reduziert | Lufttemperatur °C | Bewölkung 0—10 | Wetter | Temperatur der Meeresoberfläche | Seegang 0—9 | Stationsnummer | Wissenschaftliche Tätigkeit | Bemerkungen |
|---|---|---|---|---|---|---|---|---|---|---|---|---|---|
| 15. III. | 4 | | | OSO 5 (6) | 760.5 | 23.1 | 3 | c q (d) | 23.7 | 4 | | | 12 h 35 min—42 min Regenböen. 7 h 30 min auf Jamestown Reede (St. Helena) geankert. 10 h Gesamtregenhöhe von 10 h 14. III.—10 h 15. III. = 0.5 mm. Nm. mehrfach Böen m. Regen. |
| | 8 | | | OzS 5 (6) | 762.2 | 26.6 | 7 | ,, | 24.0 | — | | | |
| | 12 | Jamestown | | SO 3 (5) | 762.6 | 24.4 | 8 | c q | 25.6 | — | | | |
| | 4 | St. Helena | | SOzO 3(5) | 760.9 | 24.4 | 4 | ,, | 24.1 | — | | | |
| | 8 | | | SO 3 (5) | 764.4 | 23.4 | 6 | ,, | 23.8 | — | | | |
| | 12 | | | SO 3 (6) | 763.1 | 23.0 | 6 | ,, | 23.9 | — | | | |

## Von St. Helena nach Kapstadt.

| Datum | Uhrzeit | Breite S | Länge W | Wind u. Stärke | Barom. | Lufttemp. °C | Bew. | Wetter | Temp. Meer | Seegang | Stat.-Nr. | Wiss. Tätigkeit | Bemerkungen |
|---|---|---|---|---|---|---|---|---|---|---|---|---|---|
| 18. III. | 12 | Jamestown | | Windrichtungsbestimmungen ungenau, da durch Gebirge abgelenkt. | 763.0 | 24.5 | 6 | c q (r) | 25.2 | — | | | 8 h 5 min—15 min Staubregen. 8 h 30 min—9 h 40 min Regenböen. 5 h Jamestown verlassen. |
| | 4 | | | | 761.8 | 24.7 | 8 | c | 25.3 | — | | | |
| | 8 | | | SOzO 3 (4) | 762.5 | 23.1 | 5 | ,, | 24.8 | 3 | | | |
| | 12 | | | ,, | 762.6 | 23.0 | 10 | o q | 24.5 | 3 | | | |
| 19. III. | 4 | | | SOzO 2 (3) | 761.5 | 22.3 | 8 | o q | — | 2 | | | Meerleuchten. 1 h 43 min—1 h 50 min Staubregen. Strom in den letzten 19 St.: N 65° W 14 Sm. 3 h 10 min sprang der Wind auf NNO. 4 h 10 min sprang der Wind zurück auf O. |
| | 8 | | | ,, | 762.6 | 22.5 | 6 | c | (24.5) | 2 | | | |
| | 12 | 16°37′ | 4°38′ | OSO 2 | 762.1 | 22.4 | 8 | c (d) | 24.5 | 2 | 25 | 12h bis 6h L S 1h Bl | |
| | 4 | | | NNO 2 | 759.7 | 22.0 | 3 | c | 24.0 | 2 | | | |
| | 8 | | | O 2 | 760.0 | 22.3 | 4 | ,, | 23.6 | 2 | | | |
| | 12 | | | O 1 | 760.9 | 22.4 | 4 | ,, | 23.0 | 2 | | | |
| 20. III. | 4 | | | O 2 | 760.2 | 22.0 | 4 | c | 23.4 | 1 | | | 11 h 20 min bezieht sich der Himmel vollst. mit nimb. Leichte Böen aus der Windrichtung. 12 h klarte es plötzlich auf. 1 h 20 min drehte der Wind auf OSO. 8 h 20 min drehte der Wind auf O. Bewölkung ändert dauernd. |
| | 8 | | | ONO 2 | 760.8 | 22.1 | 3 | ,, | 23.2 | 1 | 18 | 8h bis 1h P D 3h Bl 4h bis 5h L | |
| | 12 | 16°59′ | 2°56′ | ONO 1 (3) | 759.3 | 20.6 | 8 | c q r | 23.3 | 1 | 19 | | |
| | 4 | | | OSO 1 | 758.5 | 22.8 | 6 | c | 24.0 | 2 | 20 | | |
| | 8 | | | ,, | 760.8 | 22.2 | 3 | ,, | 23.2 | 2 | 26 | | |
| | 12 | | | O 2 | 760.2 | 22.0 | 5 | ,, | 22.8 | 2 | | | |
| 21. III. | 4 | | | O 1 (3) | 759.4 | 21.7 | 6 | c q (r) | 22.9 | 2 | | | 1 h 15 min—1 h 50 min Staubregen. 2 h 45 min—3 h 15 min Staubregen. 9 h 20 min—10 h 50 min Staubregen. 11 h—10 h 50 min Staubregen. Strom in den letzten 24 St.: N 78° W 10 Sm. Geringes Meerleuchten. |
| | 8 | | | OSO 1 | 762.2 | 22.2 | 6 | c | 23.2 | 1 | 20 | 8h bis 2h D 4h bis 5h L 5h Bl | |
| | 12 | 17°24′ | 0°32′ | O 1 | 760.5 | 22.0 | 10 | o | 23.5 | — | 27 | | |
| | 4 | | | OzS 1 | 759.3 | 22.2 | 6 | c | 23.5 | — | 21 | | |
| | 8 | | | OzS 2 | 760.8 | 21.6 | 6 | ,, | 23.2 | — | | | |
| | 12 | | | ,, | 761.4 | 22.1 | 10 | ,, | 23.0 | — | | | |
| 22. III. | 4 | | | OSO 2 | 759.7 | 22.0 | 7 | c | 22.9 | — | 21 | 10h bis 12h D 4h bis 5h L 5h bis 7h L 5h Bl | 7 h 30 min—7 h 35 min Regen. 8 h 40 min—8 h 47 min Regen. 11 h 50 min grosse Schwärme Schweinsfische beim Schiff. Wind unbeständig, ändert zwischen OSO—SSO. |
| | 8 | | O | OzS 2 | 762.1 | 22.0 | 8 | c (r) | 22.9 | 1 | 22 | | |
| | 12 | 17°27′ | 1°50′ | OzS 1 | 761.8 | 22.7 | 6 | ,, | 23.4 | 1 | 28 | | |
| | 4 | | | OSO 2 | 760.8 | 22.3 | 7 | ,, | 23.6 | 1 | 22 | | |
| | 8 | | | OzS 3 | 763.4 | 22.5 | 8 | ,, | | 1 | 23 | | |
| | 12 | | | SSO 3 | 762.8 | 22.1 | | | | 2 | | D | |

Meteorologisches Tagebuch

| Datum | Uhrzeit | Breite S | Länge O | Wind u. Stärke | Barometer für Temperatur verbessert und auf Meeresspiegel reduziert | Lufttemperatur °C | Bewölkung 0—10 | Wetter | Temperatur der Meeresoberfläche | Seegang 0—9 | Stationsnummer | Wissenschaftliche Tätigkeit | Bemerkungen |
|---|---|---|---|---|---|---|---|---|---|---|---|---|---|
| 23. III. | 4 | 19°20′ | 2°17′ | SOzS 3 (6) | 762.2 | 23.5 | 10 | o q | 22.5 | 2 |  |  | 2 h 30 min wurde d. Wind böig Stärke 6, Dauer 20—30 Sek. |
|  | 8 |  |  | SO 3 | 763.0 | 21.9 | 8 | c | 22.6 | 2 | 24 | 10ʰ bis 1ʰ D | Strom in den letzten 24 St.: W 15 Sm. |
|  | 12 |  |  | ,, | 762.0 | 22.4 | 7 | ,, | 22.6 | 3 |  |  |  |
|  | 4 |  |  | SOzS 4 | 761.3 | 22.2 | 2 | ,, | 22.4 | 2 | 29 | 5ʰ bis 7ʰ L |  |
|  | 8 |  |  | ,, | 762.5 | 21.7 | 5 | ,, | 22.2 | 3 |  |  |  |
|  | 12 |  |  | SOz S 3 | 762.9 | 21.7 | 5 | ,, | 22.0 | 3 | 25 | D |  |
| 24. III. | 4 | 21°07′ | 3°25′ | SO 3 | 761.5 | 21.0 | 9 | o | 21.3 | 2 |  |  | Bis 6 h Vm. mehrfach leichte Regenschauer. |
|  | 8 |  |  | SOzO 2 | 762.8 | 21.4 | 10 | ,, | 21.3 | 2 |  |  |  |
|  | 12 |  |  | SO 2 | 761.4 | 22.0 | 9 | c | 22.3 | 2 |  | 1ʰ bis 6ʰ S | Strom in den letzten 24 St.: N 76° W 17 Sm. |
|  | 4 |  |  | ,, | 760.8 | 21.8 | 9 | ,, | 22.2 | 2 | 30 | 7ʰ bis 8ʰ L |  |
|  | 8 |  |  | SOzS 2 | 761.2 | 21.9 | 10 | ,, | 22.0 | 2 |  |  |  |
|  | 12 |  |  | SO 4 | 761.8 | 21.7 | 9 | o(q) | 21.7 | 2 | 23 | 5ʰ Bl |  |
| 25. III. | 4 | 22°07′ | 5°0′ | SO 4 (5) | 761.8 | 21.3 | 8 | c q | 21.2 | 3 | 26 | 7ʰ bis 3ʰ P | 2 h 30 min sprang d. Wind auf SO und wurde böig (5). |
|  | 8 |  |  | SO 2 | 762.7 | 22.1 | 5 | c | 22.0 | 3 |  |  | 4 h 20 min Regenbö aus SO. Dauer 1 Min. |
|  | 12 |  |  | OSO 3 | 763.3 | 22.4 | 7 | ,, | 22.2 | 4 | 31 | 2ʰ bis 4ʰ L | 6 h 15 min Regenbog. in SSW, 3 Min. sichtbar. |
|  | 4 |  |  | ,, | 761.9 | 21.6 | 6 | ,, | 22.4 | 4 | 24 | 3ʰ Bl | Strom in den letzten 24 St.: Schwach westlich. |
|  | 8 |  |  | SO 4 | 763.4 | 21.1 | 5 | ,, | 22.1 | 3 |  | 12ʰ bis 1ʰ L |  |
|  | 12 |  |  | SOzS 4 | 764.5 | 20.5 | 5 | ,, | 22.0 | 3 | 32 |  | Meerleuchten. |
| 26. III. | 4 | 23°18′ | 6°05′ | SOzO 4 (6) | 763.2 | 20.8 | 8 | c q | 21.7 | 4 | 33 | 4ʰ bis 5ʰ | Strom in den letzten 24 St.: N 74° W 21 Sm. |
|  | 8 |  |  | SOzO 4 | 764.6 | 21.0 | 8 | c | 21.5 | 4 | 34 | 9ʰ bis 10ʰ |  |
|  | 12 |  |  | SO 4 | 765.3 | 21.4 | 5 | ,, | 22.1 | 4 | 25 | 9ʰ Bl | Bis 8 h mehrf. Regenschauer. |
|  | 4 |  |  | SO 3 | 765.0 | 21.2 | 10 | o | 22.0 | 4 |  |  | 9 h 10 min klarte Himmel auf bis auf ein. Wolkenring ca. 6° hoch üb. d. ganz. Horizont. |
|  | 8 |  |  | SO 4 (5) | 765.1 | 20.9 | 5 | o q(r) | 21.9 | 4 | 35 | 1ʰ bis 2ʰ L |  |
|  | 12 |  |  | ,, | 765.3 | 20.6 | 5 | c | 21.6 | 4 | 36 37 | 5ʰ bis 6ʰ 9ʰ bis 10ʰ | 12 h Sternschnuppenfall aus W Quadranten. |
| 27. III. | 4 | 24°19′ | 7°25′ | SSO 4 (5) | 764.5 | 20.0 | 8 | c q | 21.4 | 4 | 38 | 1ʰ bis 2ʰ L | Wind unbeständig, schralt zwischen SOzS—SOzO. |
|  | 8 |  |  | SO 4 | 766.0 | 20.1 | 9 | o | 21.2 | 4 |  | 6ʰ bis 7ʰ | 12 h 30 min wurde der Wind böig (5) mit Regen. |
|  | 12 |  |  | OzS 4 (5) | 765.8 | 20.9 | 4 | c q | 21.5 | 4 | 39 |  | Strom in den letzten 24 St.: N 68° W 20 Sm. |
|  | 4 |  |  | SO 4 (5) | 764.5 | 22.6 | 9 | o | 21.5 | 4 | 40 | 11ʰ bis 5ʰ L S | 2 h 20 min erster Albatros b. Schiff. |
|  | 8 |  |  | OSO 4 (5) | 765.0 | 20.4 | 10 | o | 21.0 | 4 | 26 | 11ʰ Bl | 8 h 40 min—8 h 50 min Staubregen. |
|  | 12 |  |  | SOzS 4 | 763.9 | 20.5 | 10 | ,, | 20.9 | 4 | 41 | 11ʰ bis 1ʰ L | 10 h flaute es ab, Böen hörten auf. |
| 28. III. | 4 | 22°33′ | 7°51′ | SO 4 | 763.0 | 20.1 | 10 | o d | 21.0 | 4 | 42 | 5ʰ bis 7ʰ | Von 12 h—4 h zeitweise Staubregen. |
|  | 8 |  |  | ,, | 763.4 | 21.0 | 10 | o | 21.3 | 4 | 43 | 11ʰ ,, 12ʰ |  |
|  | 12 |  |  | SO 3 | 762.3 | 22.6 | 5 | c | 22.0 | 4 |  |  | Strom in den letzten 24 St.: N 75° W 16 Sm. |
|  | 4 |  |  | SOzO 3 | 761.3 | 24.1 | 4 | ,, | 21.5 | 2 | 44 | 5ʰ bis 6ʰ | 12 h legte sich der Seegang und lange SÖ-liche Dünung machte sich bemerkbar. |
|  | 8 |  |  | SO 3 | 761.5 | 20.6 | 5 | o | 21.3 | 2 | 27 | 5ʰ Bl |  |
|  | 12 |  |  | SSO 5 | 761.5 | 20.5 | 10 | ,, | 21.0 | 2 | 45 | 9ʰ bis 11ʰ | 4 h drehte der Wind auf SO. |

Meteorologisches Tagebuch

| Datum | Uhrzeit | Breite S | Länge O | Wind u. Stärke | Barometer für Temperatur verbessert und auf Meeresspiegel reduziert | Lufttemperatur °C | Bewölkung 0—10 | Wetter | Temperatur der Meeresoberfläche | Seegang 0—9 | Stationsnummer | Wissenschaftliche Tätigkeit | Bemerkungen |
|---|---|---|---|---|---|---|---|---|---|---|---|---|---|
| 29. III. | 4 | 20°37′ | 8°12′ | SOzS 2 | 762.0 | 20.2 | 10 | o | 21.0 | 1 | 46 | 3ʰ bis 4ʰ | Wind schralt von OSO—S. |
|  | 8 |  |  | SzO 2 | 762.5 | 21.0 | 10 | ,, | 21.5 | 2 | 47 | 7ʰ bis 9ʰ L | Strom in den letzten 24 St.: N 46° W 14 Sm. |
|  | 12 |  |  | SOzS 3 | 761.7 | 22.0 | 6 | c | 21.7 | 2 | 48 | 1ʰ bis 2ʰ | 5 h 12 min grosse Mengen v. Salpen passiert, ca. 1 m breite u. hunderte v. Metern lange gelbe Streifen bildend. Meerleuchten. |
|  | 4 |  |  | SOzS 2 | 760.6 | 21.8 | 8 | o | (21.9) | 2 | 28 | 1ʰ Bl |  |
|  | 8 |  |  | SzO 3 | 762.0 | 20.8 | 10 | ,, | 21.1 | 2 | 49 | 6ʰ bis 7ʰ |  |
|  | 12 |  |  | SOzS 3 | 762.9 | 20.5 | 10 | ,, | 21.0 | 2 |  |  |  |
| 30. III. | 4 | 22°37′ | 9°40′ | SOzS 2 | 762.8 | 20.0 | 10 | o | 21.0 | 1 |  | 7ʰ bis 8ʰ L | 7 h drehte d. Wind f. kurze Zeit v. SSO auf SSW, und dann wieder zur. auf S. Wind flaute ab. |
|  | 8 |  |  | S 1 | 763.5 | 20.6 | 10 | ,, | (21.7) | 1 | 50 |  | Strom in den letzten 24 St.: N 72° W 5 Sm. |
|  | 12 |  |  | S 2 | 762.9 | 21.5 | 2 | b | 22.0 | 2 |  |  |  |
|  | 4 |  |  | S 2 | 761.3 | 20.8 | 4 | ,, | (22.3) | 2 |  |  |  |
|  | 8 |  |  | SzW 3 (4) | 762.2 | 20.8 | 7 | c q | 21.1 | 2 | 51 | 8ʰ bis 9ʰ L | 10 h frischte der Wind etwas auf. |
|  | 12 |  |  | SzO 3 (5) | 762.4 | 22.0 | 10 | o q | 21.1 | 3 |  |  |  |
| 31. III. | 4 | 24°57′ | 11°14′ | SSO 3 | 762.5 | 20.0 | 10 | o | 21.0 | 3 |  |  | 12 h—3 h Regen. |
|  | 8 |  |  | ,, | 762.3 | 20.0 | 10 | ,, | 21.0 | 3 |  |  | 11 h 44 min—47 min Staubreg. Strom in den letzten 24 St.: N 61° W 6 Sm. |
|  | 12 |  |  | ,, | 762.3 | 20.4 | 10 | o d | 21.9 | 3 |  |  |  |
|  | 4 |  |  | S 3 | 761.3 | 20.2 | 10 | o | 20.7 | 3 |  |  | 3 h 45 min sprang der Wind auf S. |
|  | 8 |  |  | ,, | 761.4 | 19.8 | 10 | ,, | 20.6 | 2 |  |  | Zahlr. Salpenstreifen passiert. |
|  | 12 |  |  | ,, | 761.8 | 19.8 | 10 | ,, | 20.5 | 2 |  |  |  |
| 1. IV. | 4 | 27°3′ | 12°46′ | SSO 3 (4) | 761.0 | 20.0 | 9 | c q | 20.5 | 2 |  |  | Von 12 h 40 min—1 h 20 min schralt der Wind SzO-SzW. |
|  | 8 |  |  | SSO 4 (5) | 762.0 | 20.3 | 8 | ,, | 20.1 | 2 |  |  | 2 h 55 min sprang der Wind auf SSO. |
|  | 12 |  |  |  | 761.5 | 20.3 | 7 | ,, | 20.4 | 3 |  |  | 7 h mehr. Albatrosse b. Schiff. Strom in den letzten 24 St.: N 68° W 28 Sm. |
|  | 4 |  |  | SzO 3 | 762.0 | 20.6 | 4 | c | 21.0 | 3 |  |  |  |
|  | 8 |  |  | SSO 2 | 763.3 | 20.0 | 9 | ,, | 20.9 | 3 |  |  |  |
|  | 12 |  |  | ,, | 762.8 | 19.8 | 6 | ,, | 20.5 | 3 |  |  |  |
| 2. IV. | 4 | 29°19′ | 14°30′ | SSO 2 | 762.9 | 19.8 | 8 | c | 20.8 | 3 |  |  | Passat lässt nach an Stärke. Auf ca. 29° S und 14°5 O Passat verlassen. |
|  | 8 |  |  | SOzS 3 | 763.5 | 20.3 | 7 | c (q) | 19.1 | 3 |  |  | 3 h 35 min Regenbö aus SOzS, Dauer 2 Min. Seit 4 h Vm. Barometer beschäd., Barom.-Stände bis 4 h Nm. sind der Barographenkurve entnom. |
|  | 12 |  |  | SSO 2 | 763.0 | 20.5 | 3 | c | 20.0 | 3 | 27 | 4ʰ bis 6ʰ D |  |
|  | 4 |  |  | SzO 3 | 763.0 | 20.0 | 5 | ,, | 20.8 | 3 |  |  | 8 h zahlr. Salpenstreifen pass. In der Umgeb. zahlr. Pelagien. Viel Material gewonn. Starkes Meerleuchten. |
|  | 8 |  |  | S 2 | 763.0 | 18.9 | 6 | ,, | 20.6 | 2 |  |  |  |
|  | 12 |  |  | ,, | 763.0 | 18.3 | 3 | ,, | 20.6 | 2 |  |  |  |
| 3. IV. | 4 | 31°39′ | 16°17′ | SzO 2 | 761.5 | 18.0 | 4 | c | 19.0 | 2 | 29 | 7ʰ Bl 7ʰ bis 8ʰ L | Stark. Meerleucht., Schweinsfische beim Schiff. Gey. 6 h flaute der Wind ab. |
|  | 8 |  |  | WzS 1 | 762.0 | 18.9 | 5 | ,, | 19.5 | 1 | 52 |  | 7 h 40 min sprang der Wind auf WzS. |
|  | 12 |  |  | WSW 2 | 762.6 | 20.8 | 8 | ,, | 20.0 | 1 | 28 | 8ʰ bis 9ʰ D | 12 h gr. Tangstück an Bordgen. 3 h Windbäume im Zenit ziehen NOzN. |
|  | 4 |  |  | WSW 3 | 761.6 | 21.0 | 3 | ,, | 20.0 | 1 |  |  | 7 h 35 min sprang Wind auf S. |
|  | 8 |  |  | SzW 3 | 762.7 | 17.7 | 8 | ,, | 19.4 | 3 |  |  | 8 h 20 min Regenbö aus SW, Dauer 2 Min. |
|  | 12 |  |  | SzW 3 (4) | 760.6 | 17.7 | 10 | o r (q) |  | 4 |  |  | 11 h 15 min heftige Regenbö aus Windrichtung. |

Meteorologisches Tagebuch

| Datum | Uhrzeit | Breite S | Länge O | Wind u. Stärke | Barometer für Temperatur verbessert und auf Meeresspiegel reduziert | Lufttemperatur °C | Bewölkung 0—10 | Wetter | Temperatur der Meeresoberfläche | Seegang 0—9 | Stationsnummer | Wissenschaftliche Tätigkeit | Bemerkungen |
|---|---|---|---|---|---|---|---|---|---|---|---|---|---|
| 4. IV. | 4 | 33°40′ | 18°4′ | SzW 6 (7) | 762.7 | 13.3 | 10 | o q r | — | 6 | | | Von 12 h—4 h heftige Böen (7) mit Regen aus der Windrichtung. 5 h flaute der Wind ab. Regenhöhe 10 h = 2.3 mm. 1 h 45 min ging der Wind auf SOzS. 1 h 50 min Walfische b. Schiff. 4 h im Hafen von Kapstadt geankert. |
| | 8 | | | SSO 5 | 762.7 | 14.0 | 10 | ,, | 15.0 | 5 | | | |
| | 12 | | | ,, | 763.7 | 14.8 | 9 | o d | 15.2 | 5 | | | |
| | 4 | | | SOzS 2 | 764.9 | 16.1 | 8 | c | — | 3 | | | |
| | 8 | | | SOzS 2 | 765.6 | 15.1 | 7 | ,, | 15.9 | — | | | |
| | 12 | | | SOzS 2 (3) | 766.1 | 14.7 | 6 | c q | 15.5 | — | | | |

## Von Kapstadt nach Durban.

| Datum | Uhrzeit | Breite S | Länge O | Wind u. Stärke | Barometer | Lufttemp. | Bew. | Wetter | T. Meer | Seegang | Stat.Nr. | Wiss. Tätigkeit | Bemerkungen |
|---|---|---|---|---|---|---|---|---|---|---|---|---|---|
| 14. IV. | 12 | 33°54′ | 18°26′ | NWzN 1 | 767.3 | 18.0 | 6 | c (d) | — | — | | | 11 h 40 min Kapstadt verlassen. |
| | 4 | | | SSW 1 | 765.7 | 15.1 | 5 | c | 13.2 | | 30 | 5ʰ Bl | Wind schralt zwisch. SW—S. |
| | 8 | | | SWzS 2 | 764.7 | 17.3 | 0 | b | 13.4 | | | | 5 h Walfisch beim Schiff. |
| | 12 | | | SzW 1 | 766.5 | 17.8 | 5 | c | 13.0 | — | | | |
| 15. IV. | 4 | 35°51′ | 18°30′ | SzW 1 | 765.0 | 17.1 | 5 | c | 17.6 | | | | 4 h—8 h Bewölkung ändert dauernd, Wind unbeständ. Strom v. 5 h 35 min 14. IV. Nm.—12 h 15. IV.: N 37°W 22 Sm. Albatrosse u. Seeschwalben beim Schiff. 8 h 35 min bezog sich der Himmel schnell. |
| | 8 | | | SzW 2 | 764.3 | 16.6 | 6 | ,, | 19.4 | | | | |
| | 12 | | | OSO 1 | 765.1 | 18.0 | 6 | ,, | 20.1 | | | | |
| | 4 | | | SWzS 2 | 763.4 | 18.0 | 5 | ,, | 18.0 | | 53 | 5ʰ bis 6ʰ L | |
| | 8 | | | NWzN 1 | 763.5 | 16.3 | 0 | b | 16.5 | | | | |
| | 12 | | | NWzN 4(5) | 761.7 | 17.8 | 10 | o q | 16.0 | 3 | | | |
| 16. IV. | 4 | 38°27′ | 19°8′ | W 5 (7) | 759.1 | 17.5 | 5 | c q d | 18.8 | 4 | | | Während des ganzen Tages Böen bis zur Stärke 8. Regnerisches Wetter. Acht Albatrosse begleiten das Schiff tagsüber. |
| | 8 | | | WzS 6 (7) | 756.9 | 18.1 | 9 | o q | 18.7 | 4 | | | |
| | 12 | | | SSW 7 (8) | 755.5 | 16.0 | 10 | o q r | 20.8 | 6 | | | |
| | 4 | | | SzW 6 (7) | 757.3 | 14.7 | 7 | o q | 20.8 | 6 | | | |
| | 8 | | | SzW 7 (8) | 759.2 | 11.8 | 8 | c q r | 18.0 | 7 | | | |
| | 12 | | | S 6 (7) | 761.2 | 10.8 | 5 | c q (r) | 16.9 | 6 | | | |
| 17. IV. | 4 | 39°57′ | 20°7′ | SzW 6(9) | 761.8 | 10.6 | 8 | c q | 18.2 | 6 | 54 | 7ʰ bis 1ʰ L S 10ʰ Bl | 12 h 25 min flaute der Wind plötzlich ab auf Stärke 2. 12 h 35 min setzte W. wied. m. alt. Stärke e., Böen aus SzO. 2 h 30 min besond. heftige Bö m. Regen (9). Dauer 15 Min. 3 h 5 min spr. Wind auf SzW. 4 h 45 min Hagel, Dauer 4 Min. 10 h 30 min Regenbg. i. SOzS. Str. i. d. letzt. 24 St.: S 75° O 7 Sm. 12 h 20 min eine ca. ¾ m grosse Schildkröte treib. passiert. |
| | 8 | | | SSW (8) | 764.5 | 11.8 | 6 | ,, | 19.6 | 6 | 31 | | |
| | 12 | | | WzS 6(8) | 765.2 | 11.1 | 8 | c q (r) | 18.8 | 6 | | | |
| | 4 | | | SSW 6 (7) | 766.1 | 12.7 | 6 | c q | 19.2 | 5 | | | |
| | 8 | | | SSW 5 (7) | 766.9 | 10.5 | 8 | c q (r) | 13.1 | 5 | | | |
| | 12 | | | SSW 5 (6) | 768.3 | 10.3 | 7 | o q | 12.7 | 5 | | | |
| 18. IV. | 4 | 41°11′ | 21°57′ | SSW 4 (5) | 767.5 | 10.9 | 8 | c | 13.8 | 5 | 29 | 9ʰ bis 1ʰ D 10ʰ Bl | Albatrosse beim Schiff. Strom in den letzten 24 St.: N 13° O 51 Sm. In ca. 41° S u. 22° O Gebiet der Westwinde angetroffen. Meerleuchten. |
| | 8 | | | SSW (4) | 768.1 | 11.1 | 10 | ,, | 15.6 | 4 | 32 | | |
| | 12 | | | SW 3 (4) | 767.2 | 12.9 | 8 | c q | 15.0 | 4 | | | |
| | 4 | | | WSW 3 (4) | 765.9 | 12.7 | 8 | ,, | 14.0 | 3 | 55 | 4ʰ bis 6ʰ L | |
| | 8 | | | WzN 2 | 763.2 | 12.7 | 7 | ,, | 14.0 | 3 | | | |
| | 12 | | | NWzN 2 | 759.0 | 14.5 | 8 | c q w | 15.0 | 3 | | | |

## Meteorologisches Tagebuch

| Datum | Uhrzeit | Breite S | Länge O | Wind u. Stärke | Barometer für Temperatur verbessert und auf Meeresspiegel reduziert | Lufttemperatur °C | Bewölkung 0—10 | Wetter | Temperatur der Meeresoberfläche | Seegang 0—9 | Stationsnummer | Wissenschaftliche Tätigkeit | Bemerkungen |
|---|---|---|---|---|---|---|---|---|---|---|---|---|---|
| 19. IV. | 4 | 43°16′ | 23°10′ | NWzN4(5) | 757.6 | 15.2 | 10 | o q | 14.7 | 3 | 56 | 7ʰ bis 9ʰ S 8ʰ Bl 4ʰ P 4ʰ bis 7ʰ L | Während d. Vm. Regenböen bis zur Stärke 6. 8 h ein Sturmvogel im Kutter gefangen. Strom in den letzten 24 St.: N 12 Sm. Wind dreht rechts. Schweinsfische beim Schiff. |
|  | 8 |  |  | NWzN 4 | 753.9 | 11.4 | 10 | o r m | 11.1 | 3 | 33 |  |  |
|  | 12 |  |  | W 4 (5) | 752.9 | 12.1 | 8 | o q | 10.6 | 3 |  |  |  |
|  | 4 |  |  | W 5 (6) | 754.0 | 11.1 | 5 | ,, | 12.2 | 4 | 30 |  |  |
|  | 8 |  |  | WzS 5(6) | 755.2 | 9.8 | 8 | ,, | 9.8 | 4 | 57 |  |  |
|  | 12 |  |  | WzN 4 | 751.7 | 9.3 | 10 | o q r | 10.0 | 4 |  |  |  |
| 20. IV. | 4 | 45°30′ | 25°3′ | W 3 (4) | 751.1 | 8.8 | 10 | o q | 9.1 | 3 |  | 2ʰ bis 4ʰ L 2ʰ Bl | Böen lassen nach, Wind flaut ab. W-liche Dünung und NW-Seegang. 10 h Regenhöhe 1.5 mm. Strom in den letzten 24 St.: N 39° O 8 Sm. Gegen Mittag wird es wieder bölg, um abends wieder abzuflauen. |
|  | 8 |  |  | W 3 | 751.7 | 8.5 | 10 | o r | 9.1 | 3 |  |  |  |
|  | 12 |  |  | WzS 5 (7) | 750.1 | 7.0 | 5 | c q | 7.4 | 3 |  |  |  |
|  | 4 |  |  | WSW5 (6) | 750.0 | 5.5 | 8 | ,, | 5.9 | 4 | 58 |  |  |
|  | 8 |  |  | WSW 4 | 749.6 | 4.8 | 10 | o | 5.9 | 4 | 34 |  |  |
|  | 12 |  |  | NWzN 2 | 746.8 | 3.8 | 10 | o r | 6.4 | 4 |  |  |  |
| 21. IV. | 4 | 47°32′ | 26°50′ | OzN 3 | 745.9 | 2.4 | 10 | o r | 5.5 | 3 | 35 | 11ʰ Bl 11ʰ bis 1ʰ L | Wind sehr unbeständ., schralt zw. NNO-S. Bis 5 h Regen. 8 h drehte der Wind auf SW. 10 h Regenhöhe 7.1 mm, 10 h 20 min dr. Wind auf NWzN. Str.i.d.letzt.24St.; N 5° O 10 Sm. 12 h wird der Wind bölg. 5 h steigt die Wassertemperatur plötzlich auf 7.92. 7 h dreht der Wind auf WzN. Böen aus der Windrichtung bis Stärke 9. |
|  | 8 |  |  | SzO 1 | 751.1 | 3.5 | 10 | o | 3.4 | 2 | 59 |  |  |
|  | 12 |  |  | NWzN 1 | 751.1 | 4.0 | 10 | o q | 4.0 | 3 |  |  |  |
|  | 4 |  |  | NWzW4(5) | 747.2 | 4.3 | 10 | o q r | 4.0 | 4 |  |  |  |
|  | 8 |  |  | WzN 6(7) | 740.7 | 7.1 | 10 | o q r | 7.2 | 4 |  |  |  |
|  | 12 |  |  | WzN6(8) | 739.6 | 7.1 | 10 | o q | 7.1 | 5 |  |  |  |
| 22. IV. | 4 | 49°31′ | 29°16′ | WzN6(8) | 738.4 | 6.5 | 10 | o q | 5.4 | 5 | 60 | 7ʰ bis 1ʰ L S | 12 h fiel die Temperatur des Meereswassers wied. schnell. Während des ganzen Tages heftige Böen (10) m. Schnee, Hagel und Regen. Strom während der letzten 24 St.: N 48° O 12 Sm. |
|  | 8 |  |  | NWzW6 (8) | 738.6 | 5.0 | 8 | ,, | 3.3 | 5 |  |  |  |
|  | 12 |  |  | WNW7(9) | 737.9 | 3.0 | 8 | cq(hrs) | 3.3 | 6 |  |  |  |
|  | 4 |  |  | ,, | 736.0 | 4.2 | 6 | c q | 2.6 | 6 |  |  |  |
|  | 8 |  |  | ,, | 732.6 | 2.1 | 7 | ,, | 2.3 | 7 |  |  |  |
|  | 12 |  |  | WNW8(9) | 730.5 | 3.7 | 6 | ,, | 2.8 | 7 |  |  |  |
| 23. IV. | 4 | 50°34′ | 30°41′ | NWzW8(10) | 728.4 | 3.1 | 10 | o q h r | 3.1 | 7 | 61 | 11ʰ bis 1ʰ L | Schwerer Sturm, Böen mit Hagel, Schnee und Regen. 6 h tiefster Barometerstand 727.2 mm. Strom in den letzten 24 St.: N 18.2 Sm.7 Wind beginnt bei steigendem Barometer links zu drehen und flaut ab. |
|  | 8 |  |  | WNW8(10) | 729.0 | 2.6 | 10 | o q h | 3.5 | 7 |  |  |  |
|  | 12 |  |  | WzN 7 (8) | 731.7 | 3.0 | 10 | o q s | 3.5 | 7 |  |  |  |
|  | 4 |  |  | SW 5 (6) | 732.9 | 3.0 | 8 | o q | 4.4 | 6 |  |  |  |
|  | 8 |  |  | W 5 (6) | 734.9 | 3.1 | 10 | o q h r | 5.2 | 6 |  |  |  |
|  | 12 |  |  | SzW 4(5) | 738.0 | 2.9 | 10 | o q h s | 5.2 | 5 |  |  |  |
| 24. IV. | 4 | 48°45′ | 33°32′ | SSW 2 (5) | 740.1 | 1.5 | 6 | (qs) | 4.8 | 4 |  | 8ʰ bis 10ʰ L 4ʰ Bl 5ʰ bis 7ʰ L | Häufige Schneeböen. Wind schralt in den Böen ca. 3 Strich nach beiden Seiten der Windrichtung. Strom in den letzten 24 St.: O 18 Sm. Hagel- und Schneeböen, Wind unbeständig. |
|  | 8 |  |  | SzW3 (5) | 741.7 | 0.2 | 6 | c q s | 2.8 | 4 | 62 |  |  |
|  | 12 |  |  | WSW4 (7) | 743.5 | 3.2 | 7 | o q s | 3.5 | 5 |  |  |  |
|  | 4 |  |  | SW 2 (5) | 744.4 | 2.2 | 7 | cqs(h) | 3.0 | 5 | 36 |  |  |
|  | 8 |  |  | SWzS 2 | 746. | .1 | 4 | c | 4.9 | 4 | 63 |  |  |
|  | 12 |  |  | SW 1 | 747.0 | 2.3 | 4 | ,, | 5.7 | 4 |  |  |  |

Meteorologisches Tagebuch 15

| Datum | Uhrzeit | Breite S | Länge O | Wind u. Stärke | Barometer für Temperatur verbessert und auf Meeresspiegel reduziert | Lufttemperatur °C | Bewölkung 0–10 | Wetter | Temperatur der Meeresoberfläche | Seegang 0–9 | Stationsnummer | Wissenschaftliche Tätigkeit | Bemerkungen |
|---|---|---|---|---|---|---|---|---|---|---|---|---|---|
| 25. IV. | 4 | | | SWzS 3 | 747.5 | 2.5 | 6 | c | 5.0 | 3 | 64 | 6ʰ bis 8ʰ L | Während des ganzen Tages Hagelböen, Wind ändert dauernd, je nachdem die Böen vor oder hinter dem Schiff vorüberziehen. |
| | 8 | | | SWzW 4 | 749.0 | 3.1 | 5 | c q s | 5.5 | 4 | | 10ʰ bis 12ʰ D | |
| | 12 | 47°7' | 35°42' | SWzS 4 | 750.6 | 5.3 | 6 | c q | 6.2 | 4 | 31 | | Strom in den letzten 24 St.: S 58° O 48 Sm. |
| | 4 | | | SW 3 (4) | 752.8 | 4.0 | 6 | c q | 5.8 | 3 | | | |
| | 8 | | | „ | 755.3 | 2.3 | 6 | c q h | 5.3 | 3 | | | 4 h auffallend grosse Schweinsfische beim Schiff. |
| | 12 | | | SWzS 2(3) | 757.0 | 2.9 | 5 | c q | 6.2 | 3 | | | |
| 26. IV. | 4 | | | SzW 4 (5) | 759.4 | 2.3 | 7 | c q (s) | 6.2 | 4 | | | |
| | 8 | | | SW 3 (5) | 761.0 | 3.4 | 6 | „ | 7.0 | 3 | | | Während des Tages Schnee und Regenböen. |
| | 12 | 44°51' | 33°22' | SW 4 (5) | 764.0 | 6.3 | 8 | c q (r) | 7.5 | 3 | | | Strom in den letzten 24 St.: S 77° O 20 Sm. |
| | 4 | | | SW 5 | 765.1 | 5.5 | 7 | c | 7.6 | 3 | 65 | 5ʰ bis 7ʰ L | |
| | 8 | | | SWzS 4 | 766.6 | 5.3 | 10 | o | 7.5 | 3 | | | Wind beginnt rechts zu drehen. |
| | 12 | | | SW 3 (6) | 768.2 | 5.5 | 9 | o q r | 9.9 | 3 | | | |
| 27.IV. | 4 | | | WNW2(4) | 768.3 | 6.6 | 8 | c (q r) | 9.5 | 3 | | | 12 h—4 h mehrere leichte Regenböen. |
| | 8 | | | W 3 | 769.6 | 7.6 | 8 | c | 10.3 | 3 | | | 6 h lassen die Böen nach. |
| | 12 | 42°58' | 31°5' | NW 3 | 768.5 | 8.2 | 7 | „ | 8.8 | 3 | 32 | 9ʰ bis 5ʰ D | Strom in den letzten 24 St.: O 12 Sm. |
| | 4 | | | NNW 4 | 766.9 | 10.0 | 10 | o | 10.0 | 3 | | | |
| | 8 | | | NNW4(5) | 763.2 | 9.9 | 10 | o r q | 10.2 | 5 | | | 8 h Wind wird wieder bõig. |
| | 12 | | | NWzW6(7) | 763.2 | 9.6 | 10 | od(q) | 11.2 | 5 | | | |
| 28. IV. | 4 | | | W 4 (6) | 761.2 | 12.5 | 10 | c q | 11.0 | 5 | 66 | 7ʰ bis 9ʰ L | Barometer pumpt stark. Ablesen erschwert. |
| | 8 | | | W 4 | 763.9 | 13.5 | 9 | „ | 10.6 | 4 | 33 | 8ʰ Bl | 10 h Regenhöhe 25 mm. |
| | 12 | 41°59' | 31°8' | WzS 2 | 762.3 | 13.6 | 8 | c d | 12.0 | 3 | 37 | | Strom in den letzten 19 St.: S 53° O 50 Sm. |
| | 4 | | | WzS 1 | 764.9 | 13.7 | 6 | c d | 11.4 | 3 | | | 3 h 55 min Regenböen in O. |
| | 8 | | | W 1 | 765.2 | 12.5 | 2 | „ | 14.6 | 2 | 67 | 6ʰ bis 8ʰ L | 8 h 20 min trat Stille ein. Auf 41° S und 31° 20' O Gebiet der Westwinde verlassen. |
| | 12 | | | NOzN 1 | 766.3 | 14.8 | 7 | „ | 15.2 | 2 | | | |
| 29. IV. | 4 | | | NNW 2 | 767.9 | 14.8 | 4 | „ | 16.0 | 2 | 68 | 7ʰ bis 11ʰ L | 4 h 20 min einzelne Sternschnuppenfälle aus NW-Quadranten. |
| | 8 | | | NNO 1 | 767.9 | 16.0 | 5 | „ | 14.8 | 1 | 38 | 7ʰ Bl | 8 h Schweinsfische b. Schiff. |
| | 12 | 39°25' | 31°44' | NNO 2 | 767.6 | 17.0 | 5 | „ | 15.2 | 1 | | | Strom in den letzten 24 St.: N 51° O 36 Sm. |
| | 4 | | | NNO 3 | 766.7 | 17.3 | 3 | „ | 16.2 | 2 | | | |
| | 8 | | | NNO 2 | 767.1 | 16.1 | 2 | „ | 15.5 | 2 | | | |
| | 12 | | | „ | 767.6 | 16.5 | 2 | „ | 15.3 | 2 | | | Sternschnuppenfälle aus N-Quadranten. |
| 30. IV. | 4 | | | NO 2 | 767.3 | 16.8 | 0 | b w | 15.8 | 2 | | 7ʰ bis 12ʰ L | Mehrere Walfische beim Schiff. |
| | 8 | | | NzO 3 | 769.0 | 18.1 | 0 | b | 16.0 | 2 | 69 | | Strom in den letzten 24 St.: S 42° O 32 Sm. |
| | 12 | 38°9' | 32°22' | NNO 2 | 768.7 | 17.8 | 2 | c | 16.4 | 2 | 34 | | 2 h 45 min ca. 3 m l. Durchmesser gross, Rochen pass. |
| | 4 | | | „ | 768.5 | 19.5 | 2 | „ | 16.5 | 2 | | | 8 h 30 min—9 h 10 min zwei Mondhöfe um den Mond. |
| | 8 | | | NzO 3 | 768.7 | 18.2 | 6 | „ | 16.5 | 3 | | | 8 h—12 h Sternschnuppenfälle aus d. Milchstr. Meerleucht. |
| | 12 | | | NzO 4 | 768.2 | 19.1 | 5 | „ | 17.0 | 3 | | | |

| Datum | Uhrzeit | Breite S | Länge O | Wind u. Stärke | Barometer für Temperatur verbessert und auf Meeresspiegel reduziert | Luftdeemperatur °C | Bewölkung 0—10 | Wetter | Temperatur der Meeresoberfläche | Seegang 0—9 | Stationssummer | Wissenschaftliche Tätigkeit | Bemerkungen |
|---|---|---|---|---|---|---|---|---|---|---|---|---|---|
| 1. V. | 4 | 36°51′ | 32°58′ | NzO 4 | 768.9 | 19.4 | 4 | b | 19.0 | 3 | 35 | 8ʰ bis 2ʰ D | Bewölkung ändert dauernd. Obere Wolken ziehen N-lich, untere S-lich. Strom in den letzten 24 St.: S 47° O 47 Sm. |
|  | 8 |  |  | N 4 | 769.1 | 19.6 | 4 | c | 19.0 | 3 |  |  |  |
|  | 12 |  |  | N 5 | 767.9 | 20.9 | 5 | ,, | 19.4 | 4 |  |  |  |
|  | 4 |  |  | NzO 4 | 766.1 | 20.0 | 3 | ,, | 19.5 | 4 | 70 | 5ʰ bis 7ʰ L |  |
|  | 8 |  |  | NzO 5 | 765.5 | 20.1 | 5 | ,, | 19.3 | 5 |  |  |  |
|  | 12 |  |  | NzO 5 (6) | 765.0 | 20.0 | 7 | ,, | 19.4 | 5 |  |  |  |
| 2. V. | 4 | 35°22′ | 32°0′ | NzO 3 | 764.9 | 20.1 | 9 | o | 19.2 | 5 |  |  | Häufige Sternschnuppenfälle, auffallend lange hellleuchtende Streifen. |
|  | 8 |  |  | N 3 | 765.2 | 20.5 | 9 | ,, | 19.8 | 4 |  |  |  |
|  | 12 |  |  | ,, | 764.0 | 21.3 | 8 | c | 20.0 | 4 |  | 5ʰ bis 7ʰ L | Sehr lange nördliche Dünung. Schiff stampft stark. Barometerablesungen durch pumpen erschwert. |
|  | 4 |  |  | ,, | 761.8 | 21.3 | 7 | ,, | 19.9 | 3 | 71 |  |  |
|  | 8 |  |  | NzW 3 | 762.5 | 21.3 | 8 | ,, | 20.0 | 3 |  |  |  |
|  | 12 |  |  | ,, | 764.8 | 21.3 | 8 | ,, | 20.0 | 4 |  |  |  |
| 3. V. | 4 | 33°32′ | 32°10′ | NW 2 | 765.3 | 21.8 | 8 | c | 19.9 | 3 |  |  | Wind sehr unbeständig. |
|  | 8 |  |  | NzW 3 | 763.4 | 22.6 | 5 | ,, | 22.0 | 3 |  | 10ʰ Bl | Strom in den letzten 24 St.: S 35° W 15 Sm. |
|  | 12 |  |  | ,, | 763.5 | 22.6 | 7 | ,, | 22.0 | 3 | 39 |  |  |
|  | 4 |  |  | NzW 1 | 762.6 | 22.2 | 8 | ,, | 21.4 | 2 | 72 | 6ʰ bis 7ʰ L |  |
|  | 8 |  |  | OzN 1 | 763.5 | 21.6 | 3 | c w | 21.5 | 2 |  |  | 8 h 35 min zahlreiche Sternschnuppenfälle, sehr stark. Taufall. |
|  | 12 |  |  | NzO 1 | 763.6 | 22.0 | 2 | ,, | 21.4 | 2 |  |  |  |
| 4. V. | 4 | 31°20′ | 32°9′ | NzO 3 | 763.0 | 22.0 | 0 | b w | 21.5 | 3 | 73 | 8ʰ bis 11ʰ S |  |
|  | 8 |  |  | NzO 2 | 764.0 | 20.0 | 2 | c | 22.2 | 2 | 40 | 8ʰ Bl |  |
|  | 12 |  |  | NNO 3 | 762.8 | 24.4 | 1 | ,, | 22.8 | 2 |  |  | Strom in den letzten 24 St.: W 19 Sm. Wind beginnt links zu drehen und wird böig. |
|  | 4 |  |  | NO 4 (5) | 760.0 | 24.7 | 4 | ,, | 23.8 | 3 |  |  |  |
|  | 8 |  |  | NOzN 5 (6) | 758.9 | 23.2 | 6 | c q | 23.6 | 4 |  |  |  |
|  | 12 |  |  | NOzN 5 (6) | 758.8 | 24.5 | 0 | b q | 23.4 | 5 |  |  |  |
| 5. V. | 4 |  | Durban | NOzN 3 | 758.6 | 21.6 | 0 | b | 23.3 | 3 |  |  | 2 h flaute es ab. Böen hör. auf. 4 h fiel ein grosser Loligo (Tintenfisch) auf Deck. 6 h 20 min sprang der Wind plötzl. auf WSW, Landwind. 7 h 30 min in den Hafen von Durban eingelaufen. |
|  | 8 |  |  | NW 3 | 760.8 | 22.1 | 0 | ,, | 21.5 | 2 |  |  |  |
|  | 12 |  |  | SzW 1 | 761.0 | 29.2 | 2 | c | 22.4 | — |  |  |  |
|  | 4 |  |  | S 2 | 761.7 | 24.7 | 8 | ,, | 23.5 | — |  |  |  |
|  | 8 |  |  | SWzS 2 | 763.4 | 22.0 | 6 | ,, | 23.6 | — |  |  |  |
|  | 12 |  |  | SWzS 2 | 764.0 | 20.3 | 6 | ,, | 23.4 | — |  |  |  |

## Von Durban nach Tamatave.

| Datum | Uhrzeit | Breite S | Länge O | Wind u. Stärke | Barometer | Luftdeemperatur | Bewölkung | Wetter | Temperatur | Seegang | Stationssummer | Wissenschaftliche Tätigkeit | Bemerkungen |
|---|---|---|---|---|---|---|---|---|---|---|---|---|---|
| 14. V. | 8 | 30°0′ | 31°12′ | SWzS 3 | 764.6 | 22.8 | 0 | b | 20.5 | — | 41 | 11ʰ Bl | 8 h 10 min Durban verlassen. |
|  | 12 |  |  | SzW 3 | 764.7 | 22.2 | 5 | c | 22.0 | 3 |  |  |  |
|  | 4 |  |  | SOzS 4 |  |  | 7 | ,, | 24.1 | 2 |  |  | Wind sehr unbeständig. |
|  | 8 |  |  | SOzO 2 |  |  | 7 | ,, | 22.0 | 2 |  |  |  |
|  | 12 |  |  | O |  |  | 7 | ,, | 22.0 | 1 |  |  |  |

## Meteorologisches Tagebuch

| Datum | Uhrzeit | Breite S | Länge O | Wind u. Stärke | Barometer für Temperatur verbessert und auf Meeresspiegel reduziert | Lufttemperatur °C. | Bewölkung 0—10 | Wetter | Temperatur der Meeresoberfläche | Seegang 0—9 | Stationsnummer | Wissenschaftliche Tätigkeit | Bemerkungen |
|---|---|---|---|---|---|---|---|---|---|---|---|---|---|
| 15. V. | 4 | | | NOzN 3 | 763.4 | 23.4 | 0 | b | 23.1 | 1 | 74 | 7ʰ bis 9ʰ S | Wind dreht von O auf NzO. |
| | 8 | | | NzO 3 | 763.2 | 23.2 | 5 | c | 22.4 | 1 | | 8ʰ Bl | |
| | 12 | 31°36′ | 33°6′ | NzW 3 | 763.0 | 24.6 | 0 | b | 22.5 | 2 | 42 | | Strom in den letzten 24 St.: S 6° O 30 Sm. |
| | 4 | | | NzO 3 (4) | 762.1 | 23.5 | 0 | ,, | 22.6 | 3 | 75 | 4ʰ bis 5ʰ L | |
| | 8 | | | NzO 4 | 762.2 | 23.0 | 0 | ,, | 22.4 | 3 | | | 7 h Sternschnuppenfälle. |
| | 12 | | | ,, | 762.4 | 22.3 | 0 | ,, | 21.5 | 3 | | | Geringes Meerleuchten. |
| 16. V. | 4 | | | NzO 5 | 762.5 | 21.3 | 0 | b w | 21.0 | 3 | 1 | W 8ʰ bis 1ʰ L | |
| | 8 | | | NzO 5 (6) | 763.0 | 21.6 | 0 | b | 20.1 | 4 | 76 | | |
| | 12 | 33°2′ | 35°30′ | NzO 4 (5) | 764.2 | 22.8 | 5 | c | 20.4 | 5 | 43 | 9ʰ Bl | Strom in den letzten 24 St.: S 17° O 31 Sm. |
| | 4 | | | N 3 | 764.6 | 22.0 | 7 | ,, | 21.2 | 4 | 77 | 2ʰ bis 3ʰ L | |
| | 8 | | | ,, | 765.9 | 21.5 | 6 | ,, | 21.1 | 3 | | | |
| | 12 | | | NNO 3 | 766.1 | 21.2 | 0 | b w | 20.8 | 2 | | | |
| 17. V. | 4 | | | NNO 2 | 766.6 | 20.4 | 4 | c w | 19.9 | 2 | 78 | 8ʰ bis 10ʰ L | |
| | 8 | | | ,, | 768.0 | 20.5 | 4 | ,, | 20.0 | 2 | | | |
| | 12 | 34°27′ | 37°32′ | ,, | 768.6 | 21.2 | 4 | c | 19.8 | 2 | 44 | 9ʰ Bl | Strom in den letzten 24 St.: S 72° W 35 Sm. 4 h 35 min Regenbogen in O. Lange Dünung aus WSW. Besonders farbenprächtiger Sonnenuntergang, bis ca. 10° Höhe grün, von dort bis 35° Höhe carmoisinrot. |
| | 4 | | | NNO 1 | 768.5 | 20.5 | 8 | ,, | 20.4 | 1 | | | |
| | 8 | | | ONO 1 | 769.3 | 19.7 | 7 | o | 19.5 | 1 | | | |
| | 12 | | | ,, | 769.6 | 19.8 | 0 | b w | 19.0 | 1 | | | |
| 18. V. | 4 | | | NNO 2 | 768.6 | 19.8 | 0 | b w | 19.1 | 2 | 45 | 9ʰ Bl | |
| | 8 | | | NO 3 | 769.0 | 19.4 | 3 | c | 19.5 | 2 | 79 | 8ʰ bis 10ʰ L | 10 h Regenhöhe 0.8 mm. |
| | 12 | 35°51′ | 39°40′ | NOzN 4 | 769.4 | 20.1 | 6 | ,, | 19.4 | 3 | 36 | 10ʰ bis 3ʰ D | Strom in den letzten 24 St.: S 54° W 30 Sm. |
| | 4 | | | NO 4 | 768.7 | 19.9 | 5 | ,, | 19.3 | 3 | | | |
| | 8 | | | NOzO 4 | 768.8 | 19.0 | 7 | ,, | 19.2 | 3 | 80 | 10ʰ bis 12ʰ L | |
| | 12 | | | NzO 4 | 767.4 | 19.0 | 10 | o | 18.9 | 3 | | | Meerleuchten. |
| 19. V. | 4 | | | NOzN 4 | 766.4 | 19.0 | 9 | o | 18.2 | 3 | 81 | 4ʰ bis 6ʰ L | |
| | 8 | | | ,, | 765.2 | 19.3 | 7 | c | 18.5 | 3 | 46 | 11ʰ Bl | |
| | 12 | 36°42′ | 42°4′ | NNO 4 | 764.1 | 18.7 | 8 | ,, | 19.2 | 3 | 82 | 9ʰ bis 1ʰ S′ | |
| | 4 | | | ,, | 761.6 | 18.5 | 10 | ,, | 18.1 | 4 | | 5ʰ bis 6ʰ | |
| | 8 | | | ,, | 759.0 | 21.0 | 10 | ,, | 16.7 | 4 | | 9ʰ bis 11ʰ | |
| | 12 | | | NzO 3 | 757.0 | 17.3 | 10 | o (r) | 17.2 | 4 | 83 | L | |
| 20. V. | 4 | | | N 3 | 752.6 | 16.5 | 10 | o (r) | 18.0 | 4 | 84 | 4ʰ bis 5ʰ | 7 h 15 min Regenbogen i. NW. 8 h — 8 h 25 min Regenbö, Wind springt auf OzN. |
| | 8 | | | NNO 3 | 754.3 | 18.0 | 10 | o | 18.0 | 3 | | 10ʰ bis 11ʰ L | |
| | 12 | 36°12′ | 41°22′ | OzN 2 (3) | 753.0 | 19.8 | 9 | o (r q) | 18.4 | 2 | 85 | | Strom in den letzten 24 St.: N 71° O 38 Sm. |
| | 4 | | | SOzS 3 | 754.4 | 18.8 | 7 | c | | 2 | | | |
| | 8 | | | SWzW 3 | 755.4 | 18.1 | 3 | | 18.8 | 2 | | | Mehrfache Böen mit Regen. |
| | 12 | | | WSW 4 | 755.4 | 18.0 | 6 | | 18.2 | 2 | | | |

Meteorologisches Tagebuch

| Datum | Uhrzeit | Breite S | Länge O | Wind u. Stärke | Barometer für Temperatur verbessert und auf Meeresspiegel reduziert | Lufttemperatur °C | Bewölkung 0—10 | Wetter | Temperatur der Meeresoberfläche | Seegang 0—9 | Stationsnummer | Wissenschaftliche Tätigkeit | Bemerkungen |
|---|---|---|---|---|---|---|---|---|---|---|---|---|---|
| 21. V. | 4 | 33°38' | 42°3' | SW 5 (7) | 756.5 | 18.0 | 9 | o q (r) | 18.0 | | 86 | 9ʰ bis 12ʰ L 11ʰ Bl | Von 12 h—4 h Böen bis zur Stärke 7, See läuft wild durcheinander. |
| | 8 | | | SWzW 6 | 758.5 | 18.1 | 10 | o (d) | (17.8) | 5 | 47 | | |
| | 12 | | | SWzS 5(6) | 759.8 | 18.8 | 10 | o | 18.2 | 5 | | | |
| | 4 | | | SSW 4(5) | 759.8 | 19.1 | 6 | c q(d) | 18.9 | 4 | | 2 W | |
| | 8 | | | SSW 5 | 761.7 | 18.9 | 8 | c (d) | 18.1 | 4 | | | |
| | 12 | | | SSW 4(5) | 761.3 | 18.7 | 6 | c | 19.7 | 4 | | | |
| 22. V. | 4 | 31°55' | 43°45' | SSW 3 (4) | 760.2 | 18.2 | 6 | c q | 19.4 | 4 | 87 | 9ʰ bis 2ʰ L | Während des Vm. Böen mit Staubregen. |
| | 8 | | | SSW 3 | 761.6 | 18.5 | 6 | c | 20.0 | 4 | 37 | D | Strom in den letzten 24 St.: S 31° W 18 Sm. |
| | 12 | | | SW 3 | 761.5 | 19.1 | 6 | ,, | 19.6 | 4 | 48 | 10ʰ Bl | |
| | 4 | | | SWzS 3 | 761.5 | 19.5 | 5 | ,, | 19.8 | 4 | 88 | 1ʰ L | |
| | 8 | | | SOzS 2 | 761.8 | 18.1 | 5 | ,, | 19.6 | 3 | | 10ʰ bis 11ʰ L | 8 h 30 min vereinz. Schweinsfische beim Schiff |
| | 12 | | | WNW 1 | 762.6 | 18.4 | 4 | ,, | 19.1 | 2 | 89 | | |
| 23. V. | 4 | 30°30' | 45°8' | NW 1 | 762.5 | 18.9 | 2 | c | 18.9 | 1 | | 7ʰ Bl | Strom in den letzten 24 St.: S 41° W 15 Sm. |
| | 8 | | | NNW 2 | 762.9 | 20.4 | 5 | ,, | 20.2 | 1 | 49 | 8ʰ bis 9ʰ L | |
| | 12 | | | NzW 2 | 762.4 | 21.3 | 5 | ,, | 20.5 | 1 | 90 | 11ʰ bis 6ʰ D | |
| | 4 | | | NzW 1 | 762.8 | 21.0 | 5 | ,, | 21.6 | 1 | 38 | 9ʰ bis 10ʰ L | 11 h 20 min—12 h starkes Donnern in N. |
| | 8 | | | NOzN 2 | 762.8 | 20.8 | 3 | ,, | 21.3 | 1 | | | |
| | 12 | | | NO 2 | 762.2 | 21.6 | 8 | c l w | 21.2 | 1 | 91 | | |
| 24. V. | 4 | 28°11' | 46°6' | Stille | 762.2 | 22.0 | 5 | c l w | 21.0 | 1 | 92 | 6ʰ bis 8ʰ L | 1 h entferntes Donnern in N. |
| | 8 | | | NWzW 1 | 762.9 | 23.5 | 3 | c | 24.6 | 1 | | 11ʰ bis 12ʰ | Strom in den letzten 18.5 St.: N 67° O 8 Sm. |
| | 12 | | | W 2 | 763.3 | 25.9 | 5 | ,, | 24.4 | 2 | 93 | | |
| | 4 | | | WzS 3 | 763.1 | 26.0 | 6 | ,, | 24.3 | 2 | | | |
| | 8 | | | SO 1 | 764.5 | 22.0 | 4 | ,, | 24.3 | 2 | | | 7 h 50 min Staubregen. 8 h 40 min flaute es ab. |
| | 12 | | | SOzO 1 | 764.3 | 24.3 | 3 | c (d) | 24.1 | 1 | | | |
| 25. V. | 4 | 25°23' | 47°19' | OzN 3 | 764.2 | 22.9 | 7 | c | 23.9 | 1 | | 6ʰ bis 9ʰ Küstenlotungen 6ʰ Bl 10ʰ L 12ʰ bis 1ʰ | Meerleuchten. 5 h 30 min Wetterl. in WsW. 7 h 3 min bildete sich in OzN eine Wasserhose, nach 10 Min. löste sie sich wieder auf. 7 h 45 min—7 h 55 min und 8 h 15 min—8 h 25 min Wasserhosen in SW. Str. in d. letzt. 24 St.: W 6 Sm. 12 h 40 min trat Windstille ein. 10 h 45 min — 11 h 30 min Wetterleuchten in SSW. |
| | 8 | | | NOzN 1 | 765.1 | 24.4 | 5 | ,, | (25.4) | 1 | 50 | | |
| | 12 | | | NW 1 | 764.7 | 24.1 | 3 | ,, | 25.1 | 1 | 94 | | |
| | 4 | | | NNO 1 | 763.3 | 24.2 | 4 | ,, | (25.4) | 1 | | | |
| | 8 | | | NOzN 2 | 763.9 | 24.5 | 5 | ,, | 25.3 | 1 | 95 | | |
| | 12 | | | NNO 3 | 764.2 | 24.3 | 5 | ,, | 25.0 | 2 | | | |
| 26. V. | 4 | 24°21' | 48°42' | NOzN 2 | 763.4 | 23.9 | 4 | c (l) | 23.3 | 2 | 96 | 2ʰ bis 3ʰ L 6ʰ bis 8ʰ 10ʰ bis 4ʰ L S 10ʰ Bl 9ʰ bis 10ʰ L | 2 h 10 min sehr heller Sternschnuppenfall aus ca. 10° Höhe am N-lichen Himmel. 12 h einen ca. 2.5 m langen Mai gefangen. Strom in den letzten 24 St.: W 13 Sm. 8 h—4 h Wetterleuchten in S. |
| | 8 | | | NOzN 3 | 763.8 | 24.1 | 3 | c | 24.4 | 2 | 97 | | |
| | 12 | | | NNO 2 | 763.9 | 24.1 | 4 | ,, | 24.6 | 2 | | | |
| | 4 | | | NNO 2 | | | 4 | ,, | 24.8 | 2 | 98 | | |
| | 8 | | | NNO 3 | | | 3 | ,, | 24.3 | 2 | 51 | | |
| | 12 | | | NNO 2 | | | 2 | c l | 24.1 | 2 | 99 | | |

| Datum | Uhrzeit | Breite S | Länge O | Wind u. Stärke | Barometer für Temperatur verbessert und auf Meeresspiegel reduziert | Lufttemperatur °C | Bewölkung 0—10 | Wetter | Temperatur der Meeresoberfläche | Seegang 0—9 | Stationsnummer | Wissenschaftliche Tätigkeit | Bemerkungen |
|---|---|---|---|---|---|---|---|---|---|---|---|---|---|
| 27. V. | 4 | 22°42' | 48°24' | NzO 2 | 763.0 | 24.5 | 4 | c (l) | 24.5 | 2 | 100 | 3ʰ bis 4ʰ L | Strom in den letzten 24 St.: S 60° W 8 Sm. 5 h 25 min bunter Schmetterling beim Schiff. 10 h 20 min starkes Wetterleuchten in NO. 10 h 47 min — 11 h 10 min starke Regenbö aus SO. |
|  | 8 |  |  | N 2 | 763.1 | 24.3 | 5 | c | (24.6) | 1 | 101 | 9ʰ bis 10ʰ |  |
|  | 12 |  |  | NzW 1 | 762.2 | 23.8 | — | ,, | — | — | 102 103 | 12ʰ bis 1ʰ 3ʰ bis 4ʰ | L |
|  | 4 |  |  | Stille | 762.2 | 25.0 | 2 | ,, | 24.3 | 2 | 104 | 4ʰ bis 5ʰ |  |
|  | 8 |  |  | SOzS 1 | 764.0 | 24.8 | 5 | ,, | 25.4 | 3 | | 6ʰ und 7ʰ |  |
|  | 12 |  |  | SSO 3 | 763.7 | 23.8 | 8 | c(l)rt | 25.3 | 3 | 105 | 9ʰ L |  |
| 28. V. | 4 | 21°24' | 49°24' | SOzS 4 | 763.8 | 24.5 | 9 | c (l) | 25.8 | 2 | 106 | 1ʰ bis 2ʰ | 8 h Regenbogen v. S—WSW. Bis 9 h 30 min Regen. Strom in den letzten 24 St.: S 53° W 20 Sm. 1 h 12 min—25 min Staubregen. 6 h 20 min Wetterleuchten in NO. |
|  | 8 |  |  | SO 4 | 765.0 | 24.5 | 9 | c | 25.0 | 3 | 107 | 6ʰ bis 7ʰ |  |
|  | 12 |  |  | SOzS 4 (5) | 765.0 | 24.1 | 8 | c q (r) | (24.2) | 3 | 108 | 11ʰ bis 12ʰ | L |
|  | 4 |  |  | ,, | 764.3 | 24.3 | 7 | c (r) | 25.7 | 3 | 109 | 4ʰ bis 6ʰ |  |
|  | 8 |  |  | SOzS 3 | 766.0 | 24.0 | 6 | c | 25.6 | 3 | 52 | 5ʰ Bl |  |
|  | 12 |  |  | ,, | 765.4 | 23.3 | 6 | c (r) q | 25.2 | 3 | 110 | 10ʰ bis 12ʰ |  |
| 29. V. | 4 | 19°36' | 49°50' | SSO 2 | 765.1 | 23.7 | 5 | c (r) | 24.9 | 2 | 111 | 6ʰ bis 8ʰ L | 2 h 40 min Sternschnuppenfall, Meerleuchten. Strom in den letzten 24 St.: N 84° W 26 Sm. |
|  | 8 |  |  | SO 2 | 766.6 | 24.6 | 4 | c | 25.5 | 2 |  |  |  |
|  | 12 |  |  | OSO 2 | 766.6 | 24.9 | 9 | ,, | 25.8 | 2 | 112 | 1ʰ bis 2ʰ L |  |
|  | 4 |  |  | SOzS 2 | 765.3 | 24.8 | 6 | ,, | 25.8 | 2 |  |  |  |
|  | 8 |  |  | ,, | 766.0 | 24.3 | 7 | ,, | 25.4 | 2 | 113 | 8ʰ bis 9ʰ L |  |
|  | 12 |  |  | SOzO 2 | 766.0 | 24.3 | 7 | ,, | 25.4 | 2 |  |  |  |
| 30. V. | 4 |  |  | SWzW 3 | 764.2 | 22.0 | 6 | c (r) | 24.7 | 2 | 114 | 12ʰ bis 1ʰ | 3 h 20 min sprang Wind plötzlich auf SWzW (Landwind). Es macht sich starker Landgeruch bemerkbar. 4 h 30 min—6 h 30 min zu Anker gelegen. 8 h 40 min ist in den Hafen von Tamatave eingelaufen. 4 h mehrere grosse Haie beim Schiff. |
|  | 8 |  |  | ,, | 766.8 | 21.5 | 6 | c v | 24.8 |  | 115 | 3ʰ L |  |
|  | 12 | Tamatave | | SzW 2 | 766.0 | 24.0 | 6 | c | — | — | 115a | 4ʰ L |  |
|  | 4 | Madagaskar | | SOzS 3 | 764.9 | 24.7 | 4 | ,, | 25.5 | — |  |  |  |
|  | 8 |  |  | SOzS 1 | 766.3 | 24.6 | 4 | ,, | 25.3 | — |  |  |  |
|  | 12 |  |  | W 1 | 766.1 | 20.2 | 3 | ,, | 24.8 | — |  |  |  |

## Von Tamatave über St. Mary nach Port Louis auf Mauritius.

| Datum | Uhrzeit | Breite S | Länge O | Wind u. Stärke | Barometer | Lufttemperatur °C | Bewölkung | Wetter | Temperatur der Meeresoberfläche | Seegang | Stationsnummer | Wissenschaftliche Tätigkeit | Bemerkungen |
|---|---|---|---|---|---|---|---|---|---|---|---|---|---|
| 3. VI. | 4 | 17°2' | 49°51' | SWzS 2 | 766.8 | 24.3 | 5 | c | 24.6 | 2 | 116 | 6ʰ bis 7ʰ L | 12 h Tamatave verlassen. 12 h 27 min auf der Reede v. St. Mary geankert. 8 h 20 min St. Mary verlassen. |
|  | 8 |  |  | ,, | 767.3 | 23.5 | 6 | ,, | 25.1 | 2 |  |  |  |
|  | 12 |  |  | SWzS 3 | 767.6 | 25.3 | 8 | ,, | 25.6 | 2 |  |  |  |
|  | 4 |  |  | SzO 2 | 765.9 | 25.0 | 6 | ,, | 25.2 | 2 |  |  |  |
|  | 8 |  |  | SOzS 2 | 767.2 | 24.7 | 4 | ,, | 25.2 | 2 |  |  |  |
|  | 12 |  |  | SOzS 3 | 767.7 | 26.0 | 7 | ,, | 24.6 | 2 |  |  |  |
| 4. VI. | 4 | 16°32' | 50°54' | SOzS 2 | 765.0 | 24.6 | 3 | c | 24.3 | 2 | 116a 116b | 2ʰ bis 3ʰ 4ʰ | Strom in den letzten 12 St.: N 14 Sm. |
|  | 8 |  |  | SO 3 | 766.5 | 25.1 | 3 | ,, | (24.5) | 2 | 117 | 8ʰ bis 9ʰ | L |
|  | 12 |  |  | SOzO 3 | 765.7 | 25.2 | 4 | ,, | 25.5 | 2 | 118 | 2ʰ bis 3ʰ |  |
|  | 4 |  |  | SOzS 3 | 764.4 | 25.3 | 5 | ,, | 25.3 | 2 | 9 | 5ʰ bis 6ʰ |  |
|  | 8 |  |  | SO 3 | 765.6 | 25.0 | 4 | ,, | 25.3 | 2 |  |  |  |
|  | 12 |  |  | ,, | 765.7 | 25.0 | 5 | ,, | 25.2 | 2 |  |  |  |

## Meteorologisches Tagebuch

| Datum | Uhrzeit | Breite S | Länge O | Wind u. Stärke | Barometer für Temperatur verbessert und auf Meeresspiegel reduziert | Lufttemperatur °C | Bewölkung 0—10 | Wetter | Temperatur der Meeresoberfläche | Seegang 0—9 | Stationsnummer | Wissenschaftliche Tätigkeit | Bemerkungen |
|---|---|---|---|---|---|---|---|---|---|---|---|---|---|
| 5. VI. | 4 | 16°29' | 51°48' | SOzS 3 | 765.0 | 24.8 | 6 | c | 25.1 | 2 | 120 | 7ʰ bis 12ʰ L S 8ʰ Bl | |
|  | 8 | | | ,, | 765.2 | 24.8 | 5 | ,, | 25.3 | 2 | 53 | | |
|  | 12 | | | SO 3 | 764.9 | 24.8 | 6 | ,, | 25.6 | 2 | | | Strom in den letzten 24 St.: N 58° O 23 Sm. |
|  | 4 | | | SOzS 4 | 763.3 | 25.2 | 6 | ,, | 25.5 | 3 | | | |
|  | 8 | | | SOzS 4 | 764.0 | 24.0 | 7 | ,, | 25.3 | 3 | | | |
|  | 12 | | | OSO 3 | 764.9 | 25.4 | 4 | ,, | 25.3 | 3 | | | Sternschnuppenfälle aus O. |
| 6. VI. | 4 | 17°37' | 53°32' | OSO 4(5) | 764.8 | 23.8 | 8 | c q | 25.2 | 3 | | | Regenböen. |
|  | 8 | | | SOzO 3(4) | 765.0 | 23.0 | 8 | c q (r) | 25.3 | 4 | | | 10 ʰ Regenhöhe 4.7 mm. Strom in den letzten 24 St.: N 25° W 27 Sm. |
|  | 12 | | | OSO 3(4) | 763.9 | 24.8 | 6 | ,, | 25.3 | 4 | | | |
|  | 4 | | | OSO 3 | 762.5 | 25.6 | 6 | c | 25.6 | 3 | 121 | 1ʰ bis 2ʰ L 1ʰ Bl | |
|  | 8 | | | ,, | 762.9 | 25.2 | 5 | ,, | 25.4 | 3 | 54 | | |
|  | 12 | | | ,, | 763.1 | 25.2 | 6 | ,, | 25.3 | 3 | | | |
| 7. VI. | 4 | 18°42' | 55°8' | OSO 2 | — | 24.6 | 6 | c | 25.3 | 3 | | 8ʰ bis 12ʰ D W | |
|  | 8 | | | SOzO 2 | 762.9 | 24.9 | 4 | ,, | 25.2 | 3 | 39 | | Fliegende Fische beim Schiff. |
|  | 12 | | | OzS 2 | 762.5 | 25.0 | 7 | ,, | 25.4 | 3 | 3 | | Strom in den letzten 24 St.: N 81° W 25 Sm. |
|  | 4 | | | ,, | 761.5 | 24.6 | 4 | ,, | 25.2 | 3 | | | |
|  | 8 | | | SOzO 2 | 762.2 | 24.7 | 4 | ,, | 24.9 | 2 | | | |
|  | 12 | | | OSO 2 | 762.5 | 24.2 | 2 | ,, | 24.7 | 2 | | | |
| 8. VI. | 4 | Port-Louis (Mauritius) | | SOzO 2 | 761.6 | 23.4 | 6 | c (r) | 24.1 | 2 | | | Regenfall. |
|  | 8 | | | ,, | 763.2 | 23.5 | 3 | c | 24.3 | 2 | | | |
|  | 12 | | | OzS 2 | 763.1 | 24.2 | 4 | ,, | 24.5 | 2 | | | 2ʰ 30 min im Hafen von Port Louis geankert. |
|  | 4 | | | ,, | 762.9 | 25.8 | 4 | ,, | 24.5 | 2 | | | |
|  | 8 | | | OzS 1 | 763.4 | 23.2 | 3 | ,, | 23.0 | — | | | |
|  | 12 | | | ,, | 763.8 | 23.4 | 5 | c (d) | 23.2 | — | | | |

## Von Port Louis über Rodriguez und Suvadiva Atoll nach Colombo.

| Datum | Uhrzeit | Breite S | Länge O | Wind u. Stärke | Bar. | Lufttemp. | Bew. | Wetter | Temp. Meer | Seeg. | St.nr. | Wiss. Tätigkeit | Bemerkungen |
|---|---|---|---|---|---|---|---|---|---|---|---|---|---|
| 13. VI. | 12 | Port-Louis | | SzO 2 | 763.0 | 25.7 | 7 | c | 24.6 | — | | | |
|  | 4 | | | ,, | 763.4 | 24.3 | 5 | ,, | 24.0 | — | | | 5 ʰ Port-Louis verlassen. |
|  | 8 | | | SOzS 1 | 764.7 | 22.7 | 7 | ,, | 23.8 | — | | | 0 ʰ 20 min sprang d. Wind auf SO und frischte auf. Meerleuchten. |
|  | 12 | | | SOzO 2(3) | 765.1 | 23.3 | 8 | c q(d) | 24.5 | 2 | | | |
| 14. VI. | 4 | 19°2' | 58°55' | OSO 2(3) | 764.9 | 22.4 | 6 | c q | 24.4 | 2 | 122 | 12ʰ L 4ʰ bis 5ʰ L | Fliegende Fische beim Schiff. |
|  | 8 | | | SO 3 | 765.2 | 23.8 | 7 | c | 24.3 | 2 | 123 | | |
|  | 12 | | | SOzO 4 | 765.5 | 23.8 | 4 | ,, | 24.9 | 2 | | | Strom in den letzten 19 St.: N 79° W 23 Sm. Wind unbeständig. Mehrere kurze Regenböen. |
|  | 4 | | | SOzS 4 | 764.7 | | 1 | ,, | 24.6 | 3 | | | |
|  | 8 | | | SOzS 3(?) | | | | qr | 24.4 | 3 | | | |
|  | 12 | | | OSO 3 (4) | | | | c | 24.3 | 3 | | | |

Meteorologisches Tagebuch

| Datum | Uhrzeit | Breite S | Länge O | Wind u. Stärke | Barometer für Temperatur verbessert und auf Meeresspiegel reduziert | Lufttemperatur °C | Bewölkung 0—10 | Wetter | Temperatur der Meeresoberfläche | Seegang 0—9 | Stahlsumsen | Wissenschaftliche Tätigkeit | Bemerkungen |
|---|---|---|---|---|---|---|---|---|---|---|---|---|---|
| 15. VI. | 4 | | | SO 3 (4) | 765.9 | 23.5 | 6 | c q | — | 3 | 40 | 8ʰ bis 1ʰ D | |
| | 8 | | | SO 4 | 767.8 | 24.0 | 5 | c | 25.2 | 3 | | 8ʰ Bl | 7 h Fregattvögel beim Schiff. |
| | 12 | 19°6′ | 61°33′ | SOzO 5 | 767.2 | 24.3 | 3 | ,, | 25.4 | 3 | 55 | | Strom in den letzten 24 St.: N 37° W 21 Sm. |
| | 4 | | | ,, | 767.6 | 23.4 | 6 | ,, | 25.5 | 3 | | | |
| | 8 | | | SOzO 4(5) | 767.3 | 22.9 | 6 | c q | 25.4 | 3 | | | |
| | 12 | | | SO 3 (6) | 767.1 | 23.0 | 10 | o q | 25.1 | 3 | | | |
| 16. VI. | 4 | | | SOzO 3(5) | 767.5 | 23.1 | 7 | c q | 23.9 | 3 | | | |
| | 8 | | | SOzO 3(4) | 768.1 | 21.5 | 6 | ,, | 24.0 | 4 | | | Böiges Wetter. 11 h in die Mathurin-Bucht eingelaufen. |
| | 12 | Mathurin- | | SO 3 (4) | 767.8 | 23.0 | 4 | ,, | 24.0 | 2 | | 4ʰ Bl | |
| | 4 | Bucht | | SOzO 3(4) | 767.0 | 22.8 | 6 | ,, | 23.2 | 1 | 56 | | Böiges Wetter mit Regen. |
| | 8 | (Rodriguez) | | SOzO 2(4) | 768.0 | 21.1 | 7 | c q (r) | 23.2 | — | | | |
| | 12 | | | ,, | 767.6 | 22.1 | 10 | o q | 23.1 | — | | | |
| 17. VI. | 4 | | | SOzO2(4) | 766.5 | 22.2 | 10 | o q | 22.8 | — | | | Böiges Wetter mit leichten Regenfällen. |
| | 8 | | | ,, | 767.4 | 21.8 | 6 | c q | 23.1 | — | | | 8 h 20 min Regenbogen in W. 10 h Regenhöhe 1.5 mm. |
| | 12 | Mathurin- | | SOzO 2 (5) | 766.1 | 22.9 | 10 | o q r | 23.6 | — | | | |
| | 4 | Bucht | | SOzO 2(4) | 764.9 | 22.8 | 7 | c q | 23.4 | — | | | 4 h 20 min Hafen verlassen. |
| | 8 | | | OSO 3 (4) | 765.1 | 23.0 | 10 | o q | 23.1 | 2 | | | |
| | 12 | | | SO 3 | 764.9 | 22.7 | 8 | c q | — | 2 | | | |
| 18. VI. | 4 | | | OSO 3 | 764.6 | 23.0 | 6 | o q | 23.1 | 2 | | 1ʰ bis 5ʰ L S | |
| | 8 | | | SOzO 3(4) | 764.6 | 24.5 | 6 | c | 25.0 | 2 | 124 | | Strom in den letzten 19 St.: N 62° W 10 Sm. |
| | 12 | 17°59′ | 63°53′ | OSO 3 (5) | 764.6 | 25.0 | 6 | c q | 24.8 | 3 | 4 5 6 | W | |
| | 4 | | | SOzO 4(5) | 764.2 | 23.0 | 4 | ,, | 24.5 | 4 | | | |
| | 8 | | | OSO 3 (5) | 763.7 | 22.6 | 9 | c q (r) | 24.6 | 4 | 57 | 1ʰ Bl | |
| | 12 | | | OzS 3 (5) | 763.3 | 24.2 | 3 | c q | 24.7 | 2 | | | Meerleuchten. |
| 19. VI. | 4 | | | SOzO 4(5) | 763.2 | 24.1 | 5 | c q | 24.5 | 4 | | | 7 h Walfische beim Schiff. |
| | 8 | | | OSO 3 (4) | 763.0 | 24.6 | 6 | ,, | 25.2 | 4 | | 9ʰ bis 1ʰ D | 10 h Regenhöhe 0.5 mm. |
| | 12 | 16°16′ | 64°18′ | OzS 3 (5) | 762.3 | 23.0 | 8 | c q (r) | 25.7 | 3 | 41 | | Strom in den letzten 24 St.: S 77° W 17 Sm. |
| | 4 | | | OzS 3 (4) | 761.2 | 25.0 | 7 | c q r | 26.3 | 3 | | | Während des ganzen Nm. Regenbögen. |
| | 8 | | | OSO 3 (4) | 761.8 | 24.1 | 7 | c q r | 26.3 | 3 | | | |
| | 12 | | | OzS 3 (4) | 761.3 | 24.0 | 7 | c q | 26.0 | 2 | | | |
| 20. VI. | 4 | | | NOzN 2(4) | 760.2 | 22.3 | 8 | c q(r) | 25.8 | 2 | 58 | 7ʰ Bl | 3 h 20 min 3 Str. St. B. voraus, zieh. 2 blend. weisse Wolk., umgeb. v. dunklen nimb. Nach ca. 10 Min. hört die mark. Erscheinung auf, Wind flaut vollst. ab u. setzt dann plötzlich NOzN (3) m. Regen ein. Anschein. vorüberg. Windhosen. 10 h Vm. Regenhöhe 4.2 mm. Str. i. d. letzt. 24 St.: S 75° W 13 Sm. 10 h 10 min leichter Staubregen. Sternschnuppenfälle aus N-Quadranten. |
| | 8 | | | OzS 2 | 761.7 | 25.1 | 5 | c | 26.8 | 2 | | 7ʰbis11ʰ L D | |
| | 12 | 14°1′ | 65°35′ | SOzO 3 | 760.9 | 26.3 | 3 | . | . | 2 | 125 | | |
| | 4 | | | ,, | 759.3 | 26.3 | 6 | | 26.2 | ,, | 42 | | |
| | 8 | | | ,, | 760.7 | 25.7 | . | | | | | | |
| | 12 | | | SOzO 2 | 760.5 | 25.4 | 2 | | | | | | |

Meteorologisches Tagebuch

| Datum | Uhrzeit | Breite S | Länge O | Wind u. Stärke | Barometer für Temperatur verbessert und auf Meeresspiegel reduziert | Lufttemperatur °C | Bewölkung 0—10 | Wetter | Temperatur der Meeresoberfläche | Seegang 0—9 | Stationsnummer | Wissenschaftliche Tätigkeit | Bemerkungen |
|---|---|---|---|---|---|---|---|---|---|---|---|---|---|
| 21. VI. | 4 | 11°21′ | 66°32′ | SO 2 | 758.5 | 25.1 | 4 | c | 26.1 | 2 | | 8ʰ Bl 8ʰ bis 12ʰ L P D | Strom in den letzten 24 St.: N 55° W 6 Sm. 4 h fliegende Fische beim Schiff. 9 h 30 min Schweinsfische beim Schiff. |
| | 8 | | | SO 3 (4) | 759.6 | 26.8 | 7 | c q | 26.4 | 2 | 59 | | |
| | 12 | | | SO 3 | 759.4 | 26.3 | 4 | c | 26.8 | 2 | 126 | | |
| | 4 | | | SOzO 2 | 758.5 | 26.4 | 4 | ,, | 26.9 | 2 | 43 | | |
| | 8 | | | SO 2 | 758.3 | 26.2 | 4 | ,, | 26.6 | 2 | 44 | | |
| | 12 | | | OSO 3 | 758.9 | 26.1 | 2 | ,, | 26.4 | 2 | | | |
| 22. VI. | 4 | 8°47′ | 66°9′ | SOzO 2 | 758.3 | 26.1 | 3 | c | 26.3 | 2 | | 7ʰ bis 12ʰ P | Strom in den letzten 24 St.: S 88° W 13 Sm. Fliegende Fische beim Schiff. Meerleuchten. |
| | 8 | | | OSO 1 | 758.9 | 30.5 | 3 | ,, | 27.2 | 1 | 45 | | |
| | 12 | | | SO 1 | 759.6 | 28.7 | 6 | ,, | 27.6 | 1 | | | |
| | 4 | | | SSO 2 | 758.2 | 30.2 | 5 | ,, | 27.3 | 2 | | | |
| | 8 | | | SO 2 | 759.3 | 26.7 | 4 | ,, | 27.1 | 1 | | | |
| | 12 | | | ,, | 760.2 | 26.1 | 0 | b | 26.9 | 1 | | | |
| 23. VI. | 4 | 8°42′ | 64°55′ | SO 2 | 758.9 | 26.2 | 3 | c | 26.4 | 1 | 127 | 5ʰ bis 11ʰ L S 8ʰ Bl | 6 h 20 min—30 min Regenbogen in S. St.i.d.letzt 24 St.: S 67°W 18 Sm. 5 h 40 min setzt Dünung aus O ein. Wind unbeständ. 6 h 50 min bis 7 h 30 min Regen, Regenhöhe 9,5 mm. 8 h 40 min—8 h 55 min heftige Regenbö, Regenhöhe 14 mm. 9 h 48 min—10 h 5 min heftige Regenbö, Regenhöhe 9 mm. |
| | 8 | | | SOzO 2 | 761.6 | 26.5 | 5 | ,, | 27.0 | 1 | 60 | | |
| | 12 | | | SO 1 | 759.9 | 26.3 | 5 | ,, | 27.1 | 1 | | | |
| | 4 | | | OzN 2 | 759.2 | 26.0 | 9 | o | 27.4 | 2 | | | |
| | 8 | | | OSO 2 | 761.2 | 23.9 | 10 | o r | 27.3 | 2 | | | |
| | 12 | | | SO 2 (3) | 760.7 | 26.3 | 8 | c d q | 27.1 | 2 | | | |
| 24. VI. | 4 | 7°10′ | 65°42′ | SOzO 2 | 760.0 | 26.7 | 4 | c | 26.8 | 2 | | 12ʰ bis L | Strom in den letzten 24 St.: S 59° W 19 Sm. 7 h 30 min wurde der Wind bölig. 10 h 45 min Sternschnuppenfälle aus NW. |
| | 8 | | | SO 3 | 760.9 | 27.2 | 6 | ,, | 26.8 | 3 | | | |
| | 12 | | | SOzS 4 | 761.4 | 27.4 | 6 | ,, | 27.6 | 3 | | | |
| | 4 | | | SO 3 | 759.7 | 27.8 | 5 | ,, | 28.1 | 3 | | | |
| | 8 | | | SSO 3 (5) | 761.7 | 26.5 | 5 | c q r | 28.0 | 3 | | | |
| | 12 | | | SSO 3 (4) | 761.7 | 26.5 | 8 | ,, | 27.8 | 3 | 128 | | |
| 25. VI. | 4 | 4°46′ | 67°16′ | SSO-O1(3) | 759.3 | 26.3 | 6 | c q r | 27.8 | 2 | | 9ʰ bis 1ʰ D | Während des Vm. mehrere Regenböen. 10 h Regenhöhe 10,8 mm. Strom in den letzten 24 St.: S 36° W 17 Sm. 9 h 30 min starke Sternschnuppenfälle aus dem Sternbild Bootes. 11 h 20 min Wetterleuchten in NW. Auf 4° S und 67° 40′ O, SO-Passat verlassen. |
| | 8 | | | OzS 2 (3) | 760.1 | 26.8 | 8 | ,, | 27.8 | 2 | 46 | | |
| | 12 | | | SOzO 3 | 759.7 | 28.0 | 5 | c | 28.0 | 2 | | | |
| | 4 | | | SOzO 2 (3) | 758.7 | 28.0 | 5 | ,, | 28.5 | 2 | | | |
| | 8 | | | SO 2 | 759.4 | 27.8 | 5 | ,, | 28.2 | 2 | | | |
| | 12 | | | OzS 2 | 759.3 | 27.7 | 4 | c l | 28.0 | 2 | | | |
| 26. VI. | 4 | 3°7′ | 68°11′ | SzW 1 | 758.4 | 27.7 | 7 | c (l) | 28.0 | 1 | 129 | von 3ʰ bis Vm. bis 12ʰ Nm. 3ʰ Nm. Bl | 2 h 30 min—3 h drehte der Wind auf SzW. Blitze am NO-lichen Himmel. Eintritt in die Kalmen. 6 h drehte der Wind auf O. 6 h 18 min—7 h 15 min heftiger Regen. Wind nach dem Regen auf NW. 10 h Regenhöhe 48.5 mm. Wind sehr unbeständig. |
| | 8 | | | NW 2 (4) | 759.4 | 24.7 | 10 | o g q r | 27.8 | 2 | | | |
| | 12 | | | NWzN 1 | 759.3 | 25.9 | 10 | o d (r) | 27.9 | 1 | 142 | L | |
| | 4 | | | NNO 2 | 75˙ | | | c q | 28.2 | 2 | | | |
| | 8 | | | SW 1 | | | | o (r) | 28.4 | 1 | 61 | | |
| | 12 | | | S-SO 1 | 758. | | | c | 28.1 | 2 | | | |

Meteorologisches Tagebuch

| Datum | Uhrzeit | Breite | Länge O | Wind u. Stärke | Barometer für Temperatur verbessert und auf Meeresspiegel reduziert | Lufttemperatur °C | Bewölkung 0—10 | Wetter | Temperatur der Meeresoberfläche | Seegang 0—9 | Stationsnummer | Wissenschaftliche Tätigkeit | Bemerkungen |
|---|---|---|---|---|---|---|---|---|---|---|---|---|---|
| 27. VI. | 4 | S | 69°8′ | NNO 1 | 758.4 | 27.2 | 5 | c | 28.0 | — | | 10ʰ bis 3ʰ B | 10 h Fregattvögel beim Schiff. **Strom in den letzten 24 St.:** **S 5′ O 15 Sm.** |
| | 8 | | | „ | 759.8 | 27.8 | 7 | „ | 28.4 | — | 47 | | |
| | 12 | 2°19′ | | NOzO 1 | 759.6 | 28.8 | 6 | „ | 29.3 | — | | | |
| | 4 | | | Stille | 759.3 | 28.5 | 5 | „ | 29.9 | — | | | |
| | 8 | | | NNO 1 | 761.2 | 28.2 | 8 | c (l) | 30.1 | — | | | |
| | 12 | | | „ | 760.8 | 27.8 | 10 | o | 29.8 | — | | | |
| 28. VI. | 4 | | | WSW 1 | 759.4 | 27.3 | 5 | c | 29.4 | — | | 10ʰ Bl 10ʰ bis 12ʰ L | 7 h 50 min—8 h 10 min Regenbö. 10 h Regenhöhe 0.5 mm. 10 h—12 h Wind unbeständ. zwischen NW—NO. 4 h 20 min sprang d. Wind auf SOzO. 6 h 30 min—2 h Wetterleucht. von WNW—NO. |
| | 8 | | | ONO 1 | 761.3 | 26.6 | 6 | c (r) | 29.0 | — | 62 | | |
| | 12 | 0°43′ | 71°20′ | NW 1 | 761.2 | 27.4 | 8 | c g | 28.8 | — | 143 | | |
| | 4 | | | NO 1 | 759.6 | 28.0 | 7 | c | 28.7 | — | | | |
| | 8 | | | SOzS 2 | 761.1 | 27.7 | 10 | o l | 28.5 | — | | | |
| | 12 | | | „ | 761.9 | 28.0 | 6 | c l | 28.4 | — | | | |
| 29. VI. | 4 | N | | OSO 2 | 759.6 | 27.9 | 9 | c l | 28.2 | — | | 10ʰ Bl | 6 h 35 min aussergewöhnlich grosse fliegende Fische beim Schiff. 6 h 35 Regen. 10 h Regenhöhe 9.0 mm. 7 h 30 min zwei Ringe um den Mond. Meerleuchten. |
| | 8 | Suvadiva Atoll | | NW 2 | 760.7 | 27.3 | 7 | c r | 28.6 | — | 63 | | |
| | 12 | 0°25′ | 73°11′ | Stille | 759.6 | 27.9 | 9 | o | 29.0 | — | | | |
| | 4 | | | NO 1 | 759.0 | 28.5 | 7 | c | 29.0 | — | | | |
| | 8 | | | NzO 1 | 759.1 | 28.0 | 6 | „ | 28.8 | — | | | |
| | 12 | | | NW 1 | 759.5 | 28.0 | 6 | „ | 28.6 | — | | | |
| 30. VI. | 4 | | | NW 2 | 758.8 | 28.0 | 3 | cl | 28.7 | 1 | 144 | 8ʰ bis 1ʰ L S 8ʰ Bl | 12 h—4 h Wetterleuchten v. NW—O. 7 h 40 min Regenbogen. 6 h 40 min Hof um d. Mond. Wetterleuchten. |
| | 8 | | | WNW 2 | 758.7 | 28.8 | 4 | c | 29.2 | 1 | 64 | | |
| | 12 | 1°52′ | 74°45′ | NW 1 | 758.0 | 28.4 | 6 | „ | 29.5 | 1 | | | |
| | 4 | | | NW 3 | 758.2 | 28.2 | 7 | „ | 29.0 | | | | |
| | 8 | | | „ | 757.9 | 28.2 | 8 | „ | 28.3 | 2 | | | |
| | 12 | | | „ | 757.8 | 28.2 | 7 | „ | 28.3 | 2 | | | |
| 1. VII. | 4 | | | Stille | 757.3 | 25.3 | 10 | o (l) | 28.3 | 2 | | 9ʰ bis 10ʰ P | 1 h 55 min—3 h starker Regenfall und Gewitter in NW. 4 h—4 h 15 min Elmsfeuer an beiden Blitzableitern. 10 h Regenhöhe 51 mm. **Strom in den letzten 24 St.:** **N 79° W 19 Sm.** 12 h—4 h frischte der Wind auf in Böen bis z. Stärke 6. 9 h Sternschnuppenfälle. |
| | 8 | | | NNW 1 | 758.2 | 27.2 | 7 | c | 28.3 | 2 | 48 | | |
| | 12 | 3°41′ | 76°10′ | NNW 2 | 757.4 | 29.0 | 5 | „ | 28.8 | 2 | | | |
| | 4 | | | WNW 5(6) | 757.1 | 26.7 | 8 | c q | 28.2 | 2 | | | |
| | 8 | | | WNW 3 | 757.2 | 27.7 | 1 | c | 28.2 | 2 | | | |
| | 12 | | | WNW 3 | 757.3 | 28.0 | 5 | „ | 28.0 | 2 | | | |
| 2. VII. | 4 | | | WNW 2 | 756.5 | 27.8 | 2 | c | 27.8 | 2 | | 8ʰ bis 4ʰ D | Regenwetter. **Strom schwach SÖ-lich.** 2 h Fregattvögel beim Schiff. |
| | 8 | | | WSW 3 | 758.4 | 28.1 | 3 | „ | 27.2 | 2 | 49 | | |
| | 12 | 5°44′ | 78°11′ | WSW 4 | 759.0 | 28.9 | 3 | „ | 27.8 | 2 | | | |
| | 4 | | | WNW 4 | 757.6 | 28.8 | 5 | | | | 65 | 5ʰ Bl | |
| | 8 | | | „ | 757.4 | 27.7 | 5 | | | | | | |
| | 12 | | | W 3 | 757.1 | 27.7 | 4 | | | 2 | | | |

| Datum | Uhrzeit | Breite S | Länge O | Wind u. Stärke | Barometer für Temperatur verbessert und auf Meeresspiegel reduziert | Lufttemperatur °C | Bewölkung 0—10 | Wetter | Temperatur der Meeresoberfläche | Seegang 0—9 | Stationsnummer | Wissenschaftliche Tätigkeit | Bemerkungen |
|---|---|---|---|---|---|---|---|---|---|---|---|---|---|
| | 4 | | | NW 3 | 755.7 | 27.2 | 4 | c w | 27.4 | 2 | | | 7 h 30 min im Hafen von Colombo an der Boje festgemacht. |
| | 8 | | | ,, | 758.1 | 27.4 | 5 | c | 27.6 | 2 | | | |
| 3. VII. | 12 | | Colombo | WNW 2 | 756.6 | 28.0 | 4 | ,, | 28.8 | — | | | |
| | 4 | | | ,, | 756.4 | 28.0 | 4 | ,, | 29.0 | — | | | 4 h 10 min sprang der Wind auf SW. |
| | 8 | | | SW 1 | 756.8 | 28.0 | 7 | ,, | 28.6 | — | | | |
| | 12 | | | SWzW 2 | 756.8 | 27.8 | 10 | ,, | 28.3 | — | | | |

## Von Colombo über Lugu-Bigo-Bucht auf Simalur nach Padang.

| Datum | Uhrzeit | Breite S | Länge O | Wind u. Stärke | Barom. | Lufttemp. | Bew. | Wetter | T.Meer | Seegang | St.Nr. | Wiss. Tätigkeit | Bemerkungen |
|---|---|---|---|---|---|---|---|---|---|---|---|---|---|
| 13.VII. | 12 | | Colombo | SWzW 2 | 758.6 | 27.7 | 6 | c | 28.4 | — | | | |
| | 4 | | | WSW 2 | 757.4 | 27.6 | 7 | ,, | 28.6 | — | | | |
| | 8 | | | SWzW 2 | 756.9 | 27.2 | 6 | ,, | 28.2 | 2 | | | 10 h 17 min Colombo verlassen. |
| | 12 | | | SWzW 3 | 757.8 | 26.8 | 6 | ,, | 28.0 | 2 | | | |
| | 4 | | | SW 3 | 757.9 | 26.6 | 5 | o r | 26.1 | 2 | | | 6 h 15 min Walfische beim Schiff. |
| | 8 | | | SWzW 3 | 758.9 | 26.9 | 4 | c | 26.2 | 2 | | | |
| 14.VII. | 12 | 5°40′ | 80°28′ | W 4 | 758.5 | 28.2 | 6 | ,, | 26.2 | 2 | | | Strom in den letzten 24 St.: N 35° W 13 Sm. |
| | 4 | | | WSW 3 | 757.4 | 28.2 | 4 | ,, | (26.4) | 2 | 66 | 5ʰ Bl | |
| | 8 | | | ,, | 758.3 | 27.1 | 7 | ,, | 26.9 | 3 | | | |
| | 12 | | | SWzW3(4) | 758.0 | 27.2 | 4 | ,, | 26.6 | 3 | | | Meerleuchten. |
| | 4 | | | WSW 4 | 757.3 | 27.0 | 5 | c | 26.5 | 3 | | | Fliegende Fische in grossen Schwärmen beim Schiff. |
| | 8 | | | ,, | 760.0 | 27.8 | 5 | ,, | 27.0 | 3 | 50 | 9ʰ bis 2ʰ D | |
| 15.VII. | 12 | 4°39′ | 82°56′ | ,, | 757.9 | 28.1 | 7 | ,, | 26.8 | 3 | | | In den letzten 24 St. kein Strom. |
| | 4 | | | ,, | 756.5 | 28.6 | 4 | ,, | 27.7 | 3 | | | |
| | 8 | | | WSW 3(4) | 757.8 | 28.0 | 6 | ,, | 27.6 | 3 | | | |
| | 12 | | | WSW 4 | 757.9 | 27.9 | 5 | ,, | 27.3 | 3 | | | |
| | 4 | | | SW 4 | 757.3 | 27.8 | 4 | c | 26.9 | 3 | 51 | 8ʰ bis 4ʰ D | |
| | 8 | | | ,, | 758.2 | 28.1 | 5 | ,, | (26.9) | 3 | | | |
| 16.VII. | 12 | 4°10′ | 86°12′ | SW 4 (5) | 757.9 | 28.6 | 6 | ,, | 28.2 | 3 | 67 | 9ʰ Bl | Strom in den letzten 24 St.: N 71° O 32 Sm. |
| | 4 | | | SW 5 | 756.3 | 28.4 | 8 | ,, | 27.9 | 4 | | | |
| | 8 | | | SW 4 | 757.6 | 28.1 | 8 | ,, | 27.6 | 4 | | | |
| | 12 | | | SWzS 4 | 757.9 | 28.0 | 2 | ,, | 27.4 | 4 | | | |
| | 4 | | | SWzS4(5) | 756.9 | 27.9 | 8 | c | 27.7 | 4 | 145 | 7ʰ bis 10ʰ L S | |
| | 8 | | | SSW 4 | 757.0 | 28.2 | 5 | ,, | 27.8 | 4 | 68 | 9ʰ Bl | |
| 17.VII. | 12 | 3°20′ | 88°40′ | SW 4 | 757.3 | 28.6 | 6 | ,, | 28.1 | 4 | 52 | 3ʰ bis 6ʰ P | Strom in den letzten 24 St.: S 80° O 13 Sm. 1 h 30 min drehte der Wind auf SSW. |
| | 4 | | | SSW 4 | 750 | | 3 | ,, | 28.4 | 4 | | | |
| | 8 | | | SSW 3 | — | | | ,, | 28.1 | 3 | | | |
| | 12 | | | ,, | 755.0 | | 3 | ,, | 27.9 | 3 | | | |

Meteorologisches Tagebuch

| Datum | Uhrzeit | Breite N | Länge O | Wind u. Stärke | Barometer für Temperatur verbessert und auf Meeresspiegel reduziert | Lufttemperatur °C | Bewölkung 0—10 | Wetter | Temperatur der Meeresoberfläche | Seegang 0—9 | Stationsnummer | Wissenschaftliche Tätigkeit | Bemerkungen |
|---|---|---|---|---|---|---|---|---|---|---|---|---|---|
| 18.VII. | 4 | | | SSW 4 | 757.3 | 28.0 | 3 | c | 27.5 | 3 | 69 | 8ʰ Bl | Sternschnuppenfälle aus SO-Quadranten. |
| | 8 | | | SzW 3 | 757.8 | 28.1 | 10 | ,, | 27.8 | 3 | 146 | 7ʰ bis 8ʰ L | |
| | 12 | 2°57' | 91°11' | SSW 3 | 757.4 | 28.8 | 5 | ,, | 28.1 | 2 | 147 | 9ʰ bis 10ʰ L | |
| | 4 | | | ,, | 755.9 | 30.0 | 3 | ,, | 28.4 | 2 | 53 | 11ʰ bis 5ʰ B | |
| | 8 | | | ,, | 756.2 | 28.0 | 3 | ,, | 28.1 | 2 | | 5ʰ bis 6ʰ L | |
| | 12 | | | S 3 | 756.3 | 28.0 | 4 | ,, | 27.8 | 2 | 148 | | |
| 19.VII. | 4 | | | SSW 2 | 756.2 | 27.7 | 4 | c | 27.8 | 3 | 149 | 1ʰ bis 2ʰ L | |
| | 8 | | | S 2 (3) | 756.6 | 28.0 | 3 | ,, | 28.1 | 2 | | 10ʰ bis 3ʰ D | Seeschwalben beim Schiff. |
| | 12 | 2°48' | 92°35' | S 2 | 755.8 | 28.3 | 5 | ,, | 28.7 | 2 | 54 | | |
| | 4 | | | SSW 2 | 754.1 | 28.3 | 4 | ,, | 28.8 | 2 | | 3ʰ bis 5ʰ L | |
| | 8 | | | SSO 2 | 756.5 | 28.0 | 3 | ,, | 28.2 | 2 | 150 | 4ʰ Bl | |
| | 12 | | | SSO 1 | 756.5 | 27.9 | 3 | ,, | 27.8 | 2 | 70 | | Sternschnuppenfälle aus O-Quadranten. |
| 20.VII. | 4 | | | SzW 1 | 755.8 | 27.0 | 5 | c | 28.0 | 2 | 151 | 12ʰ bis 1ʰ L WNW. | 4 h 55 min Wetterleuchten in WNW. |
| | 8 | | | S 1 | 756.5 | 28.8 | 4 | ,, | 28.5 | 2 | 152 | 7ʰ bis 8ʰ L | Kein Strom. 4 h 30 min in der Lugu-Bigo-Bucht geankert. |
| | 12 | 3°20' | 94°42' | SOzO 1 | 756.5 | 29.1 | 4 | ,, | 29.0 | 1 | 71 | 11ʰ Bl | 3 h 50 min stark. Regen. Wind springt auf WNW. |
| | 4 | | | WNW 2 | 755.4 | 26.5 | 9 | or | 28.5 | 1 | 153 | 11ʰ bis 12ʰ L | 5 h—6 h dreht d. Wind über N auf SO. |
| | 8 | | | SW 3 | 755.5 | 25.5 | 6 | c (r) | 28.2 | 1 | 154 | 3ʰ bis 4ʰ L | 6 h 45 min dreht der Wind auf SW. |
| | 12 | | | Stille | 755.7 | 27.0 | 4 | c (r) | 28.0 | 1 | 155 | 9ʰ bis 10ʰ L | 11 h 15 min trat Stille ein. |
| 21.VII. | 4 | | | N 3 | 756.7 | 24.8 | 10 | o (r) | 28.0 | 2 | 156 | 3ʰ bis 4ʰ L | |
| | 8 | | | NNO 2 | 756.9 | 27.1 | 7 | c | 28.1 | 1 | | 11ʰ Bl | 10 h Regenhöhe 51 mm. |
| | 12 | Lugu-Bigo-Bucht | | NW 2 | 756.7 | 28.8 | 7 | ,, | 30.0 | — | 72 | | |
| | | | | Stille | 756.0 | 28.8 | 7 | ,, | 30.0 | — | | | 7 h 30 min starkes Blitzen in W. |
| | 4 | | | ,, | 756.4 | 27.8 | 6 | c l | 29.7 | — | | | |
| | 12 | | | ,, | 758.3 | 25.8 | 4 | c | 29.7 | — | | | |
| 22.VII. | 4 | | | SSW 1 | 757.2 | 24.8 | 5 | c w l | 28.3 | — | | | Starker Taufall. |
| | 8 | | | Stille | 757.8 | 25.8 | 6 | c | 28.5 | — | 73 | 10ʰ Bl | 8 h 20 min—8 h 50 min Regenbö aus NW. |
| | 12 | 2°51' | 95°57' | NNO 1 | 757.7 | 27.4 | 7 | ,, | 28.4 | — | | | 10 h Regenhöhe 24 mm. 10 h 45 min Hafen verlassen. |
| | 4 | | | N 2 | 755.3 | 28.1 | 6 | ,, | 28.5 | 1 | | | |
| | 8 | | | WNW 2 | 755.5 | 28.2 | 3 | ,, | 28.6 | 1 | | | 10 h 15 min — 11 h 35 min Regenböen durch kurze Stillen unterbrochen. |
| | 12 | | | WNW 2(4) | 756.5 | 27.0 | 8 | c q r | 28.1 | — | | | |
| 23.VII. | 4 | | | NW 2 (3) | 756.5 | 25.5 | 10 | c q r l | 28.0 | 1 | 157 | 3ʰ bis 4ʰ L | Wind unbeständig. Leichte Regenböen. Entferntes Blitzen in W. |
| | 8 | | | NO 1 | 757.9 | 27.8 | 6 | c | 28.5 | 1 | | | |
| | 12 | 1°6' | 95°41' | SW 1 | 757.8 | 25.7 | 10 | o r | 28.0 | 1 | | | 0.5 m lange Wasserschlange passiert. |
| | 4 | | | SzO 1 | 755.7 | 28.0 | 9 | c | 28.1 | | | | 11 h 50 min einen ca. 15 m lang. Baumstamm passiert. Möven und fliegende Fische beim Schiff. |
| | 8 | | | OSO 1 | 756.8 | 27.3 | 7 | ,, | 28.0 | | | | |
| | 12 | | | Stille | 757.1 | 27.9 | 4 | ,, | 28.1 | 1 | | | |

Meteorologisches Tagebuch

| Datum | Uhrzeit | Breite | Länge O | Wind u. Stärke | Barometer für Temperatur verbessert und auf Meeresspiegel reduziert | Lufttemperatur °C | Bewölkung 0—10 | Wetter | Temperatur der Meeresoberfläche | Seegang 0—9 | Stationsnummer | Wissenschaftliche Tätigkeit | Bemerkungen |
|---|---|---|---|---|---|---|---|---|---|---|---|---|---|
| 24. VII. | 4 | S | 97°25' | NO 1 | 756.5 | 28.2 | 6 | c | 28.0 | 1 | 158 | 7ʰ bis 11ʰ L S 7ʰ Bl | Strom in den letzten 24 St.: N 65° W 7 Sm. Wind dreht nach links bis auf WNW. 5 h 30 min trat Stille ein. 7 h 10 min kam leichter ONO durch. 10 h 30 min trat wied. Stille c. |
| | 8 | | | NNO 1 | 757.5 | 28.8 | 4 | ,, | 28.5 | 1 | 74 | | |
| | 12 | 0°41' | | NNO 1 | 757.3 | 29.1 | 4 | ,, | 29.4 | 1 | | | |
| | 4 | | | NNW 1 | 756.9 | 29.2 | 5 | ,, | 29.2 | 1 | | | |
| | 8 | | | ONO 1 | 757.7 | 28.7 | 4 | ,, | 29.0 | 1 | | | |
| | 12 | | | Stille | 758.8 | 28.5 | 6 | ,, | 28.7 | | | | |
| 25. VII. | 4 | | | Stille | 758.2 | 28.5 | 3 | c l | 28.0 | — | | | 7 h 10 min mehrere Wale beim Schiff. |
| | 8 | | | ONO 1 | 758.6 | 28.7 | 5 | c | 28.4 | — | | | Strom in den letzten 24 St.: S 74° W 16 Sm. 2 h in Emma-Haven, Padang, geankert. |
| | 12 | 0°59' | 100°10' | ,, | 758.8 | 29.7 | 6 | ,, | 30.0 | — | | | |
| | 4 | | | Stille | 758.3 | 30.2 | 4 | ,, | 30.0 | — | | | |
| | 8 | | | ,, | 758.7 | 28.6 | 6 | ,, | 29.6 | — | | | |
| | 12 | | | ONO 2 | 760.3 | 26.0 | 4 | ,, | 29.5 | — | | | |

## Von Padang durch die Sikakap-Strasse nach Batavia.

| Datum | Uhrzeit | Breite | Länge O | Wind u. Stärke | Barometer | Lufttemperatur °C | Bewölkung | Wetter | Temperatur der Meeresoberfläche | Seegang | Stationsnummer | Wissenschaftliche Tätigkeit | Bemerkungen |
|---|---|---|---|---|---|---|---|---|---|---|---|---|---|
| 29. VII. | 12 | Padang | | WNW 2 | 759.4 | 30.5 | 4 | c | 29.7 | — | | | 11 h 15 min grosser Hof um die Sonne. |
| | 4 | (Emma-Haven) | | NNW 2 | 758.3 | 30.7 | 6 | ,, | 29.6 | 1 | | | 4 h 30 min Hafen verlassen. |
| | 8 | | | W 3(5) | 759.2 | 28.1 | 6 | c l q | 28.4 | 2 | 159 | 11ʰ bis 12ʰ L | |
| | 12 | | | WNW 1 | 759.4 | 27.4 | 8 | c l | 28.0 | 2 | | | Wetterleuchten. |
| 30. VII. | 4 | | | SO 1 | 759.0 | 27.9 | 6 | c l | 28.2 | 2 | | | 1 h 5 min—2 h 30 min in der Sikakap-Strasse zu Anker gelegen. Wetterleuchten in NO. 10 h 10 min grosser Hof um den Mond. |
| | 8 | | | WNW 1 | 760.5 | 27.5 | 5 | ,, | 28.6 | 2 | 75 | 10ʰ Bl | |
| | 12 | 2°45' | 100°11' | SW 1 | 759.6 | 31.2 | 3 | c | 30.0 | — | | | |
| | 4 | | | W 1 | 759.8 | 29.0 | 6 | ,, | 29.3 | 1 | | | |
| | 8 | | | WNW 1 | 759.8 | 28.3 | 4 | ,, | 28.6 | 1 | | | |
| | 12 | | | ,, | 759.9 | 28.2 | 8 | c l | 28.5 | 1 | | | |
| 31. VII. | 4 | | | NNW 3(4) | 760.1 | 26.0 | 10 | o l r q | 27.9 | 1 | | | 3 h 40 min starke Gewitterbö mit Regen, Wind dreht in der Bö bis auf N. Wind unbeständig zwischen NNO bis NNW. 10 h Regenhöhe 22 mm. Nm. leichte Regenfälle. Blitzen von SO—NO. |
| | 8 | | | NNO 3 | 760.1 | 26.2 | 10 | o p | 28.1 | 2 | 55 | 9ʰ bis 3ʰ D | |
| | 12 | 4°24' | 100°51' | N 3 | 760.3 | 28.2 | 8 | c (r) | 28.4 | 3 | | | |
| | 4 | | | N 1 | 758.7 | 26.5 | 6 | o r | 27.5 | 3 | 160 | 7ʰ bis 8ʰ L | |
| | 8 | | | WzS 1 | 760.8 | 27.2 | 7 | o l̄ | 28.0 | 2 | | | |
| | 12 | | | SOzO 1 | 761.2 | 26.3 | 10 | o r | 27.2 | 2 | | | |
| 1. VIII. | 4 | | | ONO 1 | 759.6 | 26.0 | 4 | c l | 27.2 | — | 161 | 12ʰ bis 1ʰ L 5ʰ bis 6ʰ L | 10 h Regenhöhe 6.8 mm. 11 h 30 min trat Stille ein. Viele fliegende Fische u. Haie beim Schiff. Pflanzen u. treibende Bambusstämme passiert. 7 h 15 min—25 min kleiner farbiger Hof um den Mond. Wetterleuchten. |
| | 8 | | | NNO 1 | 760.4 | 27.8 | 5 | c | 28.8 | — | 162 | | |
| | 12 | 5°14' | 102°49' | Stille | 759.5 | 28.0 | 6 | ,, | 30.3 | — | 163 | 9ʰ bis 10ʰ L | |
| | 4 | | | ,, | 758.4 | 30.1 | 4 | ,, | 30.2 | 1 | | 3ʰ Bl | |
| | 8 | | | OSO 1 | ... | 28.0 | 4 | c l | 30.0 | 1 | 164 | 3ʰ bis 5ʰ L | |
| | 12 | | | ,, | 759.6 | 27.4 | 3 | ,, | 28.5 | 2 | | | |

| Datum | Uhrzeit | Breite S | Länge O | Wind u. Stärke | Barometer für Temperatur verbessert und auf Meeresspiegel reduziert | Lufttemperatur °C | Bewölkung 0—10 | Wetter | Temperatur der Meeresoberfläche | Seegang 0—9 | Stationsnummer | Wissenschaftliche Tätigkeit | Bemerkungen |
|---|---|---|---|---|---|---|---|---|---|---|---|---|---|
| 2. VIII. | 4 | 6°9′ | 105°1′ | Stille | 758.5 | 27.1 | 6 | c l | 28.2 | | 77 | 10ʰ Bl | 3 h 30 min einz. st. Blitze in O. 7 h 55 min passiert d. Schiff ein. langen, weiss. Schaumstreif., welcher sich in N-licher Richt. bis z. Küste hinzog. Str.i.d.letzt.24 St.: S17°W17 Sm. 12 h 10 min vulk. Asche u. gross. Meng. Bimsstein u. Seetang auf d. Wasser. Bis 5 h 45 min beim Krakatoakrater z. wissenschaftl. Arbeit. gelegen. 11 h 20 min — 50 min Gew. i. O. |
| | 8 | | | NO 2 | 759.4 | 27.5 | 5 | c | 28.4 | | | | |
| | 12 | | | NO 1 | 759.7 | 29.0 | 4 | ,, | 29.1 | | | | |
| | 4 | | | Stille | 757.4 | 28.4 | 4 | ,, | 29.5 | | | | |
| | 8 | | | NOzN 2 | 759.7 | 28.1 | 6 | c l | 29.1 | | | | |
| | 12 | | | O 1 (3) | 759.5 | 26.1 | 9 | ,, | 28.8 | | | | |
| 3. VIII. | 4 | | Batavia (Tanjong Priok) | SO 2 | 758.6 | 27.4 | 7 | c l | 27.5 | 1 | | | 2 h 50 min — 3 h 15 min Gewitter mit feinem Regen. 11 h 10 min im Hafen von Tanjong Priok geankert. |
| | 8 | | | OSO 2 | 759.3 | 26.8 | 3 | c | 27.8 | 1 | | | |
| | 12 | | | NNO 2 | 759.0 | 30.0 | 2 | ,, | 29.5 | — | | | |
| | 4 | | | ,, | 758.4 | 29.0 | 2 | ,, | 29.5 | — | | | |
| | 8 | | | Stille | 760.2 | 28.5 | 2 | c (l) | 28.5 | — | | | |
| | 12 | | | OzN 1 | 760.0 | 26.2 | 0 | b (l) | 28.0 | — | | | |

## Von Batavia nach Makassar.

| Datum | Uhrzeit | Breite S | Länge O | Wind u. Stärke | Baro | Lufttemp | Bew | Wetter | TempMeer | Seegang | Stat | Wiss | Bemerkungen |
|---|---|---|---|---|---|---|---|---|---|---|---|---|---|
| 8. VIII. | 8 | 5°53′ | 106°18′ | WSW 2 | 759.8 | 25.7 | 4 | c | 28.2 | — | | | 2 h 5 min trat Stille ein. 5 h 20 min dreht der Wind auf WSW. 6 h 7 min Hafen verlassen. 8 h 50 min dreht Wind auf SSO. 11 h 15 min Wind ging auf NO. 1 h 20 min trat Stille ein. 2 h 10 min kam leichter NO durch. 7 h sprang der Wind auf SSO. |
| | 12 | | | NO 2 | 759.7 | 31.5 | 4 | ,, | 28.9 | — | | | |
| | 4 | | | NO 1 | 758.4 | 31.8 | 4 | ,, | 28.9 | 1 | | | |
| | 8 | | | SSO 2 | 759.7 | 27.4 | 3 | c l | 28.7 | 1 | | | |
| | 12 | | | SSO 1 | 759.7 | 25.2 | 3 | ,, | 28.5 | 1 | | | |
| 9. VIII. | 4 | 7°15′ | 105°57′ | OSO 1 | 758.5 | 27.1 | 6 | c l | 28.3 | 1 | 165 | 11ʰ bis 12ʰ L | Wind unbeständig. 4 h 15 min — 5 h 10 min grosser Hof um den Mond. Strom in den letzten 24 St.: S 52° W 21 Sm. 6 h 35 min — 55 min Regen. 8 h 37 min — 8 h 50 min Regenbo. 10 h 20 min — 10 h 50 min Regenbo aus SOzO (4). |
| | 8 | | | SO 3 | 759.4 | 27.0 | 7 | c | 28.3 | 2 | | 11ʰ Bl | |
| | 12 | | | OzS 1 | 759.7 | 27.7 | 8 | ,, | 28.7 | 2 | 78 | | |
| | 4 | | | SOzO 3 | 757.8 | 27.2 | 6 | ,, | 28.5 | 2 | | | |
| | 8 | | | OSO 3 | 758.6 | 27.4 | 5 | ,, | 28.2 | 3 | 166 | 10ʰ bis 11ʰ L | |
| | 12 | | | OSO 3 (4) | 758.5 | 27.3 | 9 | c q r | 27.4 | 3 | | | |
| 10. VIII. | 4 | 8°28′ | 107°21′ | OSO 3 (5) | 758.2 | 27.3 | 7 | c (q) | 27.1 | 4 | 167 | 1ʰ bis 2ʰ L | Fregattvögel, Seeschwalben und grosse Mengen fliegende Fische beim Schiff. 10 h Regenhöhe 17.6 mm. Strom in den letzten 24 St.: N 79° O 16 Sm. |
| | 8 | | | OSO 4 (5) | 759.2 | 27.7 | 5 | ,, | 27.8 | 4 | 168 | 4ʰ bis 6ʰ L | |
| | 12 | | | OzS 3 (4) | 758.7 | 27.9 | 4 | ,, | 27.5 | 4 | 169 | 9ʰ bis 10ʰ L | |
| | | | | | | | | | | | 170 | 2ʰ bis 3ʰ L | |
| | 4 | | | OSO 3 | 757.9 | 28.3 | 4 | c | 27.4 | 3 | 56 | 3ʰ bis 4ʰ P | |
| | 8 | | | SOzO 3 | 758.8 | 26.9 | 0 | b | 27.2 | 3 | | | |
| | 12 | | | OzS 3 | 759.2 | 26.8 | 0 | b (l) | 26.5 | 3 | 171 | 8ʰ bis 9ʰ L | |
| 11. VIII. | 4 | 9°44′ | 107°54′ | OzS 3 | 758.7 | 26.6 | 5 | c | 26.2 | 3 | 172 | 1ʰ bis 2ʰ L | 10 h treibende Schildkröte passiert. Strom in den letzten 24 St.: N 77° W 12 Sm. |
| | 8 | | | ,, | 759.2 | 27.7 | 3 | ,, | 27.9 | 3 | | 8ʰ Bl | |
| | 12 | | | ,, | 758.9 | 27.5 | 4 | ,. | 27.7 | 3 | 79 | | |
| | | | | | | | | | | | 173 | 8ʰ bis 10ʰ L | |
| | 4 | | | OzS 3 (4) | 757.4 | 27.1 | 3 | c q | 26.9 | 3 | | 10ʰ bis 3ʰ P | |
| | 8 | | | ,, | 758.7 | 27.0 | 3 | ,, | 26.8 | 4 | 57 | | |
| | 12 | | | ,, | 759.9 | 26.8 | 3 | ,, | 26.4 | 4 | | | |

28  Meteorologisches Tagebuch

| Datum | Uhrzeit | Breite S | Länge O | Wind u. Stärke | Barometer für Temperatur verbessert und auf Meeresspiegel reduziert | Lufttemperatur °C | Bewölkung 0—10 | Wetter | Temperatur der Meeresoberfläche | Seegang 0–9 | Stationsnummer | Wissenschaftliche Tätigkeit | Bemerkungen |
|---|---|---|---|---|---|---|---|---|---|---|---|---|---|
| 2. VIII. | 4 | 10°15′ | 108°37′ | OzS 3 | 758.2 | 26.6 | 3 | c | 26.6 | 3 | 174 | 1ʰ bis 3ʰ L | |
| | 8 | | | OSO 4 | 758.4 | 26.7 | 5 | ,, | 26.7 | 3 | | | Schwacher Regen. |
| | 12 | | | ,, | 758.7 | 26.5 | 6 | c (r) | 27.0 | 4 | 80 | 1ʰ Bl | Strom in den letzten 24 St.: N 81° W 39 Sm. |
| | 4 | | | ,, | 757.8 | 26.8 | 4 | c | 27.0 | 4 | | | 2 h 15 min Walfische u. Seeschwalben beim Schiff. |
| | 8 | | | OzS 3 (4) | 758.1 | 26.2 | 7 | c q | 26.7 | 4 | 175 | 9ʰ bis 10ʰ L | |
| | 12 | | | OzS 3 | 758.9 | 26.2 | 3 | c | 26.4 | 4 | | | |
| 3. VIII. | 4 | 10°22′ | 110°1′ | OzS 2 | 757.6 | 26.1 | 2 | c | 26.5 | 2 | 81 | 9ʰ Bl | |
| | 8 | | | ,, | 759.2 | 26.5 | 5 | ,, | 26.9 | 2 | 176 | 9ʰ bis 11ʰ L | |
| | 12 | | | OzS 3 | 759.6 | 27.0 | 6 | ,, | 27.4 | 2 | 58 | 10ʰ bis 2ʰ D | Strom in den letzten 24 St.: S 67° W 25 Sm. 2 h 10 min fliegende Fische beim Schiff. |
| | 4 | | | ,, | 757.7 | 26.9 | 4 | ,, | 27.5 | 3 | | | |
| | 8 | | | ,, | 758.7 | 26.7 | 3 | ,, | 27.4 | 3 | 177 | 6ʰ bis 7ʰ L | 8 h—2 h heft. Wetterleuchten. |
| | 12 | | | ,, | 758.5 | 26.4 | 5 | c l | 27.1 | 3 | | | |
| 4. VIII. | 4 | 9°31′ | 111°44′ | OSO 3 (4) | 757.9 | 26.5 | 5 | c (l) | 26.9 | 3 | 178 | 2ʰ bis 3ʰ L | |
| | 8 | | | OSO 3 | 759.4 | 26.8 | 5 | c | 27.1 | 2 | 179 | 8ʰ bis 10ʰ LS | |
| | 12 | | | ,, | 758.4 | 26.9 | 8 | ,, | 27.3 | 2 | 180 82 | 9ʰ Bl 10ʰ bis 11ʰ L | Strom in den letzten 24 St.: S 75° W 11 Sm. 12 h 40 min—1 h 20 min Staubregen. |
| | 4 | | | SOzO 1 (2) | 758.2 | 27.0 | 6 | ,, | 27.3 | 2 | 181 | 4ʰ bis 6ʰ L S | |
| | 8 | | | SOzO 3 | 758.5 | 27.5 | 8 | c l | 27.2 | 2 | 182 | 10ʰ bis 11ʰ L | 10 h 40 min bedeckt sich der Himmel vollständig, stark. Wetterleuchten. |
| | 12 | | | SOzO 2 | 759.7 | 27.0 | 10 | o m | 27.0 | 2 | | | |
| 15. VIII. | 4 | 8°38′ | 113°38′ | SOzO 1 (2) | 759.0 | 26.3 | 8 | o r | 26.5 | 2 | 183 83 | 3ʰ bis 4ʰ L 8ʰ Bl | 1 h 13 min—1 h 22 min starker Regenfall. |
| | 8 | | | OSO 2 | 759.7 | 26.1 | 9 | o r l t | 26.7 | 2 | | | |
| | 12 | | | ,, | 759.0 | 27.1 | 6 | c | 26.7 | 1 | 184 | 8ʰ bis 9ʰ L | |
| | 4 | | | SOzO 3 | 757.2 | 28.0 | 6 | ,, | 27.3 | 2 | 185 | 10ʰ bis 11ʰ L | |
| | 8 | | | OzS 2 | 759.5 | 26.8 | 5 | ,, | 27.0 | 2 | | | Wetterleuchten, Sternschnuppenfälle aus O-Quadranten. |
| | 12 | | | ,, | 759.9 | 26.4 | 4 | c l | 26.7 | 2 | 185a | 11ʰ bis 12ʰ L | |
| 16. VIII. | 4 | 8°33′ | 115°50′ | OSO 2 | 759.0 | 26.3 | 4 | c | 26.4 | 2 | | | 8 h 10 min Schweinsfische beim Schiff. |
| | 8 | | | ,, | 759.5 | 26.6 | 7 | ,, | 26.6 | 2 | | | |
| | 12 | | | Stille | 758.8 | 29.1 | 3 | ,, | 28.0 | 0 | | | |
| | 4 | | | NO 1 | 757.9 | 27.7 | 5 | ,, | 28.0 | 0 | | | |
| | 8 | | | ,, | 758.5 | 27.2 | 7 | ,, | 27.8 | 0 | | | |
| | 12 | | | O 1 (2) | 759.2 | 28.0 | 3 | c l | 27.7 | 0 | | | |
| 17. VIII. | 4 | 7°1 | 117°22′ | OzS 3 | 758.8 | 27.0 | 3 | c | 27.0 | 1 | | | |
| | 8 | | | OSO 3 | 760.1 | 27.2 | 4 | ,, | 27.1 | 2 | | | Seeschwalben beim Schiff. |
| | 12 | | | OzS 3 | 759.1 | 27.3 | 5 | ,, | 27.6 | 2 | | | Strom in den letzten 24 St.: S 37° W 38 Sm. 2 h treibenden Seetang pass. |
| | 7 | | | OzS 3 (4) | 757.2 | 27.4 | 4 | ,, | 28.0 | 3 | | | |
| | 8 | | | O 3 (4) | 758.0 | 27.4 | 3 | ,, | 27.6 | ? | | | |
| | 12 | | | OSO 3 | 757.9 | 27.2 | 2 | ,, | 27... | 3 | | | |

Meteorologisches Tagebuch

| Datum | Uhrzeit | Breite S | Länge O | Wind u. Stärke | Barometer für Temperatur verbessert und auf Meeresspiegel reduziert | Lufttemperatur °C | Bewölkung 0—10 | Wetter | Temperatur der Meeresoberfläche | Seegang 0—9 | Stationsnummer | Wissenschaftliche Tätigkeit | Bemerkungen |
|---|---|---|---|---|---|---|---|---|---|---|---|---|---|
| 18. VIII. | 4 | | | OSO 3(4) | 757.9 | 27.2 | 3 | c | 27.0 | 3 | | | 1h 20min bes. schöne Sternschnuppenf.ausd. Plejaden. |
| | 8 | | | OSO 3 | 758.8 | 27.2 | 2 | ,, | 27.1 | 2 | | | Fliegen in fast horiz. Richt., hell leucht. Streif. hinterlass. |
| | 12 | 5°36' | 119°7' | SOzO 4 | 757.6 | 27.2 | 2 | ,, | 27.9 | 2 | | | Verlösch. nach ungef. 5 Sek. Str.l.d.letzt.24St.;84l°W355m. |
| | 4 | | | NW 2 | 756.4 | 29.5 | 4 | ,, | 28.0 | — | | | 2h 30min sprang Wind plötzlich auf NW und flaute ab. |
| | 8 | | | Stille | 758.6 | 28.6 | 4 | c l | 27.6 | — | | | Bis 4h 20min dreht der Wind auf NzO. |
| | 12 | | | ,, | 758.4 | 25.8 | 4 | ,, | 27.4 | — | | | 3h 50min in den Hafen von Makassar eingelaufen. |

## Von Makassar nach Amboina.

| | | | | | | | | | | | | | |
|---|---|---|---|---|---|---|---|---|---|---|---|---|---|
| 22. VIII. | 12 | Makassar | | WSW 2 | 758.8 | 28.1 | 2 | c | 28.4 | — | | | |
| | 4 | | | ,, | 757.1 | 29.4 | 3 | ,, | 28.3 | — | 84 | 5h Bl | 0h 7min Hafen verlassen. Von 8h—12h vereinzelte schöne Sternschnuppenfälle bis zur Dauer von 10 Sek. |
| | 8 | | | S 2 | 759.0 | 27.3 | 3 | ,, | 28.0 | 1 | | | |
| | 12 | | | SOzO4(5) | 758.8 | 26.4 | 0 | b q | 27.7 | 3 | | | |
| 23. VIII. | 4 | | | OSO 3(4) | 758.6 | 25.8 | 3 | c q | 27.5 | 3 | | | Böen bis zur Stärke 5. |
| | 8 | | | O 3(4) | 759.9 | 26.2 | 3 | ,, | 26.9 | 2 | | | 8h 35min—40min Staubregen. |
| | 12 | 5°50' | 119°52' | ,, | 760.1 | 26.8 | 6 | ,, | 27.1 | 2 | | | Gezeitenstrom. |
| | 4 | | | OzN 3 | 758.5 | 27.0 | 3 | c | 27.0 | 2 | | | 7h 25min wurde der Wind böig. |
| | 8 | | | SOzO 3 | 760.1 | 26.8 | 1 | c q | 27.1 | 2(3) | | | |
| | 12 | | | SOzO 3 (4) | 760.0 | 26.7 | 10 | o q | 26.8 | 2(3) | | | |
| 24. VIII. | 4 | | | OzS 3 | 759.6 | 26.3 | 6 | c | 26.5 | 2(3) | | | 0h mehrere weisse Vögel beim Schiff. Strom in den letzten 24 St.: S 64° W 26 Sm. |
| | 8 | | | ,, | 760.8 | 26.4 | 3 | ,, | 26.7 | 3 | | | |
| | 12 | 6°23' | 121°45' | OzS 3(4) | 760.8 | 26.8 | 3 | ,, | 26.4 | 3 | | | |
| | 4 | | | OzS 3 | 759.2 | 26.8 | 3 | ,, | 26.2 | 3 | | | |
| | 8 | | | OzS 2 | 760.5 | 26.3 | 5 | ,, | 26.0 | 3 | | | |
| | 12 | | | O 2 | 760.6 | 26.5 | 0 | b | 25.7 | 2 | | | |
| 25. VIII. | 4 | | | OzS 2 | 759.7 | 26.5 | 2 | c | 26.1 | 2 | 85 | 9h Bl 8h bis 9h P | 8h viele schwimmende Pflanzenteile passiert. Strom in den letzten 24 St.: N 60° W 19 Sm. |
| | 8 | | | OSO 2 | 760.2 | 26.7 | 3 | ,, | 26.3 | 2 | 59 | | |
| | 12 | 6°59' | 123°28' | SOzO 2 | 760.2 | 27.1 | 0 | ,, | 27.0 | 1 | | | |
| | 4 | | | OSO 1 (2) | 758.9 | 26.8 | 0 | b | 27.1 | 1 | | | |
| | 8 | | | OzN 1 (2) | 760.5 | 26.5 | 0 | ,, | 26.7 | 1 | | | |
| | 12 | | | O 2 | 760.6 | 26.5 | | c | 26.4 | 1 | | | |
| 26. VIII. | 4 | | | SO 1 | 759.8 | 26.4 | 1 | c | 26.5 | 1 | | | 9h 30min viele Wale beim Schiff. 10h 25min Stromkabbelung, N—S laufend, passiert. Strom in den letzten 24 St.: N 49° O 13 Sm. |
| | 8 | | | O 1 | 760.3 | 27.0 | 0 | b | 26.5 | 1 | | | |
| | 12 | 7°27' | 126°12' | NOzN 2 | 760.0 | 27.4 | 1 | c | 26.9 | 1 | | | |
| | 4 | | | OzN 3 (4) | 758.0 | 27.8 | 1 | ,, | 26.3 | 1 | | | |
| | 8 | | | SO 4 | 759.5 | 28.0 | 3 | ,, | 25.2 | 3 | | | |
| | 12 | | | ,, | ).7 | 25.9 | 3 | ,, | 25.0 | 3 | | | |

Meteorologisches Tagebuch

| Datum | Uhrzeit | Breite S | Länge O | Wind u. Stärke | Barometer für Temperatur verbessert und auf Meeresspiegel reduciert | Lufttemperatur °C | Bewölkung 0–10 | Wetter | Temperatur der Meeresoberfläche | Seegang 0–9 | Stationsnummer | Wissenschaftliche Tätigkeit | Bemerkungen |
|---|---|---|---|---|---|---|---|---|---|---|---|---|---|
| 27. VIII. | 4 | 7°10' | 127°11' | SOzO 3 | 759.1 | 25.5 | 2 | c | 25.0 | 2 | | | Das Wasser zeigt weissliche Färbung. |
| | 8 | | | ,, | 762.5 | 25.7 | 4 | ,, | 26.0 | 1 | | | |
| | 12 | | | SOzO 1 | 761.5 | 27.0 | 3 | ,, | 26.5 | 1 | | | |
| | 4 | | | SOzO 3 | 760.6 | 26.3 | 2 | ,, | 26.4 | 2 | | | |
| | 8 | | | OSO 2 (3) | 761.2 | 26.0 | 2 | ,, | 26.2 | 2 | | | |
| | 12 | | | OSO 3 | 761.4 | 27.0 | 2 | ,, | 26.0 | 2 | | | |
| 28. VIII. | 4 | 6°34' | 127°47' | OzS 3 | 760.7 | 25.7 | 4 | c | 25.8 | 2 | 60 | 12ʰ bis 4ʰ D | Sternschnuppenfälle aus O-Quadranten. 11 h 30 min vereinzelte Wale beim Schiff. Strom in den letzten 24 St.: S 43° W 15 Sm. 6 h 30 min—9 h 35 min grosser Hof um den Mond. Durchmesser 27°. |
| | 8 | | | OSO 3 | 761.3 | 26.0 | 4 | ,, | 26.0 | 4 | | | |
| | 12 | | | OzS 2 (3) | 760.7 | 26.5 | 3 | ,, | 25.9 | 3 | | | |
| | 4 | | | OzS 3 | 759.3 | 28.2 | 3 | ,, | 26.1 | 3 | | | |
| | 8 | | | OzS 2 | 761.0 | 25.5 | 5 | ,, | 26.1 | 3 | | | |
| | 12 | | | O 1 | 761.7 | 25.4 | 2 | ,, | 26.9 | 2 | | | |
| 29. VIII. | 4 | 3°46' | 128°06' | OzS 3 | 760.0 | 26.8 | 3 | c | 25.9 | 2 | | | 9 h 30 min Wale und fliegende Fische beim Schiff. Strom in den letzten 24 St.: S 59° W 16 Sm. 12 h 25 min im Hafen von Amboina geankert. 5 h 15 min—7 h war der Wind böig. |
| | 8 | | | O 3 | 761.1 | 26.1 | 7 | ,, | 26.0 | 2 | | | |
| | 12 | | | ,, | 760.0 | 26.3 | 7 | ,, | 26.4 | 2 | | | |
| | 4 | | | O 2 (3) | 759.3 | 26.1 | 7 | c q | 25.8 | — | | | |
| | 8 | | | O 1 (2) | 761.4 | 25.7 | 9 | ,, | 25.8 | — | | | |
| | 12 | | | O 1 | 761.4 | 25.5 | 9 | c | 25.2 | — | | | |

# Von Amboina durch die Selè-Strasse nach den Hermit-Inseln.

| Datum | Uhrzeit | Breite S | Länge O | Wind u. Stärke | Bar. | Lufttemp. | Bew. | Wetter | Temp. Meer | Seegang | St.Nr. | Wiss. Tätigkeit | Bemerkungen |
|---|---|---|---|---|---|---|---|---|---|---|---|---|---|
| 3. IX. | 12 | | | Amboina OSO 1 | 761.0 | 29.5 | 7 | c | 26.2 | — | | | Biologische Stat. No. 86 im Hafen von Amboina. 7 h 40 min kam leichter OSO durch. 5 h 17 min Amboina verlassen. |
| | 4 | | | ,, | 759.3 | 25.1 | 10 | o g | 26.0 | — | | | |
| | 8 | | | O 1 (2) | 760.3 | 25.3 | 10 | o | 25.9 | 1 | | | |
| | 12 | | | NO 2 | 761.2 | 25.8 | 10 | o d | 25.6 | 1 | | | |
| 4. IX. | 4 | 2°54' | 127°47' | Stille | 760.6 | 25.4 | 10 | | (25.4) | 1 | | | Strom in den letzten 24 St.: S 64° W 8 Sm. 5 h 30 min Schweinsfische beim Schiff. 8 h 10 min—15 min farbiger Mondhof. |
| | 8 | | | S 1 | 761.0 | 26.1 | 6 | c | (25.8) | 1 | | | |
| | 12 | | | ,, | 760.1 | 28.5 | 4 | ,, | 27.8 | 1 | | | |
| | 4 | | | SO 2 (3) | 758.2 | 28.0 | 4 | ,, | 27.7 | 3 | | | |
| | 8 | | | ONO 1 | 759.4 | 27.7 | 7 | ,, | 27.4 | 1 | | | |
| | 12 | | | NOzO 2 | 760.2 | 27.2 | 9 | ,, | 27.6 | 1 | | | |
| 5. IX. | 4 | 1°47' | 129°19' | O 2 | 758.7 | 27.0 | 10 | o | 27.2 | 1 | 186 | 6ʰ bis 7ʰ L 10ʰ bis 2ʰ D | Strom in den letzten 24 St.: S 55° W 21 Sm. |
| | 8 | | | SOzO 3 | 759.4 | 27.2 | 6 | c | 27.3 | 2 | 61 | | |
| | 12 | | | SO 3 | 759.6 | 27.6 | 9 | ,, | 27.5 | 2 | | | |
| | 4 | | | SSO 2 | 757.7 | 28.1 | 6 | ,, | 27.7 | 1 | | | |
| | 8 | | | NO 1 | 758.7 | 27.5 | 6 | ,, | 27.5 | 1 | | | |
| | 12 | | | ONO 2 | 758.4 | 26.5 | 7 | ,, | 27.3 | 1 | | | |

Meteorologisches Tagebuch

| Datum | Uhrzeit | Breite S | Länge O | Wind u. Stärke | Barometer für Temperatur verbessert und auf Meeresspiegel reduziert | Lufttemperatur °C | Bewölkung 0—10 | Wetter | Temperatur der Meeresoberfläche | Seegang 0—9 | Stationsnummer | Wissenschaftliche Tätigkeit | Bemerkungen |
|---|---|---|---|---|---|---|---|---|---|---|---|---|---|
| 6. IX. | 4 | | | SOzO 3 | 758.6 | 26.7 | 6 | c | 27.0 | 1 | | | 1 h 15 min—25 min kleiner farbiger Mondhof. |
| | 8 | | | SSO 2 | 759.8 | 28.0 | 8 | ,, | (26.5) | 1 | | | |
| | 12 | 1°14' | 131°2' | O 1 | 759.5 | 29.3 | 8 | ,, | (26.8) | — | | | Durch die Selé-Strasse gesteuert. |
| | 4 | | | SzW 2 | 757.0 | 30.3 | 3 | ,, | (26.6) | — | | | |
| | 8 | | | Stille | 758.2 | 28.0 | 10 | o (r) | (25.8) | — | | | |
| | 12 | | | ONO 1 | 759.4 | 26.3 | 7 | o | (25.7) | 1 | | | |
| 7. IX. | 4 | | | SOzO 1 | 758.2 | 26.8 | 3 | c | (26.0) | — | 87 | 9ʰ Bl | Färbung d. Wass. sehr wechs. Viele milchf. Stell. im Wasser. Die oberen Wolken ziehen W. 10 h Regenhöhe 8.0 mm. Seeschwalben, Schweinsfische und Wale beim Schiff. Str.i.d.letzt.16St.:S 35°0.11Sm. 12 h treibende Baumstämme passiert. 4 h 45 min treibende Baumstämme und Pflanzenteile in grossen Mengen passiert. |
| | 8 | | | SO 1 | 759.1 | 27.8 | 3 | ,, | 28.8 | — | 187 | 9ʰ bis 10ʰ L | |
| | 12 | 0°13' | 132°14' | Stille | 759.0 | 28.3 | 4 | ,, | 29.1 | — | 188 | 12ʰ bis 1ʰ L | |
| | 4 | | | NOzO 2 | 757.7 | 29.0 | 4 | ,, | 29.4 | 1 | 189 | 2ʰ bis 3ʰ L | |
| | 8 | | | ,, | 758.7 | 28.9 | 4 | ,, | 29.3 | 1 | | 3ʰ bis 4ʰ L | |
| | 12 | | | OzN 1 | 759.5 | 28.5 | 4 | ,, | 28.8 | 1 | 189a | | |
| 8. IX. | 4 | | | OzS 2 | 759.0 | 28.1 | 4 | c | 28.5 | 1 | 190 | 5ʰ bis 6ʰ L | 8 h—8 h 7 min Regenbö aus S. 10 h Regenhöhe 7 mm. 1 h 20 min—2 h 40 min Wind dreht links von S auf O. 5 h 50 min Teilregenbogen mit sehr lebhaften Farben in SOzO. Sehr farbenprächtig. Sonnenuntergang. |
| | 8 | N | | SOzO 1 | 759.8 | 28.1 | 5 | ,, | 28.6 | 1 | | | |
| | 12 | 0°8' | 134°12' | SOzO 3 | 759.0 | 28.0 | 5 | ,, | 29.0 | 2 | 62 | 2ʰ bis 3ʰ D | |
| | 4 | | | O 2 | 758.0 | 27.8 | 8 | ,, | 29.2 | 1 | | | |
| | 8 | | | ,, | 759.5 | 27.3 | 8 | ,, | 29.1 | 1 | | | |
| | 12 | | | ONO 1 | 759.0 | 27.4 | 6 | ,, | 29.2 | 1 | | | |
| 9. IX. | 4 | | | NO 1 | 758.0 | 27.5 | 10 | o | 29.1 | 1 | 191 | 4ʰ bis 5ʰ L | Schweinsfische beim Schiff. Strom in den letzten 24 St.: N 79° W 16 Sm. 7 h 30 min Wetterleucht. i. SO. 9 h 46 min sehr helle Sternschnuppe, durch ein. Bog. von ca. 160° von O nach W fliegend. Dauer 6—7 Sek. |
| | 8 | | | NOzO 1 | 758.0 | 27.9 | 6 | c | 29.3 | — | | | |
| | 12 | 0°46' | 136°7' | ONO 1 | 758.0 | 28.8 | 5 | ,, | 30.2 | — | | | |
| | 4 | | | ,, | 757.0 | 28.8 | 7 | ,, | 30.1 | — | | | |
| | 8 | | | O 1 | 757.8 | 28.2 | 5 | ,, | 30.7 | — | 192 | 10ʰ bis 11ʰ L | |
| | 12 | | | Stille | 758.7 | 28.0 | 4 | ,, | 30.3 | — | | | |
| 10. IX. | 4 | | | Stille | 758.1 | 28.0 | 3 | c l | 28.8 | — | | | Strom in den letzten 24 St.: N 88° W 15 Sm. |
| | 8 | | | SO 1 | 760.1 | 28.1 | 4 | c | 28.2 | — | 63 | 10ʰ bis 11ʰ P | |
| | 12 | 0°14' | 137°53' | SSO 2 (3) | 759.6 | 28.7 | 6 | ,, | 29.2 | — | | 2ʰ bis 4ʰ L | |
| | 4 | | | SzO 2 | 757.4 | 29.1 | 5 | ,, | 30.0 | 1 | 193 | 4ʰ Bl | |
| | 8 | | | ,, | 758.7 | 28.0 | 3 | ,, | 28.2 | 1 | 88 | | |
| | 12 | | | OSO 1 | 759.6 | 27.8 | 3 | ,, | 28.0 | 1 | | | |
| 11. IX. | 4 | | | Stille | 759.1 | 27.4 | 3 | c (l) | 28.3 | — | 194 | 7ʰ bis 11ʰ L S | 9 h 30 min—40 min Regenbö aus SO (4). 10 h Regenhöhe 4 mm. Strom in den letzten 24 St.: N 83° W 25 Sm. 6 h 10 min Wetterleuchten v. S—SO. |
| | 8 | S | | ,, | 760.6 | 28.8 | 4 | c | 28.9 | — | 89 | 8ʰ Bl | |
| | 12 | 0°17' | 139°10' | OSO 1 | 759.6 | 27.0 | 6 | c q (r) | 29.0 | 1 | | | |
| | 4 | | | O 2 | 758.3 | 27.8 | 7 | c | 29.2 | 1 | | | |
| | 8 | | | ONO 2 | 759.5 | 27.2 | 1 | c (l) | 29.0 | 1 | | | |
| | 12 | | | NOzN 1 | 760.1 | 27.5 | 1 | ,, | 28.9 | 1 | | | |

Meteorologisches Tagebuch

| Datum | Uhrzeit | Breite S | Länge O | Wind u. Stärke | Barometer für Temperatur verbessert und auf Meeresspiegel reduziert | Lufttemperatur °C | Bewölkung 0—10 | Wetter | Temperatur der Meeresoberfläche | Seegang 0—9 | Stationsnummer | Wissenschaftliche Tätigkeit | Bemerkungen |
|---|---|---|---|---|---|---|---|---|---|---|---|---|---|
| 12. IX. | 4 | 1°0′ | 140°41′ | Stille | 759.6 | 27.3 | 2 | c | 28.6 | — | 195 | 7ʰ bis 11ʰ L | 12 h—12 h 50 min Wetterleuchten in W. Regenwetter. 10 h Regenhöhe 24 mm. Strom in den letzten 24 St.: N 76° W 14 Sm. Sehr kabbelige See, anschein. Stromscheide passiert. |
|  | 8 |  |  | NO 2 | 759.9 | 28.2 | 5 | ,, | 29.1 | — | 90 | 9ʰ Bl |  |
|  | 12 |  |  | SOzO 1 | 761.3 | 24.0 | 10 | o r | 28.0 | 1 |  |  |  |
|  | 4 |  |  | W 2 | 757.8 | 26.4 | 9 | o (r) | 28.2 | 1 | 196 | 5ʰ bis 6ʰ L |  |
|  | 8 |  |  | ONO 1 | 759.3 | 26.4 | 7 | c | 28.0 | 1 | 197 | 10ʰ bis 11ʰ L |  |
|  | 12 |  |  | Stille | 759.8 | 28.0 | 2 | ,, | 28.0 |  |  |  |  |
| 13. IX. | 4 | 2°37′ | 141°15′ | Stille | 759.0 | 26.8 | 4 | c | 28.0 |  | 198 199 | 3ʰ bis 4ʰ L 5ʰ bis 6ʰ L | 6 h Stromscheide pass. Viel Baumst. und Pflanzenreste treib.l.Richt.W.N.W. Stärke d.Strom.1.5Sm.Wasserfarb. änd.v.tiefblau scharf l.grün. 9 h 50 min spr. Wind auf ONO. Str. bis 9h 30min: N 66° W 5 Sm. 1 h 46 min pass. wieder Stromscheide. Viel treib. Baumst. u. Holzst. In mindest. 2 Sm. Ausdehn.l.Richt.W,Wasser änd.v.grün plötzl.l.tiefblau. |
|  | 8 |  |  | SO 2 | 759.2 | 27.0 | 5 | ,, | 28.2 |  | 91 | 8ʰ Bl |  |
|  | 12 |  |  | ONO 3 | 759.8 | 29.0 | 6 | ,, | 29.4 | 2 | 200 | 9ʰ bis 10ʰ L |  |
|  | 4 |  |  | OzN 2 | 757.9 | 28.3 | 4 | ,, | 29.0 | 1 | 200a |  |  |
|  | 8 |  |  | ONO 1 | 759.1 | 28.2 | 4 | ,, | 28.7 | 1 | 201 | 10ʰ bis 11ʰ L |  |
|  | 12 |  |  | NO 2 | 759.5 | 28.0 | 2 | ,, | 28.4 |  |  |  |  |
| 14. IX. | 4 | 1°42′ | 142°50′ | ONO 1 | 759.1 | 27.8 | 3 | c | 28.2 | 1 |  |  | 6 h 50 min—11 h 35 min an der Südküste der Insel Matty zu Lotungen gesteuert. Strom bis 6 h 50 min Vm.: N 61° W 5 Sm. 2 h 20 min kurze Regenbö aus O. 5 h 15 min fliegende Fische und viele Schweinsfische beim Schiff. |
|  | 8 |  |  | O 1 | 761.1 | 28.8 | 3 | ,, | 28.5 | 1 |  |  |  |
|  | 12 |  |  | SOzO 1 | 760.4 | 30.0 | 3 | ,, | 29.6 | 1 |  |  |  |
|  | 4 |  |  | O 1 | 758.1 | 28.5 | 4 | ,, | 30.1 | — |  |  |  |
|  | 8 |  |  | ONO 1 | 758.1 | 28.2 | 4 | c (l) | 28.5 | — | 202 | 8ʰ bis 9ʰ L |  |
|  | 12 |  |  | OzN 2 | 759.9 | 28.1 | 6 | c l q | 28.4 | — |  |  |  |
| 15. IX. | 4 | 1°38′ | 144°50′ | OSO 1 | 759.1 | 26.0 | 6 | c | 28.1 | 1 | 203 204 | 1ʰ bis 2ʰ L 2ʰ bis 3ʰ L | Regnerisches Wetter. 10 h Regenhöhe 20 mm. Strom in den letzten 5 h 30 min Vm.: S 18.2 Sm. 5 h 27 min bei der Insel Maron (Hermit-Inseln) geankert. |
|  | 8 |  |  | SSO 1 | 760.8 | 28.0 | 5 | ,, | 28.8 | 1 | 205 | 10ʰ bis 11ʰ L |  |
|  | 12 |  |  | ,, | 759.8 | 29.0 | 5 | ,, | 31.0 | 1 |  |  |  |
|  | 4 |  |  | OSO 1 | 759.6 | 29.3 | 4 | ,, | 31.8 | — | 206 | 1ʰ bis 2ʰ L |  |
|  | 8 |  |  | ,, | 759.3 | 28.6 | 3 | c (l) | 29.6 | — | 92 | 1ʰ Bl |  |
|  | 12 |  |  | SSO 1 | 760.6 | 28.3 | 5 | ,, | 28.7 | — |  |  |  |

## Von den Hermit-Inseln nach Herbertshöhe (Matupi).

| Datum | Uhrzeit | Breite S | Länge O | Wind u. Stärke | Barom. | Lufttemp. | Bew. | Wetter | Temp.Meer | Seegang | Stationsnr. | Wiss. Tätigkeit | Bemerkungen |
|---|---|---|---|---|---|---|---|---|---|---|---|---|---|
| 2. X. | 8 | 1°35′ | 145°5′ | NNO 1 | 760.4 | 30.0 | 4 | c | 30.1 | — |  |  | 6 h Ankerplatz verlassen. Nm. mehrere leichte Böen. Böen ziehen dicht am Schiff vorüber, Wind änd.dauernd. |
|  | 12 |  |  | ONO 1 | 759.4 | 30.0 | 4 | ,, | 30.4 | — | 207 | 2ʰ bis 4ʰ L S |  |
|  | 4 |  |  | ,, | 757.5 | 30.1 | 6 | ,, | 30.2 | — |  |  |  |
|  | 8 |  |  | O 2 | 759.4 | 30.2 | 7 | ,, | 29.5 | — | 208 | 9ʰ bis 10ʰ L |  |
|  | 12 |  |  | ,, | 759.8 | 29.8 | 7 | c (r) | 29.3 | — |  |  |  |
| 3. X. | 4 | 2°31′ | 146°40′ | O 1 | 758.2 | 29.7 | 4 | c | 29.5 | 1 |  |  | 3 h 20 min wurde der Wind stetig. Strom in den letzten 24 St.: S 23° O 7 Sm. 5 h 35 min im Andrew-Hafen geankert. 6 h 50 min—9 h 10 min Wetterleuchten. 12 h farbiger Mondhof. |
|  | 8 |  |  | ONO 2 | 760.2 | 30.0 | 4 | ,, | 29.7 | 1 |  |  |  |
|  | 12 |  |  | OzN 2 | 760.1 | 30.2 | 5 | ,, | 30.1 | 1 |  |  |  |
|  | 4 |  |  | Stille | 759.5 | 29.7 | 4 | ,, | 29.6 | 1 |  |  |  |
|  | 8 |  |  | WSW 2 | 759.2 | 29.5 | 4 | c l | 29.4 | — |  |  |  |
|  | 12 |  |  | WSW 1 | 760.5 | 30.0 | 3 | c | 29.1 |  |  |  |  |

Meteorologisches Tagebuch

| Datum | Uhrzeit | Breite S | Länge O | Wind u. Stärke | Barometer für Temperatur verbessert und auf Meeresspiegel reduziert | Lufttemperatur °C | Bewölkung 0—10 | Wetter | Temperatur der Meeresoberfläche | Seegang 0—9 | Stationsnummer | Wissenschaftliche Tätigkeit | Bemerkungen |
|---|---|---|---|---|---|---|---|---|---|---|---|---|---|
| 4. X. | 4 | | | W 3 (5) | 758.9 | 28.3 | 7 | c q (r) | 28.7 | — | | | Während des ganzen Tages Regenböen. 10 h Regenhöhe 64 mm. |
| | 8 | | | WzN 2 (4) | 760.5 | 28.3 | 10 | o q r | 28.9 | — | | | |
| | 12 | | Andrew-Hafen | WNW 2 | 760.7 | 28.1 | 10 | o r g | 28.8 | — | | | |
| | 4 | | (Admiralitäts- | WSW 2 (4) | 759.6 | 27.3 | 10 | o r q g | 28.4 | — | | | |
| | 8 | | Inseln) | ,, | 760.2 | 28.5 | 9 | o r g | 28.7 | — | | | |
| | 12 | | | Stille | 760.1 | 28.0 | 6 | c | 28.5 | — | | | |
| 5. X. | 4 | | | Stille | 759.8 | 27.6 | 8 | c | 29.0 | — | | | 7 h 8 min Hafen verlassen. |
| | 8 | | | ,, | 759.5 | 29.4 | 5 | ,, | 29.3 | — | | | |
| | 12 | 2°14′ | 147°29′ | NNO 1 | 760.9 | 25.9 | 6 | ,, | 29.0 | — | | | 2 h 40 min bei der Insel Pak (St. Gabriel) geankert. |
| | 4 | | | NO 1 | 761.1 | 26.0 | 10 | ,, | — | — | | | |
| | 8 | | | Stille | 761.0 | 27.1 | 9 | ,, | 28.4 | — | | | 5 h 50 min trat Stille ein. |
| | 12 | | | ,, | 761.0 | 25.2 | 4 | ,, | 28.2 | — | | | |
| 6. X. | 4 | | | Stille | 761.0 | 26.5 | 3 | c w | 28.0 | — | | | 8 h 30 min Ankerplatz verlassen. 10 h Regenhöhe 16 mm. Während des Vm. Stillen und leichte NO-liche Winde. Von 4 h Nm. W-liche Winde mit leichten Niederschläg. |
| | 8 | | | NzO 1 | 760.1 | 28.8 | 3 | c | 29.0 | — | | | |
| | 12 | 2°03′ | 147°35′ | NNO 1 | 760.7 | 28.5 | 3 | c (r) | 30.1 | — | | | |
| | 4 | | | Stille | 759.6 | 30.2 | 5 | c | 30.0 | — | 93 | 4ʰ B1 | |
| | 8 | | | SW 1 | 760.3 | 27.0 | 4 | c (r) | 29.2 | — | | | |
| | 12 | | | W 1 | 761.2 | 27.5 | 6 | c (l) | 29.8 | — | | | |
| 7. X. | 4 | | | W 2 | 761.2 | 25.4 | 6 | c (r) | 29.3 | — | | | 10 h Regenhöhe 37 mm. 10 h 20 min bei Bird-Insel geankert. Auf Ankerpl. nur 25°/₀₀ Salzgehalt, hervorgerufen durch das süsse Wasser eines hier mündenden Baches. 6 h 40 min Wetterleucht. in S. Taufall. |
| | 8 | | | WSW 1 | 761.5 | 27.0 | 4 | ,, | 29.1 | — | | | |
| | 12 | | Bird-Insel | WNW 1 | 760.8 | 25.0 | 8 | ,, | 29.3 | — | | | |
| | 4 | | | SSO 1 | 759.2 | 28.1 | 3 | c | 30.0 | — | | | |
| | 8 | | | WNW 1 | 760.8 | 24.8 | 2 | c l | 29.8 | — | | | |
| | 12 | | | ,, | 760.6 | 23.0 | 2 | c l w | 29.5 | — | | | |
| 10. X. | 4 | | | Stille | 759.0 | 25.6 | 5 | c | 29.7 | | | | Regenwetter. 6 h 15 min Bird-Insel verlass. 10 h Regenhöhe 42,1 mm. 4 h 10 min—17 min Regenbö aus ONO (5), nach der Bö Wind aus OzS. |
| | 8 | | | NO 1 | 759.8 | 27.1 | 5 | c p | 30.0 | | | | |
| | 12 | 2°01′ | 147°33′ | O 1 | 759.2 | 30.5 | 4 | c | 30.0 | — | 64 | 9ʰ bis 12ʰ D | |
| | 4 | | | OSO 5 | 758.0 | 29.6 | 6 | c q | 30.0 | | | | |
| | 8 | | | OzS 2 | 759.1 | 28.3 | 5 | c (l) | 30.0 | | | | |
| | 12 | | | OzN 3 | 760.0 | 29.0 | 4 | c | 29.0 | | | | |
| 11. X. | 4 | | | ONO 2 | 759.6 | 28.2 | 6 | c | 29.0 | — | 209 | 6ʰ bis 7ʰ L | Leichte Niederschläge. 10 h Regenhöhe 3.8 mm. Strom in den letzten 24 St.: N 60° W 9 Sm. 11 h Gewitter in SO. |
| | 8 | | | ONO 2 (3) | 760.9 | 28.4 | 6 | ,, | 29.5 | — | | | |
| | 12 | 2°39′ | 149°14′ | SO 2 | 761.0 | 29.2 | 4 | ,, | 30.0 | — | | | |
| | 4 | | | OzN 2 | 759.3 | 27.5 | 4 | ,, | 29.5 | — | 210 | 4ʰ bis 5ʰ L | |
| | 8 | | | SO 2 | 760.8 | 28.1 | 2 | c l | 29.5 | — | | | |
| | 12 | | | SO 2 | 7... | 25.4 | 6 | c l r t | | | | | |

Forschungsreise S. M. S. „Planet".

Meteorologisches Tagebuch

| Datum | Uhrzeit | Breite S | Länge O | Wind u. Stärke | Barometer für Temperatur verbessert und auf Meeresspiegel reduziert | Lufttemperatur °C | Bewölkung 0—10 | Wetter | Temperatur der Meeresoberfläche | Seegang 0—9 | Stationsnummer | Wissenschaftliche Tätigkeit | Bemerkungen |
|---|---|---|---|---|---|---|---|---|---|---|---|---|---|
| 12. X. | 4 | | | SO 1 | 759.4 | 26.2 | 6 | c l | 28.5 | | | | Während der Nacht leichte Regenschauer. |
| | 8 | | | SSO 1 | 760.9 | 26.6 | 10 | o | 29.0 | | | | |
| | 12 | 3°48' | 151°14' | S 1 | 760.4 | 27.0 | 10 | o q (r) | 29.1 | | 211 | 1ʰ bis 5ʰ | Wind sehr unbeständig. |
| | 4 | | | „ | 760.0 | 26.4 | 10 | o | 28.2 | | *94 | L S 4ʰ Bl | 5 h Haie beim Schiff. |
| | 8 | | | O 3 (4) | 761.4 | 25.8 | 10 | o(qrl) | 28.0 | | | | 9 h wird der Wind O-lich. Starker Landgeruch macht sich bemerkbar. |
| | 12 | | | OSO 2 (3) | 759.9 | 26.5 | 6 | c | 28.1 | | | | |
| 13. X. | 4 | | | SzW 2 | 759.5 | 26.1 | 5 | c | 28.0 | | | | 4 h 20 min vor Herbertshöhe geankert. |
| | 8 | | | SzW 1 | 759.8 | 28.3 | 4 | „ | 28.9 | | | | |
| | 12 | Herbertshöhe | | SOzS 2 | 759.7 | 29.7 | 4 | „ | 29.8 | | | | Am 15. X. 6 h 7 min Herbertshöhe verlassen und um 7 h 50 min Vm. in Matupi geankert. |
| | 4 | | | SOzS 3 (4) | 758.0 | 29.0 | 5 | c q | 30.3 | | | | |
| | 8 | | | SOzS 1 | 759.8 | 26.8 | 5 | c | 29.8 | | | | |
| | 12 | | | Stille | 760.0 | 25.3 | 2 | c l | 29.7 | | | | |

## Von Matupi nach Yap. 1907.

| Datum | Uhrzeit | Breite S | Länge O | Wind u. Stärke | Barometer | Lufttemp. | Bew. | Wetter | Temp. Meer | Seegang | St.-Nr. | Tätigkeit | Bemerkungen |
|---|---|---|---|---|---|---|---|---|---|---|---|---|---|
| 7. I. | 12 | Nusa-Hafen | | NWzW3(4) | 756.7 | — | 10 | o | 30.0 | — | | | Vom 6.I.—7.I.in Nusa gelegen, 2 h 36 min 6. I.—10 h 15 min 7. I. 0,1 mm Regenhöhe. 2 h 40 min-3 h 15 min Regenbö. 3 h 40 min dreht Wind auf WzS. 5 h 8 min Nusa verlassen. 4 h 20 min—5 h 10 min leichter Regen. |
| | 4 | | | WzS 2 (3) | 755.1 | 25.2 | 10 | o q | 30.0 | — | | | |
| | 8 | | | NWzW2(3) | 755.8 | 27.0 | 10 | o | 29.2 | — | | | |
| | 12 | | | NWzW3(4) | 756.7 | 28.1 | 7 | c | 30.0 | — | | | |
| 8. I. | 4 | | | NWzW 2 | 755.7 | 27.8 | 8 | c m | | | | | Leichte Niederschläge. 4 h 50 min—5 h 10 min sehr scharfer Hof um den Mond. |
| | 8 | | | WNW 2 | 757.7 | 28.2 | 4 | c | | | | | |
| | 12 | 2°28' | 149°53' | NW 2 | 756.6 | 28.1 | 7 | „ | | Dünung aus d. Windricht. | | | 1 h 47 min Regenhöhe 6.7 mm. |
| | 4 | | | NW 4 | 755.9 | 28.6 | 5 | „ | | | | | |
| | 8 | | | NzW 3 | 756.9 | 28.6 | 6 | „ | 28.4 | | 212 | 9ʰ bis 10ʰ L | 8 h 10 min—15 min Staubreg. 10 h 10 min—12 h Regendbö. 4 (5). Dauer 6 bis 6 Min. |
| | 12 | | | NzW 4(5) | 756.6 | 28.2 | 2 | c q | 29.7 | | | | |
| 9. I. | 4 | | | N 3 | 754.3 | 27.5 | 8 | „ | 29.8 | 3 | | 10ʰ Bl 10ʰ bis 11ʰ L | 2 h 55 min drehte der Wind auf N. 5 h 40 min drehte der Wind auf NzO. Strom in den letzten 24 St.: S 47° O 22 Sm. Nm. Regenwetter mit Böen. |
| | 8 | | | NzO 3 | 756.6 | 28.1 | 6 | „ | (29.1) | 2 | *105 | | |
| | 12 | 1°11' | 148°40' | NWzN 1 | 756.9 | 28.2 | 5 | „ | 28.6 | 1 | 213 | | |
| | 4 | | | NzW 3 | 757.9 | 28.1 | 9 | „ | (29,4) | 3 | | | |
| | 8 | | | NNW 4 | 757.7 | 27.1 | 10 | o | 28.1 | 3 | | | 10 h 25 min drehte der Wind auf NzO. |
| | 12 | | | NzO 3 | 757.5 | 27.1 | 5 | o | 29.1 | 2 | | | |
| 10. I. | 4 | | | NNW 2 | 756.1 | 27.5 | 4 | c | 29.0 | | | | Strom in den letzten 24 St.: S 61° O 52 Sm. 2 h 30 min Regenhöhe 10.1 mm. Nm. böiges Regenwetter. |
| | 8 | N | | „ | 757.5 | 28.3 | 6 | „ | 28.8 | | | 10ʰ bis 12ʰ D | |
| | 12 | 0°47' | 149°33' | NNW 1 | 757.3 | 28.8 | 9 | „ | 29.5 | | 65 | | |
| | 4 | | | NOzO 1 | 755.5 | 27.2 | 10 | o | 29.6 | | | | |
| | 8 | | | NNW 1 | 758.1 | 27.5 | 9 | „ | 29.0 | | | | |
| | 12 | | | „ | 757.7 | 27.8 | 4 | c | 29.0 | | | | |

\* Die biologischen Stationen, lfd. Nr. 95—104, sind vor Matupi und im Vermessungsgebiet genommen.

## Meteorologisches Tagebuch

| Datum | Uhrzeit | Breite N | Länge O | Wind u. Stärke | Barometer für Temperatur verbessert und auf Meeresspiegel reduziert | Lufttemperatur °C. | Bewölkung 0—10 | Wetter | Temperatur der Meeresoberfläche | Seegang 0—9 | Stationsnummer | Wissenschaftliche Tätigkeit | Bemerkungen |
|---|---|---|---|---|---|---|---|---|---|---|---|---|---|
| 11. I. | 4 | 2°2′ | 147°27′ | NzW 2 | 756.0 | 26.5 | 9 | o r | 28.7 | — | | | 1h—1h 25 min Regenbö (3-4). 1h 30 min dreht Wind auf W. 2h 42 min dreht der Wind auf NzW. 4h 50min—6h 20min Wetterleucht. am N-lich. Himmel. 10h 35min Regenhöhe 7.2mm. Str. in d. letzt. 24 St.: S 20 Sm. 7h 45 min sprang der Wind auf NNW. 11h—2h 25 min Wetterleuchten in N. |
| | 8 | | | NNO 3 | 757.5 | 27.1 | 10 | o | 28.8 | 1 | | | |
| | 12 | | | NO 3 | 757.8 | 27.9 | 8 | ,, | 28.9 | NO Dün. | | | |
| | 4 | | | NOzN 2 | 757.3 | 28.7 | 9 | c | 29.0 | | | | |
| | 8 | | | NNW 3(4) | 758.5 | 26.0 | 10 | o q r | 28.8 | | | | |
| | 12 | | | NNW 1 | 758.6 | 27.3 | 8 | c | 28.5 | | | | |
| 12. I. | 4 | 3°44′ | 145°6′ | NNO 3 | 757.3 | 27.3 | 6 | c | 28.2 | | | | 6h 30 min dreht der Wind auf NzO. 10h Regenhöhe 10.4 mm. Nm. Regenböen, abends flaut es vollständig ab.. |
| | 8 | | | NzO 3 | 759.9 | 28.2 | 5 | ,, | 28.4 | | | | |
| | 12 | | | NOzN 3 | 758.8 | 28.8 | 4 | ,, | 28.6 | | | 3h bis 6h L S 5h Bl | |
| | 4 | | | NOzO 3 | 756.2 | (28.7) | 5 | ,, | | 3 | 214 | | |
| | 8 | | | NOzN 2 | 757.4 | 27.8 | 5 | ,, | | | | | |
| | 12 | | | Stille | 757.1 | 26.5 | 5 | ,, | | 2 | 106 | | |
| 13. I. | 4 | 4°38′ | 143°35′ | SW 1 | 756.8 | 25.4 | 10 | o r | 28.2 | — | | | 11h 40 min Regenhöhe 50.8 mm. Unbeständiger Wind, Regenwetter. |
| | 8 | | | SW 2 | 758.0 | 24.8 | 10 | ,, | 27.6 | 2 | | | |
| | 12 | | | NzO 3 | 757.5 | 24.2 | 10 | o r | 26.8 | 1 | | | |
| | 4 | | | Stille | 758.1 | 25.2 | 10 | o (r) | 28.0 | 1 | | | |
| | 8 | | | SW 1 | 758.3 | 25.7 | 8 | c | 28.0 | 1 | | | |
| | 12 | | | NzO 1 | 757.6 | 26.4 | 8 | ,, | 28.0 | 1 | | | |
| 14. I. | 4 | 7°23′ | 141°14′ | NzO 2 | 757.3 | 26.8 | 4 | c | 27.8 | 1 | | | 2h 35 min—2h 45 min Regenbö. 10h 20 min Regenhöhe 43.5 mm. Strom in den letzten 48 St.: N 28° W 52 Sm. 3h 50 min Flaschenpost über Bord. 8h—12h leichter Regenfall. |
| | 8 | | | NNO 2 | 759.2 | 27.3 | 1 | ,, | 28.0 | 1 | | | |
| | 12 | | | NO 2 | 758.3 | 28.0 | 7 | ,, | 28.6 | 1 | 215 | 2h bis 4h L 5h Bl 10h bis 11h L | |
| | 4 | | | NO 1 | 757.5 | 28.3 | 5 | ,, | 28.7 | 1 | 107 | | |
| | 8 | | | ,, | 758.4 | 27.4 | 4 | ,, | 28.2 | 1 | | | |
| | 12 | | | NNO 1 | 758.8 | 25.8 | 10 | o r | 28.3 | 0 | 216 | | |
| 15. I. | 4 | 8°56′ | 139°57′ | NNW 2 | 758.2 | 27.0 | 8 | c | 28.5 | 1 | | | Wind unbeständig in Stärke und Richtung. 10h Regenhöhe 7.1 mm. Strom in den letzten 24 St. N 15° O 4 Sm. |
| | 8 | | | NzO 2 | 760.9 | 27.2 | 9 | ,, | 28.2 | 1 | | | |
| | 12 | | | NOzN 3 | 757.8 | 27.8 | 6 | ,, | 28.1 | 2 | | 1h bis 2h L 9h bis 10h L | |
| | 4 | | | NNO 2 | 758.3 | 27.7 | 4 | ,, | 28.3 | 1 | 217 | | |
| | 8 | | | ,, | 759.5 | 26.8 | 2 | ,, | 28.1 | 1 | | | |
| | 12 | | | NNO 1 | 759.6 | 26.5 | 1 | ,, | 27.9 | 1 | 218 | | |
| 16. I. | 4 | Yap | | NNO 2 | 758.8 | 26.5 | 1 | c | 28.0 | 1 | | 6h bis 7h L | 4h—5h zahlreiche Sternschnuppenfälle aus W-Quadranten. 9h 23 min im Hafen von Yap geankert. |
| | 8 | | | NNO 1 | 759.5 | 27.2 | 1 | ,, | 28.0 | 1 | 219 | | |
| | 12 | | | ONO 2 | 759.0 | 29.7 | 5 | ,, | 28.6 | | | | |
| | 4 | | | NW 2 | 757.8 | 30.2 | 8 | ,, | 28.6 | — | | | |
| | 8 | | | NNW | 758.6 | 25.0 | 10 | o r | 28.2 | | | | |
| | 12 | | | NNO 2 | 758.7 | 25.4 | 5 | c | 28.2 | — | | | |

Meteorologisches Tagebuch

## Von Yap über Palau-Inseln nach Manila.

| Datum | Uhrzeit | Breite N | Länge O | Wind u. Stärke | Barometer für Temperatur verbessert und auf Meeresspiegel reduziert | Lufttemperatur °C | Bewölkung 0–10 | Wetter | Temperatur der Meeresoberfläche | Seegang 0–9 | Stationsnummer | Wissenschaftliche Tätigkeit | Bemerkungen |
|---|---|---|---|---|---|---|---|---|---|---|---|---|---|
| 20. I. | 12 | 9°14' | 138°4' | NNO 2 | 761.8 | 29.9 | 7 | c | 28.0 | 2 | | | 9h 45 min Regenhöhe 1.5 mm. 10h 7 min Hafen verlassen. |
| | 4 | | | NNO 1 | 759.4 | (28.1) | 1 | ,, | 28.0 | 1 | | | 7h 57 min – 9h 10 min Ring um den Mond, Durchmesser 4625. |
| | 8 | | | NNO 2 | 761.1 | 26.9 | 1 | ,, | 28.0 | 1 | | | |
| | 12 | | | ,, | 761.5 | 26.8 | 3 | ,, | 27.6 | 1 | | | |
| | 4 | | | NNO 1 | 761.5 | 26.5 | 3 | c | 27.8 | 1 | | | |
| | 8 | | | NNO 2 | 762.8 | 27.6 | 5 | ,, | 27.9 | 1 | | | 11h 10 min frischte der Wind auf. |
| 21. I. | 12 | 8°36' | 135°52' | NO 3 | 760.9 | 30.8 | 5 | ,, | 28.1 | 2 | | | |
| | 4 | | | NO 4 | 760.9 | (28.4) | 4 | ,, | 28.3 | 3 | | | |
| | 8 | | | NO 3 | 760.9 | 27.5 | 8 | ,, | 28.1 | 3 | | | |
| | 12 | | | NO 3 | 760.5 | 27.2 | 5 | ,, | 28.0 | 1 | | | |
| | 4 | | | NO 3 | 759.9 | 27.0 | 6 | c | 27.9 | 1 | | | |
| | 8 | | | ,, | 759.8 | 28.0 | 8 | ,, | 28.0 | 1 | | | 11h 3 min – 1h 5 min i. Korrorhafen zu Anker gelegen. |
| 22. I. | 12 | Palau-Inseln | | OzN 3 | 759.5 | 28.3 | 8 | ,, | 28.3 | 1 | 108 | 5h Bl | 1h 15 min frischte der Wind auf. Böen aus der Windrichtung, Stärke 4. |
| | 4 | Korror-Hafen | | ONO 2 | 758.2 | 27.5 | 7 | ,, | (28.3) | 1 | 220 | 4h bis 5h L | 4h 15 min – 5h 20 min Wind aus NNW 3, dann NOzN. |
| | 8 | | | NOzN 3 | 760.3 | 27.4 | 6 | ,, | 27.3 | 2 | | 6h bis 7h L | |
| | 12 | | | ONO 2 | 760.2 | 27.6 | 9 | ,, | 27.5 | 1 | 221 | | 12h leichter Regenschauer. |
| | 4 | | | ONO 3 | 759.2 | 27.2 | 4 | c (r) | 28.0 | 1 | 109 | 9h Bl | 3h 45 min – 3h 58 min Regen. |
| | 8 | | | NOzO3(4) | 761.3 | 27.8 | 6 | c | 27.8 | 1 | | 9h bis 10h L | 7h 30 min frischte es etwas auf. Strom in den letzten 19 St.: N 1° W 5 Sm. |
| 23. I. | 12 | 7°36' | 133°12' | NOzO 2 | 761.6 | 29.0 | 6 | ,, | 27.9 | 2 | 222 | | |
| | 4 | | | NO 3 | 759.5 | 29.0 | 5 | ,, | 28.0 | 2 | | 5h bis 6h L | 7h – 1h Ring um den Mond, Durchmesser 25°. |
| | 8 | | | NOzO3 | 761.1 | 27.3 | 4 | ,, | 27.8 | 2 | 223 | | |
| | 12 | | | ,, | 761.9 | 27.4 | 7 | ,, | 27.7 | 2 | | | |
| | 4 | | | NOzO 3 | 760.0 | 27.3 | 9 | o | 27.6 | 2 | 224 | 6h bis 8h L S | Während der Wache leichte Regenschauer. |
| | 8 | | | NOzO 4 | 762.0 | 28.1 | 8 | c | 27.6 | 3 | 110 | 11h Bl | 9h 40 min – 10h 20 min Böen mit Regen aus der Windrichtung 4 (6). 10h 46 min Regenhöhe 0.4 mm. Kein Strom. 2h 10 min Flaschenpost über Bord gesetzt. 6h 30 min flaute es ab. |
| 24. I. | 12 | 7°36' | 132°0' | NOzO 3 | 761.1 | 28.2 | 8 | ,, | 27.8 | 3 | | | |
| | 4 | | | NOzO 4 | 761.6 | 28.0 | 8 | ,, | 27.9 | 3 | | | |
| | 8 | | | ,, | 761.7 | 27.2 | 7 | ,, | 27.5 | 4 | | | |
| | 12 | | | ,, | 761.9 | 27.8 | 9 | o | 27.2 | 4 | | | |
| | 4 | | | NOzO 4(5) | 760.2 | 27.0 | 10 | o (r) | 27.2 | 4 | 225 | 7h bis 9h L | 1h 15 min – 1h 25 min Regen. 1h 20 min drehte Wind auf O. 2h drehte d. Wind auf NOzO. 4h – 5h min Regen. |
| 25. I. | 8 | | | NOzO 4 | 760.9 | 27.9 | 8 | c | 27.9 | 4 | 111 | 9h Bl | 11h 10 min Regenhöhe 0.3 mm. Strom in den letzten 24 St.: N 50° W 11 Sm. |
| | 12 | 7°39' | 130°27' | NOzO 5 | 760.0 | 29.1 | 7 | ,, | 29.0 | 4 | | 4h bis 7h L | 1h 45 min – 55 min Regen. 7h – 7h 20 min Wetterleucht. in W. Mondhof, Durchmesser 24°. |
| | 4 | | | NOzO 4 | 759.5 | (28.8) | 8 | ,, | 28.0 | 4 | 226 | | |
| | 8 | | | NOzO 4 | 760 | 27.8 | 4 | ,, | 28.0 | 4 | | | |
| | 12 | | | NOzO 5 | 760.4 | 27.5 | 5 | ,, | 27.5 | | | | |

Meteorologisches Tagebuch

| Datum | Uhrzeit | Breite N | Länge O | Wind u. Stärke | Barometer für Temperatur verbessert und auf Meeresspiegel reduziert | Lufttemperatur °C | Bewölkung 0—10 | Wetter | Temperatur der Meeresoberfläche | Seegang 0—9 | Stationsnummer | Wissenschaftliche Tätigkeit | Bemerkungen |
|---|---|---|---|---|---|---|---|---|---|---|---|---|---|
| 26. I. | 4 | | | NO 3 | 759.3 | 26.8 | 6 | c | 27.6 | 2 | | 7ʰ bis 9ʰ L | 2 h 30 min Wetterleuchten in SW. |
| | 8 | | | ,, | 761.3 | (26.7) | 10 | o (r) | 27.8 | 2 | 227 | | 6 h 50 min—7 h 5 min Regen. 9 h 40 min trat Stille ein. |
| | 12 | 7°35′ | 129°14′ | ,, | 761.8 | 27.0 | 10 | o | 27.6 | 2 | | | 11 h 3 min Regenhöhe 52.4 mm. |
| | 4 | | | NOzN 5 | 758.7 | 27.5 | 9 | c | 27.8 | 4 | | 4ʰ bis 6ʰ L | Bei der Tiefseelotung von 4 h 30 min—6 h 15 m war |
| | 8 | | | NO 3 | 760.5 | 27.4 | 5 | ,, | 27.7 | 4 | 228 | | kein Strom erkennbar. 8 h 50 min—9 h 20 min Wetterleuchten in S. |
| | 12 | | | NO 4 | 760.1 | 27.3 | 4 | ,, | 27.7 | 4 | | | |
| | 4 | | | NO 3 | 758.5 | 27.0 | 4 | c | 27.7 | 3 | | 7ʰ bis 9ʰ L | 4 h 10 min Sternschnuppenfälle aus NW-Quadranten. |
| | 8 | | | NOzN 4 | 759.8 | 27.3 | 4 | ,, | 27.6 | 3 | 229 | | 11 h 5 min Regenhöhe 0.1 mm. |
| 27. I. | 12 | 7°11′ | 127°36′ | ,, | 760.0 | 29.1 | 6 | ,, | 28.0 | 3 | | | Strom in den letzten 48 St.: S 72° W 16 Sm. |
| | 4 | | | NOzO 4 | 758.6 | 27.5 | 4 | ,, | 27.9 | 3 | 230 | 2ʰ bis 6ʰ L | |
| | 8 | | | NzO 3 | 761.8 | 27.8 | 2 | ,, | 27.7 | 3 | | 8ʰ bis 11ʰ | Während der Tiefseelotung von 8 h—11 h 10 min wurde S 55° W Strom 1 Sm. pro St. beobachtet. |
| | 12 | | | ,, | 761.2 | 26.9 | 4 | ,, | 27.3 | 2 | 231 | | |
| | 4 | | | N 3 | 759.4 | 26.1 | 4 | c | 27.1 | 3 | 232 | 1ʰ bis 3ʰ L | 5 h 40 min frischte der Wind auf und drehte auf NNW. |
| | 8 | | | NNW 5 | 760.6 | 25.2 | 4 | ,, | 27.1 | 3 | 233 | 7ʰ bis 9ʰ L | Währ. d. Lotung v 6 h 45 min 9 h 35 min wurde Strom zu |
| 28. I. | 12 | 6°55′ | 126°44′ | ,, | 760.5 | 25.2 | 8 | ,, | 27.1 | 4 | 234 112 | 9ʰ Bl 11ʰ bis 12ʰ L | S 17° O 18 m. p. St. beobachtet. Str.i.d.letzt.24 St.: S 4° W 29 S m. |
| | 4 | | | NzO 5 | 758.7 | 25.7 | 9 | ,, | 27.0 | 4 | 235 | 2ʰ bis 3ʰ | Von 10 h 52 min—12 h 22 min Strom N 15° W 2.5 Sm. |
| | 8 | | | NNO 3 | 759.9 | 26.2 | 8 | ,, | 26.3 | 2 | | 5ʰ bis 6ʰ L | Von 2 h 30 m—3 h 30 min Strom S 25° W 3 Sm. |
| | 12 | | | NNO 2 (3) | 760.7 | — | — | — | — | — | 236 | | Wind unbeständig mit Regenböen. |
| | 4 | | | N 3 | 760.3 | 26.0 | 9 | o | 27.0 | 2 | 237 | 7ʰ bis 9ʰ L | Regenwetter. 10 h 15 min Regenhöh. 0.8 mm. |
| | 8 | | | NzW 2 | 760.8 | 23.9 | 10 | o r m | 26.8 | 2 | | 3ʰ bis 5ʰ | Strom in den letzten 13.7 St.: S 13° W 36 Sm. |
| 29. I. | 12 | 7°34′ | 127°3′ | NW 3 | 760.1 | 25.4 | 5 | c | 27.2 | 2 | 238 | | Bei der Tiefseelotung von 3 h bis 5 h kein merkl. Strom. |
| | 4 | | | NW 1 | 759.5 | 26.5 | 4 | ,, | 27.3 | 1 | 113 | 4ʰ Bl | 8 h 20 min Eintritt der teilweisen Mondfinsternis. |
| | 8 | | | ,, | 760.5 | 26.2 | 2 | ,, | 27.5 | 1 | | 11ʰ bis 2ʰ | 8 h 58 min Mondf.-Maximum; Verdunkelung 0.7 der Mondscheibe, rötliche Färbung. |
| | 12 | | | NWzN 1 | 759.7 | 26.5 | 7 | ,, | 27.5 | 1 | 239 | | 9 h 45 m—10 h 30 m Ring um den Mond, 235. |
| | 4 | | | NNW 1 | 759.4 | 26.2 | 5 | ,, | 27.2 | 0 | 240 114 | 7ʰ bis 9ʰ L 10ʰ Bl | Während der Tiefseelotung kein Strom. |
| | 8 | | | NzW 1 | 761.0 | 26.7 | 9 | ,, | 27.5 | 0 | 241 | 10ʰ bis 12ʰ L | Strom in den letzten 24 St.: S 6° O 14 Sm. |
| 30. I. | 12 | 8°36′ | 127°15′ | ,, | 760.2 | 27.3 | 9 | ,, | 27.5 | 0 | | | 12 h 40 min grosse treibende Baumstämme passiert. |
| | 4 | | | NNO 2 | 758.5 | 26.8 | 8 | ,, | 27.2 | 0 | 242 | 2ʰ bis 5ʰ | 3 h 30 min drehte der Wind auf NNO. |
| | 8 | | | NNO 1 | 760.2 | 26.8 | 9 | ,, | 26.8 | 0 | | 7ʰ bis 9ʰ L | Während d. Tiefseelotung von 2 h—3 h 4 h 48 min SzWStrom 1.2 Sm. p. St. beobachtet. |
| | 12 | | | NNO 2 | 259.9 | 26.9 | 9 | ,, | 26.9 | 1 | 243 | | |
| | 4 | | | NNO 3 | 758.9 | 26.8 | 5 | ,, | 26.5 | 1 | 244 | 7ʰ bis 8ʰ L | Wind dreht bis 6 h 30 min auf NNO. |
| | 8 | | | NzO 3 | 760.1 | 27.0 | 6 | ,, | 27.6 | 1 | | 9ʰ bis 3ʰ D | 9 h 55 min Regenhöhe 0.2 mm |
| 31. I. | 12 | 9°13′ | 127°45′ | NzW 3 | 761.3 | 27.3 | 6 | ,, | 27.8 | 1 | 66 | | Strom in den letzten 24 St.: S 16 Sm. |
| | 4 | | | NNW 3 | 777.7 | 26.8 | 6 | ,, | 27.8 | 3 | 245 | 6ʰ bis 8ʰ L | 6 h 20 min ging der Wind auf NNO zurück. |
| | 8 | | | N? ,, 2 | ,,0 | 24.7 | 9 | ,, | 27.2 | ,, | | | |
| | 12 | | | ,, ,, 2 | ,, | 25.5 | 8 | ,, | 27.1 | 1 | | | |

Meteorologisches Tagebuch

| Datum | Uhrzeit | Breite N | Länge O | Wind u. Stärke | Barometer für Temperatur verbessert und auf Meeresspiegel reduziert | Lufttemperatur °C | Bewölkung 0—10 | Wetter | Temperatur der Meeresoberfläche | Seegang 0—9 | Stationsnummer | Wissenschaftliche Tätigkeit | Bemerkungen |
|---|---|---|---|---|---|---|---|---|---|---|---|---|---|
| 1. II. | 4 | | | Stille | 758.6 | 24.0 | 10 | o r q | 26.6 | 0 | 246 | 7ʰ bis 9ʰ L | 1 h 10 min trat Stille ein. 2 h 1 min Regenbö aus NOzO (5). Wind unbeständig i. Richtung und Stärke. 10 h 5 min Regenhöhe 10.2mm. Strom in den letzten 24 St.: S 63° W 14 Sm. Unbeständiger Wind und regnerisches Wetter. |
|        | 8 | | | NO 5 | 760.1 | 25.5 | 9 | o | 27.1 | 3 | | 8ʰ Bl | |
|        | 12 | 10°21' | 128°55' | OzN 3 | 760.1 | 26.1 | 10 | ,, | 27.2 | 2 | 115 | | |
|        | 4 | | | ,, | 758.4 | 27.3 | 9 | ,, | 27.1 | 2 | 67 | 1ʰ bis 3ʰ D | |
|        | 8 | | | NOzO 3 | 758.5 | 27.1 | 6 | c | 27.0 | 2 | | | |
|        | 12 | | | NNO 3 | 759.9 | 26.0 | 8 | ,, | 27.0 | 2 | 247 | 6ʰ bis 9ʰ L | |
| 2. II. | 4 | | | NzO 3 | 758.7 | 26.9 | 10 | o | 26.1 | 2 | | | Während des Vm. Böen mit Regen bis zur Stärke 7. 10 h Regenhöhe 9.2 mm. Strom in den letzten 24 St.: S 66° W 20 Sm. Regnerisches Wetter. |
|        | 8 | | | NNO 3 | 760.2 | 25.1 | 10 | ,, | 27.1 | 2 | | | |
|        | 12 | 11°35' | 128°24' | NOzN 5(7) | 759.1 | 27.4 | 9 | o q (r) | 27.2 | 5 | 248 | 12ʰ bis 4ʰ L S | |
|        | 4 | | | ,, | 757.1 | 27.2 | 8 | c | 27.3 | 5 | 116 | 1ʰ Bl | |
|        | 8 | | | NOzN 3(4) | 759.6 | 27.0 | 8 | c q | 27.4 | 4 | | | |
|        | 12 | | | ONO 4(6) | 758.7 | 25.5 | 10 | o q (r) | 26.7 | 4 | | | |
| 3. II. | 4 | | | OzN 4(6) | 757.3 | 26.7 | 8 | c q | 26.5 | 5 | 249 | 12ʰ bis 2ʰ L | Während des ganzen Tages böiges Regenwetter. 10 h 43 min Regenhöhe 6.5mm. Höhen der Wellenkämme 4.5 m über Tal, gemessen durch Einpeilen mit der Kimm. |
|        | 8 | | | NOzO 5(7) | 759.5 | 27.0 | 8 | ,, | 27.0 | 5 | | 7ʰ bis 11ʰ L S | |
|        | 12 | 11°57' | 127°8' | ,, | 759.8 | 27.1 | 10 | o q (r) | 27.1 | 5 | 250 | | |
|        | 4 | | | NOzO 5(6) | 758.9 | 27.0 | 10 | o q | 27.2 | 5 | 251 | 4ʰ bis 6ʰ L | |
|        | 8 | | | ,, | 761.3 | 27.0 | 9 | ,, | 27.0 | 5 | | 11ʰ bis 1ʰ L | |
|        | 12 | | | ONO 3(4) | 763.3 | 26.9 | 10 | o | 27.0 | 4 | 252 | | |
| 4. II. | 4 | | | NOzO 4(6) | 762.7 | 26.8 | 10 | o q | 27.0 | 4 | 253 | 6ʰ bis 9ʰ L | Von 12 h — 4 h Böen aus NOzO von ungleichmäss. Stärke bis 6. Bei den am Tage vorgenommenen Tiefseelotungen war Strom nicht auszumachen. |
|        | 8 | | | ,, | 764.0 | 26.3 | 10 | ,, | 26.7 | 4 | | 12ʰ bis 3ʰ L S | |
|        | 12 | 12°28' | 125°36' | NOzO 4(7) | 763.9 | 26.7 | 10 | ,, | 26.8 | 4 | 254 | | |
|        | 4 | | | NOzO 4(6) | 760.2 | 26.7 | 8 | c q | 26.8 | 4 | 255 | 5ʰ bis 6ʰ L | |
|        | 8 | | | ,, | 761.5 | 26.1 | 6 | ,, | 26.6 | 6 | | | |
|        | 12 | | | NOzO 5(7) | 761.4 | 26.1 | 6 | ,, | 26.4 | 5 | | | |
| 5. II. | 4 | | | NOzO 4 | 760.5 | 25.7 | 5 | ,, | 26.5 | | | | 2 h 35 min—3 h 15 min Mondring 23%. |
|        | 8 | | | NNO 3 | 762.1 | 26.2 | 6 | ,, | 26.5 | | | | |
|        | 12 | 12°33' | 123°54' | ,, | 762.4 | 26.7 | 8 | ,, | 25.2 | | | | |
|        | 4 | | | NNO 3 | 761.7 | 25.7 | 5 | ,, | 25.0 | | 117 | 5ʰ Bl | |
|        | 8 | | | NO 3 | 760.0 | 28.1 | 8 | ,, | 25.3 | | | | 10 h 40 min ging der Wind auf N. |
|        | 12 | | | N 3 | 761.9 | 25.1 | 3 | ,, | 24.8 | | | | |
| 6. II. | 4 | | | N 3 | 761.6 | 24.9 | 5 | c | 25.7 | 1 | | | 0 h 30 min flaute der Wind ab und drehte auf SSW. 1 h 20 min frischte der Wind auf und drehte auf N (3). |
|        | 8 | | | ,, | 762.9 | 25.3 | 5 | ,, | 25.8 | 1 | | | |
|        | 12 | 13°13' | 121°49' | SSW 1 | 761.8 | 26.9 | 3 | ,, | 26.3 | 0 | | | |
|        | 4 | | | N 2 | 761.0 | 26.2 | 8 | ,, | 26.4 | 2 | | | |
|        | 8 | | | NNO 2 | 761.6 | 25.8 | 3 | ,, | 26.3 | 1 | | | 10 h 30 min sprang der Wind auf SO und drehte 11 h 15 min auf ONO. |
|        | 12 | | | ONO 1 | 762.1 | 25.3 | 2 | ,, | 25.9 | 1 | | | |

| Datum | Uhrzeit | Breite N | Länge O | Wind u. Stärke | Barometer für Temperatur verbessert und auf Meeresspiegel reduziert | Lufttemperatur °C | Bewölkung 0—10 | Wetter | Temperatur der Meeresoberfläche | Seegang 0—9 | Stationsnummer | Wissenschaftliche Tätigkeit | Bemerkungen |
|---|---|---|---|---|---|---|---|---|---|---|---|---|---|
| 7. II | 4 | 14°13′ | 120°24′ | ONO 2 | 761.3 | 24.6 | 3 | c | 25.8 | 1 | 68 | 8ʰ bis 9ʰ D | 5 h 10 min drehte der Wind auf NO. |
| | 8 | | | NO 3 | 762.1 | 24.9 | 4 | ,, | 26.2 | 1 | | | |
| | 12 | | | NOzN 4 | 761.5 | 26.0 | 5 | ,, | 26.4 | 2 | | | 1 h 40 min flaute es ab. |
| | 4 | | | NOzN 2 | 759.2 | 28.0 | 3 | ,, | 26.5 | 1 | | | 5 h 10 min ging d. Wind auf O. |
| | 8 | | | O 2 | 761.5 | 26.2 | 3 | ,, | 26.3 | 2 | | | 8 h 50 min drehte der Wind auf OSO. |
| | 12 | | | OSO 3 | 762.1 | 25.5 | 9 | o | 26.2 | 2 | | | |
| 8. II. | 4 | | Manila | N 3 | 760.6 | 24.6 | 8 | c | 25.8 | — | | | Wind drehte auf N. 8 h 9 min im Hafen von Manila geankert. |
| | 8 | | | N 1 | 762.6 | 24.1 | 2 | ,, | 26.4 | — | | | 8 h 40 min Wind dr. auf NW. |
| | 12 | | | NzW 1 | 762.2 | 26.5 | 4 | ,, | 27.1 | — | | | 11 h 30 min Wind drehte auf WzN. |
| | 4 | | | SO 4 | 759.6 | 28.6 | 3 | ,, | 26.9 | — | | | 1 h 15 min Wind dr. auf WSW. 2 h 20 min Wind drehte auf SO. |
| | 8 | | | SO 2 | 761.7 | 25.1 | 2 | ,, | 26.0 | — | | | 3 h 45 min frischte der Wind auf (4). |
| | 12 | | | O 1 | 762.2 | 22.9 | 2 | ,, | 25.0 | — | | | 5 h 20 min flaute es wieder ab. 11 h drehte der Wind auf O. |

## Von Manila nach Hongkong.

| Datum | Uhrzeit | Breite N | Länge O | Wind u. Stärke | Barometer | Lufttemperatur °C | Bewölkung | Wetter | Temperatur der Meeresoberfläche | Seegang | Stationsnummer | Wissenschaftliche Tätigkeit | Bemerkungen |
|---|---|---|---|---|---|---|---|---|---|---|---|---|---|
| 12. II. | 12 | | Manila | W 1 | 760.3 | 26.1 | 6 | c | 27.1 | — | | | 3 h Manila verlassen. |
| | 4 | | | NWzW 1 | 757.9 | 27.6 | 7 | ,, | 28.4 | — | | | 4 h 10 min trat Stille ein. 4 h 40 min Wind aus OSO. |
| | 8 | | | OSO 3 | 759.7 | 25.4 | 2 | ,, | 26.3 | 2 | | | |
| | 12 | | | NNO 2 | 760.1 | 25.0 | 1 | ,, | 26.1 | 2 | | | |
| 13. II. | 4 | 15°36′ | 119°31′ | Stille | 759.0 | 25.0 | 1 | c | 26.1 | — | | | Wind sehr unbeständig. Abwechselnd Windstillen und Wind aus verschiedenen Richtungen. |
| | 8 | | | OzN 1 | 760.7 | 25.8 | 2 | ,, | 26.3 | — | | | |
| | 12 | | | SSW 1 | 760.2 | 27.2 | 1 | c m | 27.2 | — | | | |
| | 4 | | | NNW 2 | 758.5 | 26.3 | 3 | c | 27.0 | 1 | | | |
| | 8 | | | NzW 2 | 759.4 | 25.7 | 2 | ,, | 25.5 | 1 | | | |
| | 12 | | | NNO 2 | 761.2 | 25.1 | 1 | ,, | 25.1 | 1 | | | |
| 14. II. | 4 | 17°31′ | 118°33′ | NNO 2 (3) | 759.1 | 24.8 | 0 | b | 25.1 | 1 | | | 10 h 40 min drehte der Wind auf NzN. |
| | 8 | | | NNO 3 | 761.2 | 24.6 | 6 | c | 25.0 | 1 | | | 1 h 40 min wurde der Wind bölg. |
| | 12 | | | NOzN 4 | 761.4 | 25.2 | 6 | ,, | 24.8 | 3 | | | 7 h 20 min helle lange Sternschnuppen aus d. „Grossen Bären". |
| | 4 | | | NNO 3 (4) | 760.1 | 24.2 | 1 | c q | 23.9 | 3 | | | |
| | 8 | | | ,, | 761.8 | 23.8 | 3 | ,, | 23.6 | 3 | | | |
| | 12 | | | ,, | 762.8 | 23.6 | 1 | ,, | 23.5 | 3 | | | |
| 15. II. | 4 | 19°05′ | 117°43′ | NO 3 (6) | 761.2 | 23.0 | 3 | c q | 23.2 | 3 | 256 | 8ʰ bis 11ʰ S | Böiges Wetter mit leichtem Regen. 7 h 10 min Regenbogen in SW. |
| | 8 | | | ONO 4 (6) | 762.6 | 23.4 | 5 | , | 23.6 | 4 | | | 12 h 40 min drehte der Wind auf NOzO. |
| | 12 | | | ,, | 761.7 | 23.9 | 5 | ,, | 23.9 | 5 | | | 4 h 20 min—4 h 50 min doppelter Regenbogen. |
| | 4 | | | NOzO 3 (5) | 760.5 | 23.0 | 9 | ,, | 23.6 | 4 | | | |
| | 8 | | | ,, | 761.8 | 22.3 | 7 | ,, | 23.1 | 4 | | | |
| | 12 | | | ,, | 762.4 | 21.8 | 2 | ,, | 24.0 | 4 | | | |

Meteorologisches Tagebuch

| Datum | Uhrzeit | Breite N | Länge O | Wind u. Stärke | Barometer für Temperatur verbessert und auf Meeresspiegel reduziert | Lufttemperatur °C | Bewölkung 0—10 | Wetter | Temperatur der Meeresoberfläche | Seegang 0—9 | Stationsnummer | Wissenschaftliche Tätigkeit | Bemerkungen |
|---|---|---|---|---|---|---|---|---|---|---|---|---|---|
| 16. II. | 4 | | | NOzO3(4) | 762.1 | 21.7 | 9 | o q | 23.8 | 3 | | | 2 h 50 min—3 h Regen. |
| | 8 | | | NO 4 (5) | 764.4 | 20.7 | 8 | o q | 23.2 | 3 | | | 4 h 45 min—5 h 25 min Staubregen. |
| | 12 | 20°48′ | 115°38′ | ONO 4 | 762.9 | 21.2 | 6 | c | 23.1 | 3 | 257 | 3ʰ bis 4ʰ S | 9 h 30 min hörten d. Böen auf. |
| | 4 | | | NOzO 3 | 761.5 | 20.3 | 9 | o | 22.8 | 2 | | | Strom in den letzten 24 St.: N 76° W 28 Sm. |
| | 8 | | | ,, | 762.5 | 19.9 | 10 | ,, | 22.1 | 2 | 118 | 4ʰ Bl | |
| | 12 | | | ,, | 763.7 | 19.1 | 10 | o r | 22.1 | 2 | | | |
| 17. II. | 4 | | | NNO 5(7) | 764.9 | 13.4 | 10 | o q | 20.5 | 4 | | | 12 h 30 min wurde der Wind böig, Stärke 4. |
| | 8 | | | NNO 4 | 765.4 | 12.7 | 10 | ,, | 19.4 | 4 | | | 5 h liessen die Böen an Stärke nach. |
| | 12 | Tathong Channel | | NzO 3 | 765.0 | 13.5 | 10 | o | 19.0 | 2 | 119 | 7ʰ Bl | 1 h 20 min ging der Wind auf WzN. |
| | 4 | | | Stille | 762.7 | 15.5 | 10 | ,, | 16.6 | | | | 2 h 10 min im Hafen von Hongkong an der Boje festgemacht. |
| | 8 | | | ,, | 764.5 | 14.9 | 10 | ,, | 16.5 | | | | |
| | 12 | | | ,, | 765.1 | 15.0 | 10 | ,, | 16.3 | | | | |

# Zweites Kapitel.

# Ausrüstung, Theorie und Praxis der Aufstiege.

### Vorbemerkung.

Die gesamte Drachen- und Ballonausrüstung ist von der Deutschen Seewarte nach Benehmen mit Prof. Hergesell beschafft und hat sich gut bewährt. Ihre Zusammensetzung im einzelnen ist in der Einleitung zur „Reisebeschreibung" gegeben.

## I. Drachenaufstiege.

### a) Ausrüstung.

#### 1. Drachenwinde.

Die Drachenwinde ist auf dem Deck des Zeichensaals aufgestellt; hoch genug, um beim Arbeiten mit Drachen von Booten, Flaggstock, Davits frei zu bleiben und weit genug nach achtern, um beim Drehen des Schiffes mit der Drachenleine von der Takelage klar zu kommen. Der Draht kann bis etwa 135°, von achteraus nach vorn gerechnet, nach jeder Seite ausstehen, ohne die Wanten des Grossmastes zu berühren.

Es wurde während der Reise darauf gehalten, dass die Winde in guter metallischer Verbindung mit dem Schiffskörper blieb, damit eine dauernd sichere Ableitung der fast bei jedem höheren Aufstiege sich einstellenden elektrischen Ladung der Winde gewährleistet war.

Die Winde ist nach Angabe von Prof. Dr. Köppen durch die „Eimsbütteler Maschinenfabrik vorm. Friedr. Filler, G. m. b. H., Hamburg", gebaut.

Vorbildlich für die Pläne war die Drachenwinde der Landstation der Deutschen Seewarte in Gross-Borstel bei Hamburg. Auf der Achse der gussstählernen Vorratstrommel sitzt aufgekeilt ein hölzernes Friktionsrad. Die Achsenlager ruhen in Kulissen, die durch Handhebel auf- und niederbewegt werden. In der Mittelstellung läuft die Trommel frei — Auslassstellung —, bei Stellung der Kulisse oben — Einholstellung — greift das genannte Friktionsrad in ein zweites, das durch Zahnradübertragung mit

Drachenwinde S. M. S. „Planet".

dem Elektromotor in Verbindung steht, bei Stellung der Kulisse unten endlich — Bremsstellung — wird das erstgenannte Friktionsrad mehr oder minder fest in einen Pockholzbremsschuh hineingepresst. So kann man mit einem einzigen Hebel die Bewegung der Trommel bestimmen. Der Hebelmechanismus ist rechts angeordnet. Der Handgriff gleitet mit einer Sperre über einem Zahnkranz. Die Einrichtung ist ein wenig roh, so dass sie feinere Einstellung der Trommel für das Auslaufen kaum erlaubt. Es ist wohl zu empfehlen, zu einer Anordnung zurückzukehren, wie sie die Gross-Borsteler Winde hat, bei der das Einschalten durch den Hebel, die weitere Einstellung durch eine Schraube erfolgt, die eine sehr feine Bewegung des Hebelapparates zulässt, und damit sehr feine Änderungen des Reibungswiderstandes. Der notwendige seitliche Spielraum der Trommelachsen bewirkt beim Schlingern ein Schlottern des ganzen Systems in den Lagern, wobei sich die Friktionsscheibe, auch wenn der Hebel auf Auslassen, die Scheibe somit ausser Eingriff mit Bremse oder Antrieb stand, wechselnd mit der einen oder anderen Seite gegen die entsprechenden Flächen des Bremsschuhs bezw. der zweiten Friktionsscheibe legte, so eine nicht beabsichtigte Reibung hervorrufend, die beim Auslassen recht störend war. Gefährlich konnte das allerdings nur im ersten Teil des Aufstiegs werden. Man hat gerade in diesem ersten Teil stets das Bestreben, den Drachen möglichst schnell und auch nicht zu steil stehend durch die unteren Luftschichten, die eigentliche Gefahrzone für Drachen, hochzubringen.

Die Lose der Achsen in ihren Lagern konnte mit Bordmitteln nicht beseitigt werden. Anfangs wurde versucht, dem unerwünschten plötzlichen Bremsen durch Einölen der Friktionsscheiben und des Bremsschuhs vorzubeugen. Allein dies hatte zur Folge, dass bei grossem Druck wieder die Reibung in der Bremse und zwischen den Friktionsscheiben zum Festhalten der Trommel nicht genügte, ein Übelstand, der einige Male zu recht kritischen Situationen führte. Diese Reibung musste später nach grösserer Abnutzung der betreffenden Teile sogar durch Einstreuen von Kolophonium vergrössert werden. — Mit zunehmender praktischer Erfahrung fand sich ein anderes Mittel zur Abhülfe: Durch eine hölzerne Handspeiche, die gegen das eine über die Seg... und hinausragende Ende der oberen Achse je nach dem Schlingern des Schiffes mehr oder weniger angepresst wurde, gelang es, ... seitliche Verschiebung der Achse in ihren Lagern u... damit ein unbeabsichtigtes plötzliches Bremsen zu verhindern.

Hinzu kam noch, dass für das recht hoch angebrachte Gewicht des Elektromotors der Rahmen der Winde nicht stark genug war. Bei sehr starkem Schlingern verbog er sich geradezu ein wenig in seinen oberen Teilen. Dem wurde durch Diagonalstreben abgeholfen.

Der Elektromotor hat 2,5 HP und 110 Volt Spannung. Der Anlasser, auf der Abbildung an der dem Beschauer abgekehrten Seite, ist eingerichtet für $50^0/_0$ Tourenverminderung durch Ankerregulierung und $25^0/_0$ Tourenerhöhung durch Nebenschlussregulierung. Als allgemeiner Anhalt für die Leistungsfähigkeit mag dienen, dass der Motor bei ca. 50 kg Spannung nahezu 2,5 m/sec. Einholgeschwindigkeit entwickelt. Der Motor sowie auch der Anlasser sind durch geeignete Schutzkästen gut gegen Witterungseinflüsse gesichert. Der Motor ist einläufig, so dass seine Kraft nur zum Einholen verwendet werden kann.

Der Draht verlässt die Drachenwinde über den Spannungsmesser nebst Verteiler und die Abgangsrolle mit Umdrehungszähler. Die beiden erstgenannten Einrichtungen sind in dem auf der Abbildung über dem Motor sichtbaren rechteckigen Rahmen angeordnet. Der Rahmen ist oben drehbar aufgehängt, lässt sich also durch den auf der Abbildung sichtbaren Handgriff seitlich gegen die Trommel verdrehen. Zwei Grenzstifte regeln die seitliche Drehung derart, dass sie sich in den Grenzen der Trommelbreite hält, der Draht somit nicht dreimal seitlich über die Trommel hinausgeleitet werden kann. Eine Spiralfeder hält den ganzen Rahmen in Mittelstellung (links oben beim Griff, auf der Abbildung nicht zu sehen). Von den drei Rädern ist das mittelste durch eine starke Feder aus der Reihe gepresst. Der Draht wird im Bogen um die drei Räder geführt, links unten eintretend. Die Spannung des Drahtes ist bestrebt, dem Federdruck entgegen das mittelste Rad in die Reihe zurückzudrücken. Die Stellung dieses Mittelrades wird an einer Skala abgelesen, deren Einteilung in Kilogramm empirisch festgestellt ist.

Der Umdrehungszähler zeigt halbe Meter an. Er zählt die Umdrehungen der Abgangsrolle, deren Peripherie 0,5 m misst.

An Ersatzteilen waren vorgesehen:
    1 Anker,
   10 Kohlenbürsten,
    1 Rohhauttrieb und
    1 Bremsschuh.

Die Winde ist mit dem Anlasser nach vorn aufgestellt.

Nach den Erfahrungen auf „Planet" wurde die Drachenwinde für das 2. Vermessungsschiff „Möwe" konstruiert. Prof. Köppen gab auch hierfür die nötige Anleitung. Die Winde hat sich auf „Möwe" als vorzüglich erwiesen.

Auf den ersten Blick fällt bei ihr die niedrigere, gedrungenere Anordnung auf. Der Elektromotor ist tiefer gelegt, das Gerüst diagonal versteift, die Verwendung von Schienen an Stelle der Wände der „Planet"-Winde macht bei mindestens gleicher Festigkeit die Innenteile besser zugänglich. Die Anordnung von Verteiler und Spannungsmesser zeigt eine Rückkehr zur Konstruktion der Winde der Gross-Borsteler Landstation. Die mittelste der sichtbaren grossen Scheiben ist die Abgangsrolle mit Umdrehungszähler, der hier, da die Abgangsrolle 1 m Umfang hat, ganze Meter anzeigt. Die Stange, an der die oberste Rolle befestigt ist, ist drehbar gelagert. Der lange horizontale Hebel mit dem Handgriff nahe dem Motoranlasser erlaubt die zum Verteilen des Drahtes erforderliche Drehung der Rolle. Diese Drehung wird auch hier durch eine auf dem Bild nicht erkennbare Anordnung — sie besteht in zwei festen Knaggen, gegen die ein Ansatz des horizontalen Hebels stösst — derart begrenzt, dass ein Hinweggleiten des Drahtes über die Trommel ausgeschlossen ist. Auch die unterste Rolle

## Drachenwinde „Möwe"

Drachenwinde S. M. S. „Möwe".

sitzt auf einer Stange, die jedoch nicht fest, sondern in den zwei sichtbaren Spiralfedern aufgehängt und durch ein Lager in Höhe des oberen Gestellrahmens hindurchgeführt ist. Bei Bewegung der Stange nach oben werden die Federn zweier Spannungsmesser gespannt.

Die Bremse ist nicht sichtbar. Es ist eine Bandbremse, die an einem auf die Trommelachse aufgekeilten Rad angreift. Der Handgriff ist hinten, in Höhe des Motoranlassers, zu erkennen; eine Feinschraube gestattet die Feststellung des Hebels sowohl wie auch eine sehr feine Bewegung und Reibungsregulierung.

Die Vorzüge dieser gegenüber der „Planet"-Konstruktion sind folgende:

1. einfachere Bedienung — Anlasser, Verteiler und Bremse sind von einem Mann leicht zu bedienen;
2. grössere Festigkeit infolge tieferer Anordnung der schweren Gewichte;
3. bessere Zugänglichkeit der inneren Teile;
4. handlichere Anordnung der Abgangsrolle;
5. Schlingerbewegungen haben kein stossweises Abrollen zur Folge.

Als Nachteil muss angeführt werden, dass der Spielraum der Abgangsrolle beschränkt ist, der Draht trifft sehr bald gegen den Spannungsmesser. Man wird versuchen müssen, die Verteilerrolle nach unten zu verlegen und den Spannungsmesser der „Planet"-Winde zu verwenden, der sich durchaus bewährt hat.

## 2. Die Drachenleine.

Von der Firma Felten-Guilleaume, Mühlheim, waren beschafft:

ca. 8000 m Klaviersaitendraht von 0,9 mm Durchmesser
,, 14000 ,, ,, ,, 0,8 ,, ,,
,, 25000 ,, ,, ,, 0,7 ,, ,,
,, 4000 ,, ,, ,, 0,65 ,, ,,

Es wiegen: 1 km 0,9 mm Durchmesser ca. 5,3 kg, 1 km 0,8 mm Durchmesser ca. 4,4 kg, 1 km 0,7 mm Durchmesser ca. 3,2 kg. Als Belastungsgrenze für den Gebrauch wurde auf Veranlassung von Prof. Köppen angenommen: $d^2$ kg, worin d die Anzahl Zehntelmillimeter des Durchmessers bedeutet. Die tatsächliche Bruchfestigkeit liegt nicht unwesentlich höher, doch hat diese weise Beschränkung sich durchaus bewährt: nach unvermeidlichen ersten Havarien, die durch Unkenntnis und geringe praktische Erfahrung des Bedienungspersonals hervorgerufen wurden, ist in den letzten Arbeitsmonaten kein einziges Mal der Draht gebrochen.

Die Trommel wurde bewickelt mit je ca. 4000 m der Sorten 0,9, 0,8 und 0,7 mm.

Der 0,65 mm starke Draht ist an Bord nicht benutzt worden. Vorgesehen war diese Drahtstärke nach den Erfahrungen auf der Drachenstation der Deutschen Seewarte für die ersten ca. 1600 m der Drachenleine. Da aber bei den Aufstiegen an Bord bei der oft auftretenden Schwierigkeit gerade der erste Teil der Leine sehr auf Bruchfestigkeit beansprucht wird, empfiehlt es sich, dafür nicht die schwache Drahtstärke von 0,65 mm, sondern die mehr zuverlässige von 0,7 mm zu verwenden. Die für 1600 m etwa 1,5 kg betragende Gewichtserhöhung wird kaum in Frage kommen. Das erste, auf der Trommel zu äusserst liegende Stück Draht — der Drahtvorlauf von etwa 100 m — wurde sogar von der stärksten Sorte von 0,9 mm genommen und wurde, da es beim Hochgeben der Drachen am meisten beansprucht wurde, zudem den Witterungseinflüssen mehr ausgesetzt war, als die unteren Drahtwindungen, in bestimmten Zeitabschnitten regelmässig ersetzt. — Das Aufrollen des Drahtes muss mit grosser Sorgfalt geschehen und erfordert gleichmässige Spannung (nicht unter 5 kg) und gutes Verteilen.

Es wurde hierbei folgendermassen verfahren:

Durch die zentrische Durchbohrung der Drahtscheibe wurde eine Eisenstange gesteckt und diese über einen Bock gelegt. Als Bock wurde eine oben offene Kiste verwendet, in deren Wände Lager eingeschnitten wurden, die durch einfache Überfälle nach oben zu geschlossen wurden. Der Draht wurde dann über Abgangsrolle und Verteiler zur Trommel geleitet, und mit dem Motor so langsam wie möglich aufgerollt. Die Spannung wurde dadurch erzielt, dass die Scheibe mit einem Holzkeil gegen die eine Kistenwand gepresst wurde.

Die verschiedenen Drahtstärken waren durch Splissungen miteinander verbunden, gleiche Splissungen wurden auch sonst in Abständen von je etwa 1000 m angeordnet; sie lieferten so die Befestigungsstellen für die Nebendrachen. Bezüglich der Art der Splissungen sei auf die von Prof. Köppen in den „Annalen der Hydrographie und maritimen Meteorologie, 1906" gegebene Beschreibung verwiesen. Die Splissung hat sich durchaus bewährt.

Zum Einfetten des Drahtes behufs Konservierung wurde Schweineschmalz verwendet. Der letzte Teil des Drahtes — ca. 1000 m — wurde beim Einholen sehr stark eingefettet, musste infolgedessen beim nächstfolgenden Aufstieg entfettet werden.

Auf Verwendung dieses stärkeren Drahtvorlaufs konnte erst nach grösserer Schulung des Personals übergegangen werden. Zu Anfang und später wieder nach dem Besatzungswechsel wurde der Instrumentendrache an einer ca. 20—30 m langen 3 mm-Hanfschnur hochgelassen. Die Gefahr, die darin lag, nicht durchgehende metallische Leitung zu haben, musste in Kauf genommen werden, da es bei der anfangs geringen Übung des Personals in solchen

Arbeiten nicht möglich oder doch zu gewagt war, den Instrumentdrachen mit Draht hochzugeben. Für die Nebendrachen wurden stets Hanfzweigleinen anstatt solcher aus Draht benutzt. Der geringe Nachteil grösseren Gewichts- und Luftwiderstands trat zurück gegen den Vorteil grösserer Betriebssicherheit. Es ist nicht zu empfehlen, Leine von weniger als 3 mm Durchmesser zu nehmen.

Über die günstigste Länge der Zweigleinen lassen sich allgemein gültige Angaben schwer machen. Man wird sie zur Vermeidung wertlosen Ballastes so kurz wie irgend angängig machen. Bei 30—40 m Länge der Zweigleine kann man im allgemeinen sicher sein, dass der Nebendrache nicht mit dem Hauptdraht in Berührung kommt.

Die Befestigung des Hauptdrachens am Draht geschah, einerlei, ob Schnur- oder Drahtvorlauf benutzt wurde, mit Schnur. Die metallische Leitung wurde bei Drahtvorlauf durch ein kurzes Stück Kupferdraht hergestellt. Gegenwärtig wird an den Drachen der Gross-Borsteler Station der obere Zweig der Bucht aus Stahldraht hergestellt, so dass bis zur Spitze des Drachens ohne weiteres metallische Leitung vorhanden ist.

Der mitgenommene Drahtvorrat war reichlich bemessen. Der Verbrauch bezw. Verlust während der ersten ca. 8 monatigen Arbeitszeit betrug ca. 200 m 0,9 mm, 2000 m 0,8 mm (beim ersten Aufstieg in der Biscaya verloren), 2500 m 0,7 mm.

### 3. Drachen*).

Sämtliche Drachen waren Diamantdrachen nach dem Modell der Deutschen Seewarte 1904 und auf der dortigen Drachenstation hergestellt. Vorgesehen waren 30 Drachen, 20 grosse —

Zwei Drachen mit Drachenwinde.

mit und o h n e Flügel — und 10 kleine „ungeflügelte"; letztere sind nur sehr selten benutzt worden.

*) Beschreibung des Drachens sowie der Drachenleine gibt Prof. Köppen in den Annalen der Hydrographie. 1906. S. 49 ff.

Die Drachen wurden in zusammengelegtem Zustande ohne Schwierigkeiten untergebracht. Der ganze Vorrat fand in einem Holzgestell unter einem Zeichentisch gut Platz. Zur Durchführung der ursprünglichen Absicht, einige Gebrauchsdrachen dauernd zusammengesetzt zu haben, reichte freilich der verfügbare Raum nicht aus.

Für Reparaturen war reichliches Material, besonders an Hölzern, mitgegeben. Dem Kommando kam dies sehr zugute, da die Drachen bei einzelnen Aufstiegen starke Beschädigungen der Verbände erlitten. Tropenklima und direkte Berührung mit dem Wasser schafften Rostbildung bei den Drahtbrassen und führten zur Zerstörung von Tuch und Gummischnüren. Zum Schutz der Drahtbrassen wurden bei jedem Zusammenlegen der Drachen nach Gebrauch die Drähte trocken gerieben und mit Paraffin eingefettet. Die Gummischnüre mussten öfters ersetzt werden. Durch Aufsetzen von Tuchstreifen auf die beschädigten Stellen konnte der Verbrauch an Tuch eingeschränkt werden. Das Aussehen eines reparierten Drachens bot zuweilen auch einem weniger kritischen Auge Grund zur Belustigung.

Erwähnt sei als besonders wichtiges Reparaturwerkzeug der Feilkloben, der zur Herstellung von Splissungen bei Drahtbrüchen mit Vorteil verwendet wurde. Beim Brechen des Drahtes ist im allgemeinen nur ein Drache, der nämlich, der ins Wasser kommt und so den anderen als Treibanker dient, verloren; meistens konnte auch dieser noch repariert werden.

## 4. Die Meteorographen.

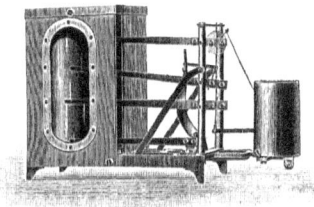

Als Meteorographen wurden Baro-, Thermo-, Hydrographen von Bosch-Hergesell verwendet, deren Konstruktion auf dem meteorologischen Institut in Strassburg i. E. schon seit längerer Zeit erprobt war. Sie wurden von Dr. Kleinschmidt, damals auf dem gleichen Institut tätig, geeicht. Die Instrumente sind inzwischen bedeutend verbessert. Als Nachteil erwies sich die schwache Bauart des Gestells bei den ersten mitgegebenen Exemplaren, wodurch Verbiegungen entstanden, die ein gleichmässiges Schreiben der Zeiger behinderten. Diese schrieben teilweise mit zuviel Reibung, teils hoben sie sich ganz von der Trommel ab. Die Trommel des Instruments wurde mit photographischem Papier oder Blaupause und darüber mit transparentem Papier belegt, das mit einer Terpentinflamme berusst wurde. Man erhielt so mit der Kurve zugleich eine Kopie.

Dies Verfahren hat zwei Vorteile: Einmal geht bei Havarien, bei denen das Instrument ins Wasser fällt, die Registrierung, auch wenn sie verwischt ist, nicht verloren, da die Kopie, vom Seewasser fixiert, erhalten bleibt. (Bei kürzeren Wasserberührungen bleibt die Kurve auf dem berussten Papier selbst, infolge des starken Fettgehaltes des Terpentinrusses, meist unverletzt.) Zweitens erleichtert in vielen Fällen bei Aufstiegen von mehr als 3 Stunden — es kamen solche von 8 Stunden vor — die Kopie die Entzifferung der eventuell ineinander gelaufenen Kurven (besonders beim Anemometer), da sich die einzelnen Umdrehungskurven durch die Stärke der Belichtung unterscheiden.

Die Verwendung der Korkkästen hat sich im allgemeinen bewährt: das Instrument schwimmt in einem solchen Kasten.

Ausser diesen Bosch-Instrumenten war ein russischer Meteorograph von Kusnetzow an Bord. In seiner ursprünglichen Form ist dieses Instrument nur wenig verwendet worden, diente aber später nach einem mit Bordmitteln ausgeführten Umbau fast ausschliesslich dem Gebrauch bei Drachenaufstiegen. Da namentlich bei kü..... Aufstiegen infolge der langen Umlaufszeit der Registriertrommel (6 Stunden) die einzelnen Kurven nicht genügend Einzelheiten erkennen liessen, wurde das Original-Uhrwerk durch ein solches aus einem Bosch-Instrument, das die Trommel in 3 Stunden eine volle Drehung machen lässt, ersetzt. Nach dieser Abänderung entsprach der Kusnetzow fast vollkommen den Ansprüchen. Wenig zuverlässig war allerdings die Anemometereinrichtung, bei der die Drehung eines Schalenkreuzes durch eine Spindel mit Zahnrad auf den Zeiger übertragen wurde. Diese Einrichtung wurde schliesslich ganz ausgeschaltet, zumal sie bei ihrer ungünstigen Anordnung ein vorteilhaftes Einbauen des Instruments in den Drachen nicht zuliess. Obwohl ursprünglich dazu bestimmt, an einer Leine unterhalb des Drachens aufgehängt zu werden, wurde der Kusnetzow beim Gebrauch genau wie die verbesserten Bosch-Instrumente im Drachen untergebracht und zwar so, dass die Zeiger stets aufliegend schreiben mussten. Dieser Apparat wurde den Bosch-Instrumenten vorgezogen, weil die Aufzeichnung durch Tintenfedern auf liniiertem Papier geschah wie beim Marwin-Meteorograph und darum sehr übersichtliche und einwandfreie Kurven lieferte. Kaum ein einziges Mal hat sich diese Art der Aufzeichnung als unzulänglich erwiesen. Wiederholt vorgenommene Eichungen des Barometers und Thermometers liessen eine den Anforderungen der Praxis vollkommen entsprechende Konstruktion erkennen.

## 5. Luftpumpe.

Zum Eichen der Barographen war eine Luftpumpe nebst anzuschliessendem Quecksilbermanometer mitgegeben. Letzteres ist für Bordverhältnisse nicht zu empfehlen, da es nur bei völlig ruhig liegendem Schiff genaue Ablesungen erlaubt. Eichungen konnten in der ersten Zeit daher nur in ganz ruhigen Häfen ausgeführt werden.

Später wurde diesem Übelstande abgeholfen, indem in Hongkong ein Watkinsches Aneroid beschafft wurde, das mit dem zu eichenden Meteorographen zusammen unter den Rezipienten der Luftpumpe gegeben werden konnte. Dieses Barometer wurde vor jeder vorzunehmenden Eichung nach der verbesserten Ablesung des an Bord befindlichen Quecksilberbarometers eingestellt. Als störend wurde nur die Einteilung der Skala in englische Zoll empfunden, die immer erst ein Umrechnen in Millimetern erforderlich machte.

Bei jeder Gelegenheit wurden stets alle Gebrauchsinstrumente neu geeicht. Die Eichungskurven wurden gesammelt zur Benutzung bei der späteren Auswertung der Meteorogramme.

Eine Eichung des Thermographen war zunächst nicht vorgesehen gewesen. Als jedoch nach Verlust der mitgegebenen Ballooninstrumente die Herrichtung einiger Dracheninstrumente für Ballonaufstiege eine Eichung des Thermographen nötig wurde, wurden diese an allen noch vorhandenen Instrumenten geeicht. Es ergab sich nahezu völlige Übereinstimmung mit den bei der ersten Eichung in Strassburg erhaltenen Werten.

Die erforderlichen Kältegrade wurden durch Kohlensäurekältemischung erzielt. Eine einfache Kontrolle des Thermometers wurde von Zeit zu Zeit durch Vergleichungen mit einem Normalthermometer im Kühlraum des Schiffes erhalten. Die Eichungsangaben wurden in Form von Kurven — nach Vorgang von Dr. Kleinschmidt — auf Millimeterpapier dargestellt, die Ausschläge gaben die Abzissen, die Druck- und Temperaturwerte die Ordinaten. Der Massstab war $0{,}1°$ C. bezw. 1 mm Druck = 1 mm auf dem Papier.

## b) Praktische Durchführung der Aufstiege.

### 1. Vorbereitungen.

Die Drachen mussten zunächst zusammengesetzt werden. Das Personal gewann hierin mit der Zeit eine derartige Übung, dass in etwa einer halben Stunde von 6 Mann leicht 4 bis

6 Drachen fertiggestellt waren. Das Klarmachen der Winde und des Instruments erfolgte gleichzeitig mit dem Zusammensetzen der Drachen.

Die Vorbereitungen an der Winde bestehen im Aufsetzen der Abgangsrolle und im Abölen sämtlicher Lager und Achsen. Dann wurde die Winde in allen Teilen probiert, das Zählwerk und der Spannungsmesser auf Null gestellt und durch Entfernen der Sonnensegelstützen pp. das Deck in der nächsten Umgebung klargemacht.

Unterdessen ist der Meteorograph für den Aufstieg vorzubereiten. Von grosser Wichtigkeit ist hierbei die Einstellung der Zeiger: je geringer die Reibung, mit der sie schreiben, desto genauer die Angaben. Zu loses Aufliegen der Zeiger hat allerdings bei stärkerem Wind ein Zittern zur Folge, das häufig so stark auftrat, dass ein genaues Auswerten der Kurve unmöglich wurde. War viel Wind zu erwarten, so wurden die Zeiger so eingestellt, dass sie sich bei ca. 45° Neigung des Instruments abhoben, bei wenig Wind so, dass das Abheben bereits bei ca. 20° Neigung eintrat. Dem Barometerzeiger wurde etwas mehr Reibung gegeben als den anderen Zeigern, nachdem sich herausgestellt hatte, dass er am leichtesten ins Zittern geriet. Zur Erlangung der für das Auswerten der Kurve erforderlichen Anfangswerte von Thermometer und Hygrometer war das Instrument an einer dem Wind möglichst frei ausgesetzten Stelle des Schiffes mit einem Aspirationspsychrometer zu vergleichen. Dieses Verfahren wurde dem Vergleich mit den Instrumenten des an der Vorkante des Kartenhauses angebrachten Jalousiegehäuses vorgezogen, da dies Gehäuse meist nicht ausreichend ventiliert war.

Mit dem Einbau des Instruments und der Fesselung des Drachens waren dann die Vorbereitungen erledigt.

## 2. Der Aufstieg.

Der Leiter des Aufstiegs musste auch die Manöver des Schiffes leiten.

Das Hochlassen des Drachens ist nicht einfach. Macht dies schon auf dem Lande Schwierigkeiten, so kommt erschwerend für Bordaufstiege hinzu, dass hinter dem Schiff, vor allem bei Wind recht von vorn, sich Wirbel bilden, in denen bei der zuerst nur kurzen Leine die Drachen sehr jähe Bewegungen machen. Ist der Wind stark genug, um die Unterstützung durch die Schiffsgeschwindigkeit beim Hochlassen entbehren zu können, so ist es am vorteilhaftesten, das Schiff zum Hochlassen des Instrumentdrachens quer zum Wind zu legen.

Der Drachen selbst muss zunächst in Masthöhe gebracht werden, dazu wird über die Leine, einerlei, ob Draht- oder Schnurvorlauf, ein Ring nach Art eines Schlüsselringes gestreift. In diesen Ring, der an eine nach der Mastspitze geschorene Flaggleine angenäht ist, also geheisst und niedergeholt werden kann, wird die Fesselungsbucht des Drachens fest hineingeholt. Heisst man nun den Ring hoch, wobei von der Drachenleine nur soviel nachzugeben ist, dass der Drache eingezwängt bleibt, so kann

Der Drachen wird geheisst.

er keine heftigen Bewegungen machen. Bei Benutzung von Drahtvorlauf ist sorgfältig darauf zu achten, dass keine Lose in den Draht kommt. Man holt am besten durch den Zug der Flaggleine den Draht heraus und kann durch die Bremse die Spannung dauernd auf etwa 20—30 kg halten. Hat man so den Drachen in etwa Masthöhe, so ist der Ring festzuhalten und der Drache durch Drahtauslassen vorsichtig freizugeben. Zuweilen kam hierbei die Bucht, besonders die Verbindungsstelle von Bucht und Draht, von dem Ring nicht frei. Man muss das dadurch zu vermeiden suchen, dass man diese Verbindungsstellen möglichst glatt und leicht schlierend herstellt. Es war aus diesem Grunde nicht möglich, zur Verbindung einen Haken zu benutzen.

Steht der Drache gut, so wird der Ring niedergeholt und abgestreift.

Das Hochlassen der Nebendrachen ist wegen der Benutzung von Schnur wesentlich einfacher. In der ersten Zeit wurde diese Schnur von einer Holzrolle — der nicht im Gebrauch befindlichen Logrolle — abgelassen, später wurde einfacher die klar zum Auslaufen aufgeschossene Leine Hand über Hand ausgegeben. Die Nebendrachen wurden so rechtzeitig hochgelassen (sie standen dann gegebenenfalls einige Zeit nur an der Nebenschnur), dass sie ohne Zeitverlust angesetzt werden konnten. Bei 40 m Leine und günstigem Wind kann das unbedenklich gemacht werden. Auch ist man dann in der Lage, so rechtzeitig ein Urteil über das Fliegen des Drachens zu gewinnen, dass erforderlichen Falles ein Niederholen und Eintrimmen ohne Zeitverlust erfolgen kann. Übrigens ist ein solches Eintrimmen in der ganzen Zeit nur etwa vier- oder fünfmal nötig geworden.

Bei stark arbeitendem Schiff treten starke Spannungsdifferenzen auf, solange der letzte Drache wenig Draht hat. Später wirkt die Bucht des Drahtes federnd. Im allgemeinen sind Stampfbewegungen gefährlicher als Schlingerbewegungen.

Wie Kurs und Schiffsgeschwindigkeit am besten auszunutzen sind, darüber lässt sich Allgemeingültiges nicht sagen. Häufig konnte des damit verbundenen Zeitverlustes wegen nicht der günstigste Kurs gewählt werden. Dadurch verzögerten sich dann die Aufstiege nicht unerheblich. Von Wichtigkeit ist es, sich die Beziehungen zwischen Schiffsgeschwindigkeit, Aufstiegswinkel und die hierdurch für den Drachen sich ergebenden Windgeschwindigkeit zu vergegenwärtigen.*) Unter Aufstiegswinkel ist der Winkel zwischen dem Kielwasser und der Drahtrichtung verstanden, zum Unterschied von dem Abgangswinkel des Drahtes zur Horizontalebene. Der durch die Schiffsgeschwindigkeit am Drachen erzeugte Wind ändert mit dem Cosinus des Aufstiegswinkels. Ist dieser Winkel gleich Null — Wind rechts von vorn — so ist der Wind gleich der Schiffsgeschwindigkeit. Ist der Aufstiegswinkel gleich 60°, so wird nur die Hälfte der Schiffsgeschwindigkeit für den Aufstieg nutzbar. Daraus folgt weiter, dass, wenn der Drachendraht rechts achteraus zeigt, geringe Kursänderungen nur geringe Windgeschwindigkeitsänderungen zur Folge haben. Stehen dagegen die Drachen mehr in der Querabrichtung, so wirken Kursänderungen stärker auf Änderung des Windes und somit auf die Spannung ein. Hierbei ist natürlich immer mit Wind nur der durch die Fahrt erzeugte gemeint.

An Schiffsgeschwindigkeit standen nur 3 m/sec. zur Verfügung. Als weiterer Faktor kam zur Unterstützung des natürlichen Windes die Einholgeschwindigkeit der Winde mit etwa 2,5 m/sec. als Höchstmass in Frage. Diese Hülfe wurde aus Mangel an Praxis in der ersten Zeit nicht genügend ausgenutzt.

---

*) Siehe hierzu auch: „Die Technik der Drachen- und Ballonaufstiege" von Dr. Kurt Wegener, enthalten in den Ergebnissen der Arbeiten des Königlich Preussischen Äronautischen Observatoriums im Jahre 1905.

Plötzliche Änderungen in Schiffsgeschwindigkeit, Einholgeschwindigkeit und Kurs müssen sehr starkes Wachsen der Spannung mit sich bringen, da alle Drachen gleichzeitig von dem so verursachten stärkeren Wind getroffen werden. Man muss daher die einzelnen Hülfsmittel zur Verstärkung des natürlichen Windes nacheinander in Kraft treten lassen, am günstigsten in der Reihenfolge, dass man erst die Fahrt steigert, dann auf den günstigsten Kurs — also recht gegen den Wind — geht und zuletzt einholt. Kursänderungen wirken nicht sofort, man darf sich dadurch nicht irreleiten lassen.

Das Einholen des Drahtes ist an sich ein sehr wirksames Mittel zum Höherbringen der Drachen, weil er auf diesen wie ein schräg von unten, in Richtung des Drahtes auftreffender Wind wirkt. Dieser Einfluss ist viel kräftiger als eine entsprechende Verstärkung des horizontalen Windes. Der praktische Nutzen des Drahteinholens wird aber dadurch verringert, dass beim Einholen die Drahtlänge verkürzt wird. Bei grossem Abgangswinkel des Drahtes wird diese Drahtverkürzung die hochtreibende Wirkung meist aufheben. Von fühlbarem Nutzen ist das Einhieven des Drahtes bei kleinem Abgangswinkel. Man muss also, um durch Drahteinholen etwas zu erreichen, soviel Draht wie möglich auslassen.

Es ist von Wichtigkeit, dass der Leiter möglichst wenig durch die Vorgänge an Deck in der dauernden Beobachtung der Vorgänge in der Luft gestört wird, damit er sich Notizen machen kann, die später für die Bearbeitung des Aufstiegs von Wert sind. Winkelhöhen des Instrumentdrachens unter gleichzeitiger Ablösung des Umdrehungszählers geben gute Kontrollen für die Barometerangaben. Zum Messen der Winkel ist ein Oktant für Bordzwecke geeigneter, als der Pendelquadrant, der an Land gebraucht wird, wo keine Kimm vorhanden ist. Weiter sind von Wert Angaben über Azimute der Drachen. Sind die oberen Drachen nicht zu sehen, dann geben die Spannungen auf verschiedenen Kursen einen rohen Anhalt für den oben herrschenden Wind.

Für die Anzahl der auszusetzenden Drachen sind die Belastungsgrenzen der einzelnen Drahtsorten ausschlaggebend. Kennt man, und das ist die Regel, die oben herrschenden Windverhältnisse nicht, so ist man nicht imstande, die Zahl der Drachen den Verhältnissen oben anzupassen. Schon bei mittlerer Windstärke von ca. 8 m wurde der 0,7 mm-Draht nicht mit mehr als 3 grossen Flügeldrachen belastet. Doch kann das wohl unbedenklich geschehen, wenn die Verhältnisse unten günstig sind, denn erfahrungsmässig ist die Ungleichmässigkeit der Windströmung das Gefährlichste, und diese hört in grösseren Höhen völlig auf, so dass dort die Drachen erstaunlich gut sehr bedeutende Windgeschwindigkeiten ertragen. Ausser in der grösseren Gleichmässigkeit des Windes ist der Grund für diese Tatsache auch in der geringeren Luftdichte gegeben. Bei den „Planet"-Aufstiegen kamen im Durchschnitt auf einen Drachen 1,37 km Draht. Dabei ist nicht zu vergessen, dass oft grosse Mengen Drahts ausgelassen wurden, um die Drachen durch das Einholen höher zu bringen. Wird das berücksichtigt, so wird die Verhältniszahl Drachen/Drahtlänge kleiner.

### 3. Der Abstieg.

Beim Abstieg lässt sich durch richtige Wahl des Kurses und der Fahrt meist die Spannung so verringern, dass schnell eingeholt werden kann. Es treten indes Fälle ein, in denen eine Entscheidung, wie am günstigsten zu verfahren ist, nicht leicht ist. Der Aufstieg am 27. April 1906 gibt hierfür ein lehrreiches Beispiel (s. Kap. III, No. 32). Bei dem Manöver des Drehens stieg hierbei trotz aller Vorsicht der Druck mehrfach auf 100 kg.

Ist nur noch ein Drache und wenig Draht aus, dann kommt besonders bei wenig Wind und schnellem Einhieven der Drache leicht sehr hoch zu stehen infolge der stetig hochtreibenden

Wirkung des „Einholwindes". Dabei kann der Drache sich leicht überschlagen, wodurch Lose in den Draht kommt. Die hierdurch verursachten Kinken führen, wenn sie nicht rechtzeitig bemerkt werden, beim nächsten Aufstieg mit Sicherheit ein Brechen des Drahtes herbei. Ständige Beobachtung des Drachen, langsames, nötigenfalls unterbrochenes Einhieven, sowie Verstärkung des horizontalen Windes durch Aufnahme hoher Fahrt in den Wind hinein beugen solchen Unannehmlichkeiten vor.

Im letzten Teil des Abstiegs, beim Anbordnehmen der Drachen, traten ähnliche Schwierigkeiten auf, wie beim Beginn des Aufstiegs. Für den Instrumentdrachen wurde auch hier grundsätzlich mit dem Schlüsselring gearbeitet, die Hülfsdrachen konnten häufig ohne diesen Ring leicht geborgen werden.

Meist wurde der Draht beim Einholen über eine Rolle geleitet, er war dann für das Trocknen und Einfetten besser zur Hand.

## 4. Havarien.

Man hatte auf grossen Verlust an Instrumenten bei den Drachenaufstiegen gerechnet und daher einen grossen Vorrat mitgegeben. Tatsächlich ist aber bei Drachenaufstiegen auch nicht ein Instrument verloren gegangen.

Ein Brechen des Drahtes wird in den meisten Fällen nur infolge zu hoher Spannung eintreten. Dann wird also eine grössere Anzahl Drachen in der Luft stehen, und es wird viel Wind sein. Unter diesen Voraussetzungen liegt Gefahr für das Instrument nicht vor: Der unterste Drache verankert sehr schnell das Gespann im Wasser, alle anderen Drachen bleiben in der Luft, der Ankerdrache kann leicht gefischt, und das Ganze dann geborgen werden. Kritisch wird die Lage, wenn der Draht bricht, solange nur der Instrumentdrache steht, oder wenn der Wind während des Aufstieges derart abgeflaut hat, dass es nicht möglich ist, die Drachen an Deck zu bekommen, ehe sie fallen. Der zweite Fall tritt wohl am häufigsten ein. Bei 5 m/sec. Wind hielten sich die Drachen in der Luft. Mit 3,5 m Höchstgeschwindigkeit des Schiffes konnte allenfalls gerechnet werden. Das genügte auch im Verein mit höchster Einholgeschwindigkeit bei Flaute nicht, die Drachen stehend zu halten. Gelingt es nicht, die fallenden Drachen an Bord zu bekommen, so hieve man wenigstens soviel Draht wie möglich ein, bringe aber das Schiff zum Stehen, sowie der unterste Drache ins Wasser kommt. In fast allen Fällen wird, auch wenn dies rechtzeitig geschieht, der Draht zwischen Winde und untersten Drachen brechen, da der Widerstand, den der Drachen im Wasser findet, zu gross ist und zu plötzlich eintritt. Für die oberen Drachen liegt beim Brechen des Drahtes noch keine Gefahr vor, da genügend Wind herrscht, der sie wieder zum Steigen bringt, sobald der unterste Drache schwimmt. Sieht man aber, dass auch das übrige Gespann weiter fällt, so muss man zunächst schleunigst versuchen, den Instrumentdrachen zu bergen. Es empfiehlt sich, in diesem Falle bei dem zuerst ins Wasser gefallenen Ankerdrachen eine Flaggenboje zum besseren Wiederauffinden zu werfen. Hat man den Instrumentdrachen und damit das Instrument gerettet, so kann man entweder von dieser Stelle aus den Draht aufwickeln unter Mitdampfen des Schiffes auf die noch im Wasser schwimmenden Drachen, oder man fährt zur Boje zurück und hat dann nach dem Aufwickeln den Draht gleich wieder in richtiger Lage auf der Trommel.

Das Fischen eines Drachens aus dem Wasser geschah stets ohne Boot; das Schiff ging selbst in unmittelbare Nähe des Drachens und fischte ihn mit einem Bootshaken oder Draggen.

Hat man in dem oben erwähnten Falle des nach Brechen des Drahtes verankerten Gespanns den Ankerdrachen zu fischen, so ist Bedacht darauf zu nehmen, dass an ihm die noch stehenden Drachen ziehen. Man muss daher sofort, wenn dieser Drache gefischt ist, zur Verminderung der Spannung vor dem Wind — also auf die Drachen zu — dampfen. Dann klemmt man den Draht zweckmässig in einen Feilkloben ein und gibt diesen mit einer Schnur frei von allen Aussenbordsteilen achteraus.

Den Meteorographen, mit Ausnahme des Uhrwerks, schadet bei richtiger Behandlung das Seebad kaum. Man hat vor allem jede Spur des zersetzenden Salzwassers sofort zu entfernen, am besten dadurch, dass man nach Abschrauben des Uhrwerks das Instrument in häufiger zu erneuerndem Süsswasser badet und es dann zur Beschleunigung der Verdunstung mit Äther oder Benzin abspritzt. Da man dadurch die Lager völlig entfettet, hat man vorsichtig, nicht zu reichlich, am besten mit Knochenöl nachzuölen. Das Uhrwerk zu retten, gelingt nicht immer, weil die Federn meist nachrosten, doch wurde mit Erfolg folgendes Verfahren benutzt: Auch das Uhrwerk wird, um ein Zersetzen durch das Salzwasser zu verhindern, sofort zunächst mit Süsswasser abgespritzt. Alsdann badet man es in Alkohol, der die Wasserteile aufnimmt, und spritzt hierauf am besten mittels Zerstäuber das ganze Werk (namentlich das Innere des Federgehäuses, soweit es zugänglich ist) mit Äther ab. Durch das schnelle Verdunsten des Äthers wird ein Trocknen aller Teile herbeigeführt. Unmittelbar hinterher und auch einige Tage darauf nochmals ist ein sorgfältiges Einölen aller Teile mit gutem, nicht dickem Öl vorzunehmen. Zum Ölen des Federgehäuses lässt man etwa zwei Tropfen durch die obere kleine Öffnung fallen und dreht zur Verteilung derselben das Werk mehrere Male um. — Auf die angegebene Weise ist es gelungen, ein Uhrwerk, das dreimal ins Wasser gefallen war, zu erhalten und wieder vollkommen gebrauchsfähig zu machen. — Doch müssen Reserveuhren vorgesehen werden.

### 5. Behandlung des Instruments nach dem Aufstieg.

Auch nach dem Aufstieg wurde regelmässig das Instrument mit dem Aspirationspsychrometer und mit der Uhr verglichen. Erst dann wurden die Zeiger abgehoben.

Die Bezeichnung des Blattes — d. h. Angabe des Datums und der Instrument-Nummer — geschah entweder vor dem Fixieren auf der berussten Seite des Blattes, oder auf der Rückseite mit Tinte. Fixiert wurde mit Schellack und einem Zerstäuber unter möglichst schneller Drehung der Trommel auf einem Stück Draht.

Hat der Aufstieg lange gedauert, so dass die Kurven mehrerer Trommelumdrehungen ineinandergelaufen sein könnten, dann löst man vorteilhaft Originalkurve und Pause sofort von der Trommel und fixiert die Pause. Man hat dann in der verschieden starken Belichtung der verschiedenen Trommeldrehungen eine sehr gute Hülfe beim Auswerten. Braucht man indes eine solche Hülfe nicht, wie stets bei kurzen Aufstiegen, dann ist es gut, die Trommel fixiert oder unfixiert noch eine Zeit lang dem Sonnenlicht auszusetzen, um eine schärfere Kopie zu erhalten

---

# II. Ballonaufstiege.

## a) Ausrüstung.

### 1. Ballons.

Die Ballons waren von der Continental-Caoutchouc- und Gutta-Percha-Compagnie in Hannover bezogen, und zwar grosse Ballons von 1,5 m Durchmesser (in nicht gespanntem Zustand) für Ballonsonde-Aufstiege, und kleine von 0,5 m Durchmesser für Pilotballon-Aufstiege. Die Ballonhülle war 0,1 mm stark. Entsprechend der Neuheit der Materie wurde von den

1,5 m-Ballons zunächst nur ein kleiner Vorrat an Bord gegeben. Eine Nachsendung von Ballons nach Kapstadt wurde eingeleitet, nachdem Erfahrungen durch das Kommando vorlagen.

Die grossen Ballons der ersten Lieferung waren zu je zwei zusammen in Blechkisten eingelötet. Die Kisten wurden im Kühlraum verstaut. Über die beste Art der Konservierung des Kautschuks in den Tropen war nichts bekannt.

Es schien geboten, die Ballons so kühl wie möglich zu lagern. Die nachgesandten Ballons wurden sofort eingelötet. Indessen hat, wie sich bei späterem Gebrauch herausstellte, das Material dieser Ballons zweifellos stark gelitten. An der mangelhaften Konservierung ist zweifelsohne hauptsächlich die wechselnde Temperatur schuld, der die Ballons im Kühlraum ausgesetzt waren. Da an der Kühlmaschine oft Betriebsstörungen auftraten, herrschte einmal eine Temperatur von $10^0$ C oder weniger und dann wieder nach wenigen Stunden eine solche von $30^0$ C. Die Blechbehälter, in denen die Ballons im ersten Jahre im Kühlraum untergebracht gewesen waren, waren gegen Ende des Jahres zum Teil durchgerostet. Das Kommando ordnete aus diesem Grunde die Unterbringung der Ballons im Zeichensaal an. Hier, wo sie ebenfalls in luftdicht abgeschlossenen Blechkästen, aber unter fast völlig gleichbleibender Temperatur standen, haben sich die Ballons recht gut gehalten. Von dem später nachgeschickten Material, welches von vornherein im Zeichensaal untergebracht gewesen war, war am Schlusse des zweiten Jahres noch alles durchaus gebrauchsfähig.

Für Reparatur von Löchern in der Ballonhülle war unvulkanisierter Kautschukstoff vorgesehen. Diese Löcher stellen sich beim Betrachten der Ballons gegen die Sonne als kleine weisse Punkte dar. Klebstoff wurde hergestellt durch Auflösung unvulkanisierten Kautschuks in Schwefelkohlenstoff.

Das zum Füllen gebrauchte **Wasserstoffgas** wurde von dem Luftschiffer-Bataillon in Tegel bezogen. Die zum Versand erforderliche Verpackung der Stahlflaschen in starken Holzkisten erwies sich für das Verstauen der Vorräte an Bord als sehr geeignet, daher blieben die Flaschen bis zum Gebrauch in diesen Kisten. Die Kisten (1,60 m lang, 30 cm breit und 30 cm hoch) wurden an Deck gelagert und gegen Sonnenstrahlen durch Bedecken mit heller Presenning geschützt.

Das Gas steht in den Flaschen unter etwa 150 Atmosphären Druck; jede Flasche enthält ungefähr 5 cbm. Gewicht mit Behälter etwa 80 kg.

An **Werkzeug** war vorhanden: Ein Manometer zur Feststellung des Drucks in den Flaschen, eine Anzahl Schlüssel zum Öffnen der Flaschen, und eine Federwage zum „Abwiegen" des gefüllten Ballons.

Hinzu kam ein umfangreicher Vorrat an dünner Schnur, sowie mehrere Gummischläuche zur Verbindung der Flaschen mit den Ballons. Diese Schläuche wurden nicht benutzt; die Fülltüllen der Ballons wurden unmittelbar auf die Füllansätze der Flaschen gesetzt.

## 2. Instrumente.

Drei der Drachenmeteographen sollten zu Ballonsonde-Aufstiegen benutzt werden. Sie erhielten dazu kleinere Zeigerausschläge und wurden durch Dr. Kleinschmidt für grössere Druck- und Temperaturamplitude geeicht. Die Uhrwerke dieser drei Instrumente wurden ersetzt durch gegen Kälte kompensierte Uhren, die im Gegensatz zu den Drachenuhren einstündige Umlaufszeit haben. Ihre Eigentümlichkeit besteht darin, dass sie gänzlich entfettet sind. Das bedingt peinlichen Schutz gegen Feuchtigkeit. Die Uhren wurden luftdicht verpackt aufbewahrt und erst unmittelbar vor dem Gebrauch am Instrument angebracht.

Das Verfahren mit transparentem Papier und Blaupause-Unterlage fand auch bei den Ballonaufstiegen Anwendung. Zu empfehlen ist die von der Drachenstation der Deutschen

Seewarte eingeführte Benutzung einer Glimmerplatte anstatt transparenten Papiers, dessen geringe Widerstandsfähigkeit gegen Nässe deshalb besonders nachteilig ist, weil die Balloninstrumente der Gefahr, ins Wasser zu tauchen, in besonders hohem Masse ausgesetzt sind. Bei Verwendung von Blaupause anstatt photographischen Papiers wird man zu bleiben haben, wenn das Verfahren nur zu dem Zweck beibehalten wird, die Kurve auch beim Eintauchen ins Wasser zu retten.

Die Verluste an Instrumenten bei den Aufstiegen zwangen dazu, nach und nach alle Dracheninstrumente bis auf zwei für Ballonaufstiege umzuändern. Uhrwerke mit einstündiger Umlaufzeit wurden nachbestellt und trafen in Kapstadt und Colombo ein.

## b) Die Technik der Ballonaufstiege.
## I. Zur physikalischen Theorie der Aufstiege.

Von

Prof. Dr. Maurer.

Je vertikaler ein Ballon steigt, desto günstiger ist dies für die Erforschung der vertikalen Temperatur- und Feuchtigkeits-Verteilung. Die Ballonbahn, deren Landungspunkt für die Wiedererlangung der Instrumente im Voraus annähernd zu berechnen sein muss, ist bestimmt durch die Steig- und Fall-Geschwindigkeit, die Maximalhöhe und die vertikalen und horizontalen Luftströmungen. Die Steig- und Fall-Geschwindigkeit gegen die Luft lassen sich nach den Dimensionen, dem Auftrieb und Gewicht des Gespanns und seiner Teile angenähert vorausbestimmen. Die gewollte Maximalhöhe für Sondierballons wird von vornherein festgelegt, indem durch eine besondere Vorrichtung in bestimmter Höhe plötzlich eine so starke Auftriebsverminderung erzeugt wird, dass das Gespann Beschleunigung nach unten erhält und zu fallen beginnt. Die vertikalen Luftströmungen sind im allgemeinen unbekannt; und es wird erst die Aufgabe sein, durch Ballonaufstiege, bei denen der zeitliche Verlauf der Höhenänderung durch trigonometrische Messungen verfolgt und mit dem normalen in vertikal unbewegter Luft zu erwartendem Verlauf verglichen wird, Beobachtungsmaterial über vertikale Luftströmungen zu beschaffen. Über die horizontalen Luftbewegungen sucht man sich durch Beobachtungen des Windes, des Wolkenzuges, durch vorausgeschickte Pilotballons und besonders durch Verfolgung der anfänglichen Bahn des Ballons, solange dies geht, Klarheit zu verschaffen.

Für die Berechnung der Steig-Geschwindigkeit kommen in Betracht: der Ballonauftrieb, der Luftwiderstand und die zu hebende Last (Ballonhüllen, Schnüre, Instrument, Schwimmer). Nach Versuchen von Prof. Hergesell darf die Steiggeschwindigkeit eines bestimmten Ballons oder Gespannes in vertikal unbewegter Luft, falls keine Massenänderungen im Gespann auftreten, als konstant und proportional zur Quadratwurzel aus dem anfänglichen f r e i e n A u f t r i e b angenommen werden.

Zur Terminologie sei folgendes bemerkt: Nach der physikalischen Definition ist der Auftrieb gleich dem Gewicht der verdrängten Masse des umgebenden Mediums, also gleich dem Produkt aus dieser Masse und der Schwerebeschleunigung g. Da die Auftriebsbestimmungen meist auf Massebestimmungen durch Auflegen von Gewichtsstücken hinauslaufen, pflegt man in der Praxis von dem Faktor g abzusehen und unter dem Auftrieb einfach die verdrängte Masse des umgebenden Mediums zu verstehen, also $V\lambda$, wenn V das Gasvolumen in cbm und $\lambda$ die Masse eines Kubikmeters der verdrängten Luft ist. Bezeichnen wir die Masse eines Kubikmeters des Gases mit $\sigma$, so ist die nach oben ziehende Kraft $= gV(\lambda-\sigma)$, und $V(\lambda-\sigma) = B$

pflegt man den B r u t t o - A u f t r i e b zu nennen. Da das Gas notwendig in eine Hülle eingeschlossen sein muss, so wird nie die ganze Kraft $g \cdot B$, sondern nur die Kraft $g$ (B — H) nutzbar, wo H die Masse der Hülle ist. Und trägt der Ballon noch ausserdem ein Instrument, Schnüre, Schwimmer u. s. w., deren Masse mit der der Hülle zusammen die Gesamtlast L ergeben möge, so wirkt nach oben nur die Kraft

$$g \ (B - L) = g \ (V \lambda - V \sigma - L) = g \cdot F;$$

man pflegt den Faktor $F = B - L = V \lambda - V \sigma - L$

als den f r e i e n A u f t r i e b zu bezeichnen. Zur Quadratwurzel aus dieser Grösse ist nach Prof. Hergesells Angaben die konstante Aufstieggeschwindigkeit v desselben Ballons bei verschiedenen Belastungen L proportional, also

(1) $\qquad v = c \cdot \sqrt{F}$.

Wie sich die Konstante c mit den Dimensionen des Ballons ändert, wird später angegeben.

Dies Resultat macht zunächst einen etwas befremdlichen Eindruck, da ja zweifellos im Augenblick des Loslassens der Ballon bezw. das Gespann noch die Geschwindigkeit 0 besitzt und nicht ohne weiteres verständlich ist, wie unter dem Einfluss einer fortwährend nach oben wirkenden Beschleunigung eine Bewegung mit unveränderlicher Geschwindigkeit zustandekommen kann. Um dies verständlich zu machen, kann folgende Überlegung dienen:

Die Kraft, die den Ballon hebt, ist die Erdschwere. Dadurch, dass unter ihrem Einfluss in jedem Moment ein dem Volumen von Ballon und Last gleiches Luftvolumen fällt, wird der Ballon nach oben gedrängt. (Das von der Last L verdrängte Luftvolumen vernachlässigen wir in den folgenden Ausführungen.) Die hierbei von der Schwere geleistete Arbeit für eine kleine Hubhöhe h ist $= g h \ (V \lambda - V \sigma - L)$ und die wirkende Kraft ist $g \ (V \lambda - V \sigma - L)$. Sehen wir zunächst einmal davon ab, dass ein wesentlicher Teil dieser Arbeit dazu verbraucht wird, die Luftreibung und den Stirnwiderstand, den die Luft dem Ballon entgegensetzt, zu überwinden, so dürften wir auch die dem Gespann erteilten Beschleunigungen nach oben dieser Kraft proportional setzen. Solange kein Gas entweicht, kein Niederschlag auf den Gespann entsteht und nichts abgeworfen wird, sind die Gasmasse $V \sigma$ und die Last L unveränderlich. Die Luftdichte $\lambda$ ändert sich mit Druck p und Temperatur t nach dem Boyle-Gay-Lussacschen Gesetz:

$$\lambda = \lambda_0 \frac{p}{p_0 \ [1 + \alpha (t - t_0)]}$$

wo $\lambda_0$ $p_0$ $t_0$ Dichte, Druck und Temperatur der Luft am Boden, $\lambda$ p t dasselbe an der Stelle, für die die Beschleunigung bestimmt werden soll, und $\alpha$ den Ausdehnungskoeffizienten der Gase bedeuten. Das Volumen V der verdrängten Luft nehmen wir gleich dem Volumen des Gases an. Solange die Ballonhülle so völlig ungespannt ist, dass im Innern des Ballons derselbe Druck wie aussen herrscht, ändert sich auch V nach dem Boyle-Gay-Lussacschen Gesetz

$$V = V_0 \frac{p_0}{p} [1 + \alpha (t - t_0)],$$

wenn wir annehmen, dass das Gas die Temperatur der umgebenden Luft annimmt. Dann folgt durch Multiplikation der beiden letzten Gleichungen

$$V \lambda = V_0 \lambda_0 \text{ konstant.}$$

Unter diesen Voraussetzungen würde also die aufwärtsstreibende Kraft und die Beschleunigung in jeder Höhe den gleichen Wert haben.

Bekommt aber die Ballonhülle Spannung, weil sie sich nicht widerstandslos soweit ausdehnt, dass der Druck im Innern des Ballons auf den Wert des äusseren Druckes p sinkt, so wird der Innendruck um den Spannungsdruck der Hülle grösser als der äussere Druck, und V wird kleiner, als es bei Temperatur t und Druck p nach dem Boyleschen Gesetz zu erwarten wäre. Es wird also auch V λ und damit die nach oben wirkende Kraft g (V λ — V σ — L) kleiner. Aus diesem Grund nimmt die wirkende Beschleunigung nach oben, auch wenn wir von aller Reibung u. s. w. absehen, mit wachsender Höhe ab. Sie wird = 0, wenn die abnehmende Grösse V λ bis auf den Wert (V σ + L) gesunken ist. Immerhin müsste, da bis dahin die Beschleunigung stets positiv war, die Steiggeschwindigkeit bis in diese Höhe fortwährend zugenommen haben. Der Ballon würde diese Höhe mit maximaler Geschwindigkeit passieren, dann immer langsamer steigen, weil die Beschleunigung nun negativ wird, schliesslich umkehren, sinken und um die Stelle, an der die Beschleunigung = 0 ist, auf- und abpendeln.

Alles dies unter der Voraussetzung, dass die Hülle eine so grosse Differenz im innern und äussern Druck aushält, wie sie zur Erfüllung der Beziehung V λ = V σ + L nötig ist. Würde schon früher die Druckdifferenz zwischen innen und aussen den Zerreissungsdruck der Hülle übersteigen, so würde in der betreffenden Höhe der Ballon platzen. Genau rechnerisch verfolgbar sind diese Vorgänge nicht, weil das Gummi-Material der Ballonhüllen nicht so gleichmässig ist, dass man immer mit derselben Abhängigkeit zwischen Ballonvolumen und Druckdifferenz innen und aussen und mit derselben Zerreissfestigkeit rechnen könnte; ausserdem ist der Verlauf von p und t mit der Höhe nicht bekannt, und unsicher, wie weit das Gas jeweils die Temperatur seiner Umgebung annimmt.

Bisher hatten wir angenommen, dass das steigende Gespann und die an seine Stelle sinkende Luft sich ohne jede Reibung und ohne jeden Widerstand auswichen, wovon tatsächlich keine Rede sein kann. Vielmehr tritt in Wirklichkeit nach sehr kurzer Zeit ein Zustand ein, in dem von der ganzen verfügbaren Energie (V λ — V σ — L) g h, die aus der Gewichtsdifferenz zwischen der um die Höhe h fallenden Luft und dem ebensoviel steigenden Gespann stammt, nichts mehr zur Erhöhung der Steiggeschwindigkeit verwendet wird, sondern diese ganze Energie für die Überwindung des Stirnwiderstandes und der Reibung verbraucht wird, während die Steiggeschwindigkeit v unverändert bleibt. Man darf diese Widerstands- und Reibungsarbeit proportional zum Quadrat der Geschwindigkeit v, also für die Hubhöhe h = a v² h setzen. Es wird also g h (V λ — V σ — L) — a v² h = 0 oder g F = a v², wenn die ganze Energie so aufgebraucht wird. Die Grösse a die im wesentlichen numerisch den Stirnwiderstand darstellt, der bei dem Aufstieg des Ballons um die Höhe h = 1 mit der Geschwindigkeit v = 1 zu überwinden ist, wird um so grösser, je grösser der horizontale Querschnitt des Ballons ist, und darf angenähert proportional zu diesem angenommen werden. Da bei einer Kugel der Brutto-Auftrieb B proportional zu r³, der horizontale Querschnitt aber proportional zu r² ist, so können wir

$a = \alpha \cdot B^{2/3}$ setzen, wo α eine Konstante bedeutet.

Wir erhalten also:

$$g \cdot F = \alpha \cdot B^{2/3} \cdot v^2 \text{ und } v = \sqrt{\frac{g F}{\alpha \cdot B^{2/3}}}.$$

Die Konstante α ist durch Versuche von Prof. Hergesell bestimmt und für einzelne Ballons im m kg sec.-System rund $\frac{g}{\alpha} = 20$ gefunden worden, also

(2) $\qquad v = \sqrt{\frac{20 F}{B^{2/3}}}.$

Für Tandems gilt nach Prof. Hergesell die entsprechende Formel:

$$(3) \quad v = \sqrt{\frac{40\,F}{B_1^{1/3} + B_2^{1/3}}},$$

wo $B_1$ und $B_2$ die Brutto-Auftriebe der einzelnen Ballons sind.
Vergleicht man die Formel (2) mit der früher angegebenen (1) $v = c\sqrt{F}$, so erkennt man, dass $c = \frac{\sqrt{20}}{B^{1/6}}$, also umgekehrt proportional zum Ballonradius r ist, da ja $B = \frac{4\pi}{3}r^3(\lambda - \sigma)$ ist. Bei 0° und 760 mm Luftdruck ist $\lambda = 1{,}2931$ und $\sigma = 0{,}0895$. Der Innendruck im gespannten Ballon ist zwar etwas grösser als der äussere; es ist indessen für orientierende Rechnungen kaum nötig, deshalb einen grösseren Wert von $\sigma$ anzunehmen, da der Unterschied nur klein ist. Bei den auf dem Äronautischen Observatorium in Lindenberg benutzten kleinen Gummiballons von Paturel z. B., die bis zu 0,23 m Radius aufgeblasen werden, ist nach einer freundlichen Mitteilung von Prof. Assmann der Innendruck nur 8 bis 11 mm Quecksilber grösser als der äussere, so dass $\sigma$ statt $0{,}0895$ etwa $0{,}0895 \cdot \frac{770}{760} = 0{,}0907$ zu setzen wäre.
Nimmt man rund $\lambda - \sigma = 1{,}2$ an, so wird:

$$c = \frac{2{,}61}{r}$$

Führt man anstatt der Brutto-Auftriebe B die Ballonradien als Variabeln ein, so gehen die Formeln (2) und (3) über in:

(2a) für Einzelballons

$$v = \frac{2{,}61}{r}\sqrt{F}$$

und (3a) für Tandems

$$v = 3{,}69\sqrt{\frac{F}{r_1^3 + r_2^3}} = \sqrt{\frac{13{,}62\,F}{r_1^3 + r_2^3}}$$

Die folgende Zusammenstellung gibt für drei Ballonsorten die Grössen c und v, letztere für den Fall, dass die Last L nur aus der Ballonhülle besteht:

I. Kleine Ballons von Paturel in Paris, Radius $r = 0{,}23$ m. $L = 0{,}028$ kg.
II. Kleine Ballons der Continental-Gutta-Percha-Caoutchouc-Compagnie in Hannover, Radius $r = 0{,}43$ m. $L = 0{,}160$ kg.
III. Grössere Ballons der Continental-Gutta-Percha-Caoutchouc-Compagnie in Hannover, Radius $r = 0{,}75$ m. $L = 1{,}33$ kg.

| Ballonart | r | c | v |
|---|---|---|---|
| I | 0,23 | 11,35 | 2,05 |
| II | 0,43 | 6,07 | 2,96 |
| III | 0,75 | 3,48 | 3,08 |

Im Anfang des Aufstiegs, gleich nach dem Loslassen, hat die vom Werte 0 aus heranwachsende Steiggeschwindigkeit v noch nicht den Wert $\sqrt{\frac{g\,F}{\alpha\,B^{1/3}}}$ erreicht, die Differenz

($g F - \alpha B^{2/3} v^2$) ist noch nicht $= 0$ geworden; sie hat positive Werte und stellt den Überschuss an Kraft dar, der der Luft nach unten und dadurch dem Gespann nach oben Beschleunigung erteilt. Die Grösse dieser Beschleunigung $\frac{dv}{du}$ (Zuwachs der Geschwindigkeit v im Zeitelement d u) erhalten wir, indem wir die Kraft ($g F - \alpha B^{2/3} v^2$) durch die in Bewegung gesetzte Masse M dividieren. Es ist $M = V \lambda + V \sigma + L$. Wir erhalten also die Differentialgleichung:

$$\frac{dv}{du} = \frac{gF}{M} - \frac{\alpha B^{2/3}}{M} v^2$$

Für die ersten Augenblicke (das Resultat zeigt, dass es sich nur um ein paar Sekunden handelt) dürfen wir B, F und M als Konstanten betrachten. Dann lässt sich die Gleichung leicht integrieren und ergibt als Form der Abhängigkeit der Steiggeschwindigkeit v von der Zeit u:

$$v = \sqrt{\frac{gF}{\alpha B^{2/3}} \cdot \frac{e^{uN} - 1}{e^{uN} + 1}}, \text{ wo } N = 2 \sqrt{\frac{gF}{M} \cdot \frac{\alpha B^{2/3}}{M}}$$

und e die Basis der natürlichen Logarithmen ist.

Die Integrationskonstante ist so bestimmt, dass für $u = 0$ (Moment des Loslassens) $v = 0$ ist.

Nach dieser Formel würde die konstante Geschwindigkeit der Hergesellschen Formel $v = \sqrt{\frac{gF}{\alpha B^{2/3}}}$ genau erst für $u = \infty$, d. h. nach unendlich langer Zeit erreicht, da dann erst der Faktor $\frac{e^{uN} - 1}{e^{uN} + 1}$ genau $= 1$ wird. Es lässt sich aber leicht zeigen, dass dieser Faktor schon für äusserst kleine Werte von u der Einheit so nahe kommt, dass für alle praktischen Interessen der konstante Endwert als erreicht anzusehen ist. Um dies zu zeigen, berechnen wir für verschiedene Ballonarten, nach wieviel Sekunden u die aus der Formel sich ergebende Geschwindigkeit v noch um $\frac{1}{n}$ kleiner als der Endwert ist, wo wir nacheinander für $n = 2, 5, 10, 20, 100$ setzen.

Wir verlangen also

$$\frac{e^{uN} - 1}{e^{uN} + 1} = 1 - \frac{1}{n} \text{ oder } e^{uN} = 2n - 1; \text{ das gibt } u = \frac{2{,}3026}{N} \log(2n - 1),$$

wo 2,3026 der Modul der Briggschen Logarithmen. Die folgende Tabelle gibt das Resultat für die drei bereits genannten Ballonarten, sowie für ein Tandem, zusammengesetzt aus einem Ballon von 0,85 m Radius, einem von 1,00 m Radius von je 1,3 kg Hüllengewicht, Schnüren und Instrument von zusammen 1,4 kg und einem Schwimmer von 2 kg Gewicht.

Für dies Tandem wird $L = 2 \times 1{,}3 + 1{,}4 + 2{,}0 = 6{,}0$; $B_1 = \frac{4}{3} \pi (\lambda - \sigma) \cdot 0{,}85^3 = 3{,}095$;

$B_2 = \frac{4}{3} \pi \, 1{,}0^3 (\lambda - \sigma) = 5{,}041$; $F = B_1 + B_2 - L = 2{,}136$; $v = \sqrt{\frac{40 F}{B_1^{2/3} + B_2^{2/3}}} = 4{,}107$;

$M = (B_1 + B_2) \frac{\lambda + \sigma}{\lambda - \sigma} + L = 15{,}34$; $N = \frac{g}{M} \sqrt{\frac{F}{10}(B_1^{2/3} + B_2^{2/3})} = 0{,}6651$

Setzen wir $v = c \sqrt{F}$, so wird hier $c = 2{,}81$.

Tabelle der Zeiten u und Höhen h, in denen der Ballon die Geschwindigkeit v' erreicht.

| | n | u (sec.) | $v'=v\left(1-\dfrac{1}{n}\right)$ | h (Meter) |
|---|---|---|---|---|
| Ballon I.  r = 0,23 m. L = 0,028.  N = 3,24. v = 2,05 | 2 5 10 20 100 | 0,34 0,68 0,91 1,13 1,64 | 1,03 1,64 1,85 1,95 2,03 | 0,2 0,6 1,0 1,4 2,5 |
| Ballon II.  r = 0,43 m. L = 0,160.  N = 2,59. v = 2,69 | 2 5 10 20 100 | 0,43 0,85 1,14 1,42 2,05 | 1,48 2,37 2,66 2,81 2,93 | 0,3 1,1 1,9 2,6 4,4 |
| Ballon III.  r = 0,75 m. L = 1,33.  N = 1,35. v = 3,08 | 2 5 10 20 100 | 0,82 1,63 2,18 2,72 3,93 | 1,54 2,46 2,77 2,93 3,05 | 0,6 2,2 3,6 5,2 8,8 |
| Tandem. $r_1$ = 0,85 m. $r_2$ = 1,00. m.  L = 6,00. N = 0,665.  v = 4,11 | 2 5 10 20 100 | 1,65 3,30 4,43 5,51 7,96 | 2,05 3,29 3,70 3,90 4,07 | 1,7 6,1 10,0 14,1 23,8 |

Man erkennt, wie rapid sich die Steiggeschwindigkeit v' vom Anfangswert 0 beim Loslassen ihrem definitivem Wert v nähert.

## II. Die Praxis der Aufstiege.
### a) Sondierballons.
#### 1. Allgemeines.

Es kommt darauf an, die Füllung der beiden Ballons, das Gewicht von Instrument und Schwimmer in ein richtiges Verhältnis zueinander zu bringen, um einen bestimmten Auf- und Abtrieb zu erhalten und damit die Steig- und Fallgeschwindigkeit festzulegen. Letztere muss mit in Betracht gezogen werden, da sie zur Berechnung des Landungsortes des Instrumentballons nötig ist. Die günstigsten Bedingungen vorausgesetzt — Position des Schiffes zwischen Sonne und Ballon — wird der Ballon im Fallen meist schon, wenn der Höhenwinkel unter $30^0$ sinkt, aus Sicht kommen*). So ist das Schiff zur Bestimmung seines Kurses nach dem Landungsorte des Ballons lediglich auf die Berechnung angewiesen. Diese beruht auf der Überlegung, dass der Abstieg des Ballons, gleiche Windverhältnisse und gleiche Vertikalgeschwindigkeit vorausgesetzt, das Spiegelbild des Aufstiegs sein muss. Ist die Fallgeschwindigkeit eine andere

---

*) Verfügt man über hinreichende Geschwindigkeit, so empfiehlt es sich, die Fahrt des Schiffes so zu regeln, dass die Ballons voraus möglichst in ca. $70^0$ Höhe gehalten werden, in welcher Messung und Peilung noch gerade günstig ist. Bei grösserem Höhenwinkel werden die Beobachter besonders in der Mittagszeit geblendet und ermüdet. Das Fernrohr (s. Fussnote S. 64) ist schlecht zu bedienen und die Peilung über dem Kompass ist erschwert; bei geringerem Höhenwinkel liegt die Gefahr vor, dass das Schiff beim Niedergehen des Ballons von ihm zu weit entfernt steht.

als die Steiggeschwindigkeit, so wäre der absteigende Ast gegen das Spiegelbild des aufsteigenden zu korrigieren.

Die Grösse der Steiggeschwindigkeit wird man der zu Gebote stehenden Fahrgeschwindigkeit des Schiffes anpassen. Meist wird grösstmöglichste Steiggeschwindigkeit anzustreben sein, um die Entfernungen der Ballons vom Schiff für das spätere Einfangen möglichst gering zu gestalten. Bezüglich der Frage, ob bei sehr grosser Steiggeschwindigkeit ein ungenaues Registrieren infolge der Trägheit der Instrumente zu befürchten ist, äussert sich Dr. de Quervain wie folgt*): „Man darf annehmen, dass der mittlere Fehler einer einzelnen Luftdruckangabe beim Aufstieg eines Reg'strier-Ballons auch für grosse Höhen nicht über I 2 mm beträgt, eine sorgfältige Eichung und genaue Bestimmung der Kompensationskorrektionen vorausgesetzt. Ohne Kenntnis der wahren Kompensationsfehler könnten bei den einzelnen Aufstiegen immer noch Höhenfehler bis zu 4000 m vorkommen. Dass solche Fehler bei den bisherigen Aufstiegen wirklich vorgekommen sind, unterliegt keiner Frage. Die entsprechenden Temperaturregistrierungen in grosser Höhe dürften im einzelnen Fall auf nicht mehr als I 2° zuverlässig sein. Es handelt sich dabei um die absoluten Werte und dazu nicht um hin- und herspringende, sondern um nur ganz allmählich zu- und abnehmende Fehler. Deshalb sind die Temperaturdifferenzen für Höhendifferenzen von 1000—2000 m bei genauer Bearbeitung der Registrierung bis auf wenige Zehntelgrade sicher und damit auch die entsprechenden Gradientwerte recht zuverlässig, wie diese denn überhaupt für verschiedene Teile desselben Aufstiegs wohl vergleichbar sind; es handelt sich bei der Temperaturregistrierung gewissermassen um eine im grossen ganzen etwas verzerrte, im einzelnen aber getreue Abbildung der wirklichen Zustandskurve. Ähnliches gilt für den Verlauf der Luftdruckkorrektionen. Die zufälligen Fehler beim Ablesen der Kurve sollen im Einzelfall nicht mehr als $\pm$ 1 mm Druck und $\pm$ 0,2° in der Temperatur ausmachen; sie werden im Mittel nicht 0,5 mm und 0,1° übersteigen."

Bezüglich der Registrierung der relativen Feuchtigkeit durch Haarhygrometer besteht nach Versuchen von Dr. Kleinschmidt die interessante Tatsache, dass diese bei Temperaturen unter — 40° unbrauchbar sind. Wenn freilich anderersits wieder richtige Angaben bei schroffen Übergängen in Höhen von etwa 1000 m erhalten worden sind, so zeigt dies, dass die Hygrometerkurven richtige Angaben machen können. Prof. Süring schliesst hieraus wie folgt: „Um wenigstens die Feuchtigkeitsverhältnisse der ersten Kilometer einigermassen richtig zu erhalten, wird es sich also nach den vorliegenden Versuchen empfehlen, die Aufstiegsgeschwindigkeit möglichst gering zu wählen. Für eine korrekte Temperaturaufzeichnung, besonders in den höheren Schichten, ist aber eine starke Ventilation erforderlich. Diese sich widersprechenden Anforderungen wird man wahrscheinlich am besten dadurch lösen, dass man eine gewisse Ballastmenge mittels eines Zeitkontakts nach einer bestimmten Zeit, z. B. wenn der Ballon etwa 4000 m erreicht haben musste, abwerfen lässt."

Diese Bemerkung erscheint beachtenswert. Für die Ballonaufstiege auf See würde diese Massnahme allerdings neue Komplikationen für die Berechnung des Landungsortes des Ballons ergeben. Statt des Zeitkontaktes wäre vielleicht eine chemische Auslösung des Ballastes vorzuziehen.

## 2. Die auf „Planet" verwendeten Werte.

Entsprechend der zu Gebote stehenden geringen Fahrgeschwindigkeit wurde auf „Planet" die Steig- und Fallgeschwindigkeit auf 5 m/sec. normiert. Die Vorherberechnung der anzuwendenden Auftriebe und Gewichte wurde nach folgenden Näherungsregeln ausgeführt: Die oben angegebene empirische Formel von Prof. Hergesell Steiggeschwindigkeit $v = 3{,}5 \sqrt{F}$

---

*) Beiträge zur Physik der freien Atmosphäre. 1. Band. 4. Heft. 1905.

(F = freier Auftrieb in kg), wurde für die auf „Planet" verwendeten Gespanne aus 2 Ballons von etwa je 1,5 m Durchmesser, sowie auch für die Einzelballons dieses Gespannes als gültig angenommen. Freilich war es bei den starken Bewegungen des Schiffes kaum möglich, den Auftrieb genauer als auf 0,5 kg zu bestimmen. Nach den Erfahrungen an Bord schien für diese Gespanne der Multiplikand 3,5 etwas zu gross zu sein*). Eine Steiggeschwindigkeit von 5 m/sec. verlangte nach der Formel 2 kg freien Auftrieb. Das nun folgende Beispiel veranschaulicht die weiteren Überlegungen für Bemessung der Ballonfüllung und des Schwimmgewichts. Die zu hebende Last war: Instrument ca. 0,9 kg, Schnüre pp. ca. 0,5 kg. Der weniger stark gefüllte Ballon, der nicht platzen sollte, musste also, um das Instrument und die Schnüre gut zu tragen, nahezu 2 kg Nutz-Auftrieb haben. (Nutzauftrieb = Bruttoauftrieb minus Masse der Hülle.) Dem zweiten Ballon blieb die Arbeit des Hebens des Schwimmers und die Überwindung des Luftwiderstandes mit 5 m/sec. Geschwindigkeit, wozu, wie gesagt, etwas mehr als 2 kg freier Auftrieb erforderlich waren. Für das dem Schwimmer zu gebende Gewicht ist der Abstieg massgebend. Dies Gewicht gibt im Verein mit dem der geplatzten Ballonhülle die nach unten ziehenden Kräfte, da der Auftrieb des nicht geplatzten Ballons dem Instrument- und Schnurgewicht die Wage hält. Überlegt man ferner, dass der Luftwiderstand des Systems nach dem Platzen eines Ballons ein wenig vermindert ist, so wird zur Erzielung derselben Geschwindigkeit der Abtrieb (d. h. der negative freie Auftrieb) ein wenig geringer sein dürfen als der Auftrieb. Die Hülle wiegt ca. 1 kg (etwas mehr), somit war der Schwimmer ca. 1 kg schwer zu machen, und es ergibt sich daraus für den stärker zu füllenden Ballon ein Nutz-Auftrieb von 3 kg. Nach den Erfahrungen an Bord ist das kein genügender Unterschied, gegen 2 kg Nutz-Auftrieb des anderen Ballons, um unbedingt ein früheres Platzen dieses stärker gefüllten Ballons sicherzustellen. Dazu ist das Material nicht gleichartig genug. Es wurde daher der Schwimmer schwerer gemacht und alles Mehr an Auftrieb dem an und für sich stärker gefüllten Ballon gegeben. Dieser Ballon erhielt bis zu 4 kg Auftrieb.

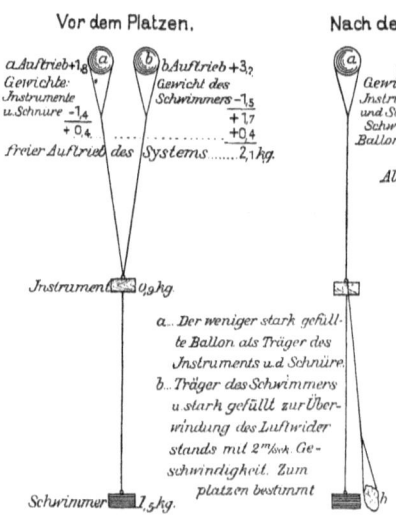

Berechnung zur Füllung eines Ballongespanns.

---

*) Die Erklärung dafür liegt darin, dass die Formel $v = 3,5 \sqrt{F}$, die bei Einzelballons und beim Tandem mit 0,75 m Ballonradius genau mit der Konstanten $c = 3,5$ gilt, unrichtig wird, wenn die Ballons stärker aufgeblasen werden, als es nach den folgenden Ausführungen nötig war. Um einen Ballon von Hüllengewicht $L = 1,33$ kg einen freien Auftrieb $F = 4$ kg, also einem Brutto-Auftrieb $B = 5,33$ kg zu geben, muss er auf $r = 1,02$ m aufgeblasen werden. Dann wird aber $c = \frac{2,61}{r} = 2,56$. Für ein Tandem aus einem Ballon von 1,0 m Radius und einem von 0,85 m Radius ist oben $c = 2,81$ gefunden worden.

## 3. Abwurfvorrichtung.

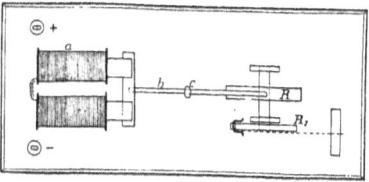

Die Misserfolge in der Wiedererlangung der Ballons führten zu der Überzeugung, dass der Moment des Fallens des ganzen Systems nicht von den zu veränderlichen Materialkonstanten der Ballonhülle abhängig gemacht werden dürfe. Es entstand der Wunsch nach einer Abwurfvorrichtung für einen Ballon. So wurde bei nächster Gelegenheit der hier skizzierte Abwurf-Apparat mit Hülfe eines Fein-Mechanikers in Durban fertiggestellt.

Der Elektromagnet a zieht bei Stromschluss den Anker b an, der in c drehbar gelagert ist. Bei dieser Bewegung gibt der Anker b das Rad R frei, das er zuvor, in eine Nute eingreifend, festhielt. Auf der Achse von R aufgekeilt, sitzt ein zweites Rad $R_1$ mit einer unten angeordneten Nute, in der die Leine des freizugebenden Ballons befestigt ist. Der Zug der Leine wirkt nahezu radial, so dass die Kraft, die R zu drehen bestrebt ist, trotz der 2 kg Zug des Ballons

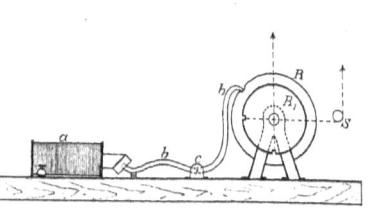

Abwurfvorrichtung.

gering ist, so gering, dass bei den Laboratoriumsversuchen an Bord die Kraft der Elektromagneten genügte, den Anker anzuziehen. Die Skizze zeigt eine etwas andere Anordnung; dort ist bei geschlossenem Strom der Anker in Eingriff bei R. Dazu wurde übergegangen, als sich herausstellte, dass infolge der beim Hochlassen unvermeidlichen Erschütterungen der Anker aus der Nute von R austrat. In der skizzierten Anordnung wurde das Kleben des Ankers ausgenutzt. Bei den unvermeidlichen Bewegungen des ganzen Systems zog manchmal die Ballonleine nicht mehr radial. Dann wurde die Beanspruchung auf Drehung des Rades R sehr gross. Um das zu vermeiden, wurde die Leine um den Stab S geleitet. Das hatte den weiteren Vorteil, dass die Kraft, die auf R kam, gemindert wurde.

Der Apparat war nahezu 1 kg schwer. Da das Unterbrechen des Stromes vom Uhrwerk des Instruments ausgeführt werden sollte, wäre es zur Vermeidung zu langer Drahtleitung am günstigsten gewesen, den Apparat nebst Batterie am Instrumentkasten anzubringen. Das hätte aber den Instrumentkasten zu schwer gemacht und sein Eintauchen ins Wasser nach vollendetem Abstieg herbeigeführt. Es mussten also die Elemente im Schwimmer untergebracht und die lange Drahtleitung in Kauf genommen werden.

Es ist dem Kommando nicht gelungen, den Apparat soweit zu vervollkommnen, dass er gearbeitet hätte. Er war zu roh gebaut, und an Bord fehlten die Mittel und die Zeit, dem abzuhelfen. Bald wurden durch die zahlreichen Versuche die Elemente verbraucht, so dass auch aus diesem Grunde die Versuche aufgegeben werden mussten.

Es wurde dann noch versucht, einen chemisch arbeitenden Abwerfer zu verwenden: ein Zinkstreifen wurde in die eine Ballonleine eingeschaltet, der von verdünnter Salzsäure zerstört werden sollte. Die Versuche damit begannen Erfolg zu versprechen, als das Material zu Ende ging*).

---

*) Neuerdings versucht man, den zweiten Ballon nicht abzuwerfen, sondern zu öffnen. Wenn hierfür ursprünglich finanzielle Rücksichten massgebend waren, so wäre das Gelingen auch vom technischen

## 4. Berechnung des Landungspunktes.

Das Verfahren ist graphisch; brauchbarer Massstab 1:100 000. Die Zeichnung muss enthalten: Schiffskurs, aufsteigende Ballonbahn in ihrer Horizontalprojektion, die absteigende Bahn mit Landungspunkt und den Suchkurs des Schiffes. Der Horizontalabstand $D$ der einzelnen Punkte der Ballonbahn vom Schiff ergibt sich aus der Formel:

$$D = v \cdot n \cdot \cot \varphi,$$

worin $v$ = Steiggeschwindigkeit in m/sec., $n$ = Anzahl der sec. seit dem Beginn des Aufstiegs und $\varphi$ den Höhenwinkel bedeutet. $n \cdot v$ ist die Steighöhe in Metern.

Zu der Abstandsbestimmung tritt noch die Azimutbestimmung.

Die Höhenwinkel werden von Minute zu Minute gemessen. Es empfiehlt sich, das Instrument zum Messen umzudrehen und an Stelle des Horizonts den Ballon anzuvisieren. Ein grosser Vorteil. Der Horizont tritt in der Spiegelung noch klar genug hervor. Man lese den Höhenwinkel auf Zehntelgrade ab.

Zum Messen stelle man an: 2 Winkelmesser, die sich gegenseitig ablösen und von denen stets einer den Ballon im Auge behält, 1 Anschreiber mit Uhr, 1 Mann zum Peilen. Die genaue Beobachtung des Platzpunktes zugleich mit einer Messung in diesem Moment ist besonders wichtig. Die Berechnung des Abstiegs ist von einer guten Beobachtung des Platzpunktes abhängig. Sind die Ballons durch Wolken oder Dunst aus Sicht gekommen, so sind möglichst ausgiebig Beobachter zum Suchen anzustellen. Hierbei ist zu beachten, dass die Beobachter

1. möglichst tief stehen, weil der niedrig über Wasser schwebende Ballon sich dann gegen den freien Himmel abhebt.
2. dass sie seitlich stehen. Voraus genügt ein Beobachter, da das Schiff sich dem eventuellen Landungspunkt direkt nähert, während es leicht möglich ist, dass man die Ballons ohne zu sichten seitlich passiert.

Die Azimute werden mit dem Kompass bestimmt. Zum Peilen bei grossen Höhenwinkeln ist ein Schattenstift — etwa 0,4 m lang — mit Vorteil zu benutzen; noch mehr zu empfehlen sind vertikal drehbare Peilfernrohre*). Von den Winkeln und Azimuten haben für Berechnung der Ballonbahn besonderen Wert diejenigen, welche grössere Änderungen der Beträge aufweisen.

---

Standpunkte zu begrüssen, da man dann das Gewicht der Ballonhülle für den Abtrieb zur Verfügung hätte. Man kann den zweiten Ballon stärker füllen, als wenn mit Loswerfen gearbeitet wird, und erreicht damit schnelles Steigen und Fallen, beides Vorbedingungen für den Erfolg. Versuche, die im Jahre 1907 auf S. M. S. „Möwe" mit einem von der Deutschen Seewarte konstruierten Öffnungsmechanismus gemacht worden sind, hatten leidlichen Erfolg.

Gute Erfolge wurden 1908 auf „Möwe" mit einer Zündvorrichtung erzielt, bei welcher durch Zerstörung eines kleinen Verschlussballons mittels Zündschnur ein Ballon des Tandems nach oben geöffnet wurde, so dass das Gas ausströmen konnte. Die leere Hülle bleibt auch hier für den Abtrieb zur Verfügung. Diese Methode wird bis auf etwa 10 000 m Höhe anwendbar sein nach den Erfahrungen von S. M. S. „Victoria Luise" Sommer 1908 (s. bez. anderweitiger Verwendung der Zündschnur auch Fussnote S. 66).

\*) Als solches ist mit Vorteil das grosse Bordfernglas auf Stativ zu verwenden. An diesem wird mit Bordmitteln ein Pendelsextant und eine horizontale Gradscheibe nebst Zeiger angebracht; in das Fernrohr wird ein Fadenkreuz eingezogen. Hierbei ergibt dann die gleichzeitige Ablesung der mit der Kompassgradscheibe verglichenen Fernrohrgradscheibe und des Kurses die Peilung des Ballons. Für die richtige Bedienung dieses so hergerichteten Fernrohres bei bewegtem Schiff ist nötig, die Ablesung in dem Augenblick vorzunehmen, in dem das Peilobjekt in der Mitte des Fernrohrs ist. Der Visierende ruft „Null", wenn das Peilobjekt das Fadenkreuz passiert.

Das Fernrohr behält die Ballons länger in Sicht, als es mit dem Sextanten möglich ist. So beobachtete S. M. S. „Victoria Luise" Sommer 1908 bei dem grossen Serienaufstieg die grösst' erreichte Höhe von 21 800 m bis kurz vor dem Platzpunkt des Ballons.

Die Multiplikation der Steighöhe mit der Kotangente des Höhenwinkels wird zweckmässig mit dem Rechenschieber ausgeführt.

Beim Einstellen des Suchkurses ist Bedacht zu nehmen auf die Treibgeschwindigkeit des gelandeten Ballons und demgemäss gut vorzuhalten. „Planet" konnte ganz bedeutende Treibgeschwindigkeiten feststellen.

Zur Erleichterung der Konstruktion dient Tabelle Anlage 2, die für den Massstab 1:100 000 berechnet ist. Die Angaben über Windgeschwindigkeit und Richtung entnimmt man der konstruierten Ballonbahn. Die Geschwindigkeit findet man wieder aus der Tabelle, welche zu diesem Zweck umgekehrt anzuwenden ist. Man greift z. B. in der Ballonbahn zwischen 2 Punkten, welche 4 Minuten auseinanderliegen, 30 mm Entfernung ab und findet hierfür in der Tabelle für $2 \times 15$ im Kopf $2 \times 6{,}25 = 12{,}5$ m/sec. Geschwindigkeit.

Der im „Aerologischen Tagebuch" ausführlich beschriebene Ballonsonde-Aufstieg vom 18. Juli gibt ein anschauliches Bild für Durchführung und Berechnung eines solchen.

## 5. Das Auffüllen der Ballons

geschieht auf dem Vordeck an geschütztem aber freiem Ort. Sonnensegel sind zu bergen. Von der Füllstelle müssen Gegenstände, welche eine Beschädigung der Ballons bewirken können, entfernt werden. (Sonnensegelstrecktaue, Stützen pp.) Das Schiff legt sich vor den Wind und dampft die Windstärke aus. Die Wasserstoffflasche wird an Deck gelegt und zunächst nur einen Augenblick geöffnet, um die für den Transport fest angezogene Verschlussschraube gangbar zu machen (beim Aufdrehen Gewindegang be-

Ein Ballongespann klar zum Aufstieg.

rücksichtigen). Dann wird der Ballon mit seinem Füllansatz direkt auf die Fülltülle der Flasche gesetzt und die Flasche l a n g s a m geöffnet. (Bei schnellem Öffnen kann der Ballon zerrissen werden.) Vor der Füllung muss die Luft aus dem Ballon herausgedrückt und die Flasche durch Manometer auf ihren Inhalt geprüft sein. Während des Füllens wird der Ballon sorgfältig auf Löcher abgesucht. Die Löcher werden verklebt, wobei darauf zu achten ist, dass der Klebestoff nur auf die schadhafte Stelle der Ballonhülle kommt.

Während des Füllens muss mit dem Schiff vorsichtig manövriert werden, damit der achterliche Wind nicht glühende Funken gegen die Ballons treibt.

Durch Abwiegen mit Gewichten — nicht Federwage, da diese zu ungenau ist — wird die Füllung des Ballons entsprechend dem erforderlichen Auftrieb geregelt.

Die Grösse der hierbei verwendeten Gewichte ist als „Auftrieb" zu notieren. Das zur Berechnung erforderliche Gewicht wird bei den Sondierballons direkt an den Füllansatz des Ballons angehangen. Bei den Pilotballons geschieht das Abwiegen am besten durch ein Säckchen, in das eine Anzahl kleiner Gewichte und dann Schrotkugeln solange getan werden, bis der Ballon keinen Auftrieb mehr hat. Das Säckchen wird dann abgenommen und sorgfältig auf einer Wage gewogen. Beträgt der Auftrieb des Pilotballons erheblich mehr als festgesetzt, so ist etwas Gas herauszulassen.

Haben die Ballons die richtige Füllung, so werden sie abgebunden und an die Aufstiegstelle gebracht. Das Verschliessen der Fülltülle geschieht bei den Registrierballons mittels Korkpfropfen oder Bändsel, bei den Pilotballons durch einfaches Zubinden. Werden die Sondierballons der Reihe nach gefüllt, so ist darauf zu achten, dass der gefüllte Ballon nicht den Sonnenstrahlen zu sehr ausgesetzt wird und an einem geschützten Ort hängt.

Das Tandem wird, nachdem die Instrumente mit den Normalinstrumenten verglichen und eingestellt sind, möglichst zu einer vollen Minute hochgelassen.*)

### b) Pilotballons

von

Prof. Dr. Maurer.

Während man die durch einen Sondierballon erreichten Höhen später durch das Meteorogramm kontrollieren kann, fällt dieser Vorteil bei den Pilotballons weg. Hier muss daher erhöhte Aufmerksamkeit auf die vorgeschriebenen Messungen verwendet werden.

Die Darstellung der Ballonbahn für Pilotballons geschieht zweckmässig nach dem Muster Anlage 1.

Bei den auf dem Äronautischen Observatorium in Lindenberg benutzten kleinen Ballons wird der Ballon stets bis zur gleichen Höhe aufgeblasen; und diese ist so gewählt, dass man nur die Sekunden Steigezeit mit 2 zu multiplizieren hat, um die jedesmalige Steighöhe zu erhalten. Es wird also $v = 2$ gemacht. Der hierfür vorgeschriebene Ballonradius ist $r = 0{,}23$ m. Es ist für diese Ballons $L = 0{,}028$ kg; es wird $B = \frac{4\pi}{3}(\lambda - \sigma) \cdot 0{,}23^3$ $= 5{,}04 \cdot 0{,}23^3 = 0{,}0613$; $F = B - L = 0{,}0333$, mithin $v = \sqrt{\frac{20\,F}{B^{2/3}}} = 2{,}07$. Eine Vorstellung, wie genau man den Ballonradius bestimmen und einhalten muss, gibt die Angabe, dass man für $r = 0{,}22$ m $v = 1{,}90$ und für $r = 0{,}24$ m $v = 2{,}22$ erhalten würde.

Die auf Seite 58 genannten grösseren Pilotballons vom Hüllengewicht $L = 0{,}160$ kg werden bis zu einem freien Auftrieb $F = 0{,}300$ bis $0{,}350$ kg aufgeblasen. Es liegt dann $r$ zwischen $0{,}450$ und $0{,}465$ m, B zwischen $0{,}46$ und $0{,}51$ kg und v zwischen $3{,}17$ und $3{,}31$ m.

---

*) Es empfiehlt sich auch noch das Anbringen einer Zündschnur an dem Schwimmer; sie ist ein gutes Hülfsmittel zur Beobachtung der Ballons bis zu ca. 10 000 m Höhe. Der ausströmende Rauch ist als lange Dampfschlange gut sichtbar.

Für kleine Ballons findet man ferner zur Vorausberechnung von v die Formel $v = \sqrt{0,08\, f}$ erwähnt, wo f den freien Auftrieb in Gramm bedeutet. Im kg m sec.-System würde die Formel also $v = \sqrt{80\, F}$ lauten, also für einen Ballon gelten, dessen Bruttoauftrieb B sich aus der Beziehung $\frac{20}{B^{2/3}} = 80$ ergeben würde zu B = 0,125 kg. Die Formel würde also beispielsweise gelten für einen Ballon vom Radius r = 0,29 m, einem Hüllengewicht L = 0,047 kg und für diesen eine Aufstieggeschwindigkeit v = 2,5 m bei 0,078 kg freien Auftrieb ergeben. Jedenfalls hüte man sich, Formeln der Form $v = c \sqrt{F}$, die stets nur für eine Ballonart gelten können, auf andere Ballons anzuwenden; wie stark c mit der Ballongrösse variiert, ist auf Seite 58 gezeigt worden. Bei der Unsicherheit, mit der die Steighöhen rechnerisch vorausbestimmbar sind, wird man völlig zuverlässige Auswertungen von Pilotballonaufstiegen nur erhalten, wenn ihnen Beobachtungen von mehreren Punkten aus zugrunde gelegt werden*).

Gang der Beobachtung sowie die Auswertung für Windrichtung und Stärke geschieht bei den Pilotballons wie bei den Sondierballons.

Eine weitere Vereinfachung des Verfahrens der graphischen Darstellung im besonderen erlaubt ein von Dr. de Quervain konstruierter Volltransporteur, der mit einer langen, entsprechend geteilten Alhidade verbunden ist. Ein derartiges Instrument ist mit den einfachsten Mitteln leicht und vor allem für Bordzwecke genügend genau herzustellen.

### c) Fesselballon an der Drachenwinde.

Hiermit sind auf „Planet" erfolgreiche Aufstiege gemacht worden (s. Annalen Hydrogr. 1908, Heft II)**).

## III. Auswertung der Meteorogramme.
### Von
### Oberleutnant z. See Schweppe.

Zur Auswertung der Meteorogramme war eine Glasskala mit Millimeterteilung mitgegeben. Zum Auffinden der gleichzeitigen Kurvenpunkte musste man auf irgend eine Weise gleichzeitige Kurven der drei Zeiger auf der Skala schreiben lassen. Das geschah in der Weise, dass die Kurven nach den genauen Massen der Zeigerhöhen und Zeigerlängen konstruiert und dann mit Tinte oder Tusche auf die Skala gebracht wurden — ein recht umständliches Verfahren, zudem nicht genau, da diese Kurven nicht sehr fein gezeichnet werden können.

---

*) Vielleicht könnte zur besseren Verwertung von Pilotballonaufstiegen die Stereophotometrie zweckmässig mit herangezogen werden; jedenfalls wären solche Beobachtungen zur genaueren Ermittlung der Abhängigkeit der Aufstieggeschwindigkeit vom freien Auftrieb und der Ballongrösse wertvoll. Um die unbekannten vertikalen Luftströmungen dabei zu eliminieren, müssten zur gleicher Zeit und an gleichem Ort Ballons von verschiedenen Ballongrössen und freien Auftrieben aufgelassen und ihr Aufstiegsverlauf trigonometrisch verfolgt werden. Liesse man beispielsweise 4 Ballons, die paarweise entweder gleichen Brutto-Auftrieb B oder gleichen freien Auftrieb F haben, gleichzeitig in Luft, die selbst die Vertikal-Geschwindigkeit l besitzt, aufsteigen, so wäre zu konstatieren, ob die trigonometrisch beobachteten Aufstiegsgeschwindigkeiten $v_1$ bis $v_4$ den Formeln

$$v_1 = l + \sqrt{\frac{20\, F_1}{B_1{}^{2/3}}} \qquad v_2 = l + \sqrt{\frac{20\, F_2}{B_1{}^{2/3}}} \qquad v_3 = l + \sqrt{\frac{20\, F_1}{B_2{}^{2/3}}} \qquad v_4 = l + \sqrt{\frac{20\, F_2}{B_2{}^{2/3}}}$$

entsprächen oder nicht.

**) Prof. Hergesell hat verschiedentlich damit gearbeitet, desgleichen die Expedition Hewald-Hildebrandt während des grossen Serienaufstieges 1907 auf dem Dampfer „National". Hildebrandt erreichte mit ihnen eine Höhe von 3000 m.

Auswertung der Meteorogramme

Das bessere Verfahren (wie es, soweit bekannt, von Dr. Kleinschmidt zum ersten Male angewendet worden ist, und das allgemeinster Nachahmung zu empfehlen ist) besteht darin, dass man die Zeiger des Instrumentes selbst die Gleichzeitigkeitskurven schreiben lässt. Man hat dazu nur einen kleinen Stift aus jeder Zeigerübertragung zu lösen, die Trommel (es handelt sich jetzt um Drachenmeteorogramme) so zu drehen, dass die Zeiger, jetzt noch abgehoben, an der beabsichtigten Stelle stehen, und dann unter Einrücken der Zeiger diese einen feinen Strich durch die Kurve ziehen zu lassen. Dies hat vor dem Fixieren zu geschehen.

Das Auswerten an Bord hat leider aus Zeitmangel allmählich ganz aufhören müssen. Man musste sich begnügen, das Material zu sammeln und die Notizen für die spätere Auswertung möglichst sorgfältig niederzuschreiben.

Für die Kurvenauswertung, die Oberleutnant z. S. Schweppe nachträglich in Deutschland vornahm, und die den Werten des ärologischen Tagebuches zugrunde liegt, ist der Ausmessapparat von v. Bassus benutzt*). Im allgemeinen wurden die Originalrusskurven ausgewertet, die Kopie dagegen bei den Aufstiegen, bei denen das Instrument ins Wasser gefallen und die Russkurve zu sehr verwischt war. Die Kurven zeichnen sich, wenn man nicht eine sehr helle Unterlage hat, bei dem transparenten Papier so wenig deutlich ab, dass die Auswertung einige Schwierigkeiten bereitete. Nach mancherlei Versuchen erwies sich die Benutzung eines Glastisches am zweckmässigsten. Doch muss dabei die Kurve von unten sowohl wie von oben beleuchtet werden. Bei Beleuchtung nur von unten ist zwar die Kurve scharf zu sehen, doch verschwindet dann die Skaleneinteilung der Glasplatte des Ausmessers.

Die gemessenen Ausschläge sind auf einen gemeinsamen Nullpunkt zu reduzieren. Das wird nötig, wenn — was stets der Fall ist — die Achse der Trommeluhr nicht genau parallel zur Zylinderoberfläche steht. Dann läuft bei abgerollter Zylinderoberfläche die Nullinie nicht geradlinig. Die Nullpunktskorrektion wurde vor dem Ausmessen für die ganze Länge des Blattes festgestellt und aufgeschrieben, und dann von dem Mann, dem die Zeigerausschläge diktiert wurden, unmittelbar auf die Ausschläge in Anrechnung gebracht. Es ist eine grosse Vereinfachung und Erleichterung, wenn man das Niederschreiben nicht selbst zu tun braucht.

Das Auswerten der meist recht unregelmässigen Drachenkurven war schwierig und umständlich. Das fortgesetzte Steigen und Fallen hat es häufig dem an und für sich trägen Thermometer unmöglich gemacht, zu folgen, so dass oft für gleiche Höhen verschiedene Temperaturen gefunden wurden, die dann auf graphischem Wege gemittelt wurden.

Soweit möglich, wurden Auf- und Abstieg ausgewertet. Im allgemeinen waren bei den Drachenaufstiegen die Abstiege klarer, da sie meist ununterbrochene Abnahme der Höhe gaben. Da jedoch die Eichungskurven für abnehmenden Druck aufgestellt werden, so sind bei der recht bedeutenden elastischen Nachwirkung der Aneroide, die nicht in Rechnung gesetzt werden kann, die Höhenangaben der Abstiege wenig genau. Aus diesem Grunde wurden die Abstiege nicht in ihren Zahlenwerten, sondern nur in graphischer Darstellung gegeben.

Zur Berechnung der Höhen aus den Druckwerten wurden benutzt die „Tafeln zur barometrischen Höhenberechnung nach A. Angot", erweitert von A. de Quervain**). Die Temperaturkorrektionen wurden der dort gegebenen Tafel III entnommen.

Die Ballonkurven wurden von Minute zu Minute, also in Staffeln von etwa 300 m, ausgewertet, bei den Drachen-Kurven wurden die Staffeln meist beträchtlich kleiner, so dass also hinsichtlich der der Verbesserung der Höhendifferenzen zugrunde zu legenden Mitteltemperatur recht grosse Genauigkeit beobachtet worden ist.

*) Beschreibung und Gebrauchsanweisung in den „Beiträgen zur Physik der freien Atmosphäre" Band 2. 1906. Seite 73 ff.
**) Band 1, Heft 2 der „Beiträge zur Physik der freien Atmosphäre". Strassburg 1904.

Kap. II. Anlage 1.

## Berechnung einer Pilotballonbahn.

| Datum 1907 | Zeit | Ort Br. N | Ort Lg. W | Barometer | Thermometer | Bewölkung Form | Bewölkung Grad | Wind Richtung | Wind Stärke | Wahrer Kurs | Fahrt in sm. | Ballon Umfang cm | Ballon Auftrieb f gr. | V $\sqrt{0.08\,f}$ |
|---|---|---|---|---|---|---|---|---|---|---|---|---|---|---|
| 28.12. | 9½ʰ v. | 17° 18′ | 24° 53′ | 764,9 | 22,0 | cum | 4 | NOzO | 3—4 | S 1°W | 14 | 280 | 334 | 5.6 |

Beschwerung des Ballons: Keine.
Bemerkungen: Der Ballon hatte ein kleines Loch, das verklebt wurde.
Kritik des Aufstiegs: Der Ballon konnte gut beobachtet werden, bis er in den Wolken verschwand.

| Ballon Los Chronometer | Ballon-Messungen | | | Berechnungen | | | | Weg des Schiffes |
|---|---|---|---|---|---|---|---|---|
| | Zeit nach Chronometer | Azimut | Höhenwinkel $\varphi$ | N Sekunden | V Meter | NV=H Meter | H cotg $\varphi$ Abstand Meter | |
| 11ʰ 7ᵐ 42ˢ | 11ʰ 8ᵐ 0ˢ | N 40° W | 30° | 18 | 5.6 | 101 | 175 | 130 |
| | ,, 9 ,, | N 45° W | 34° | 78 | | 437 | 648 | 562 |
| | ,, 10 ,, | N 47° W | 34° | 138 | | 773 | 1146 | 994 |
| | ,, 11 ,, | N 47° W | 31° | 198 | | 1109 | 1845 | 1426 |
| | ,, 12 ,, | N 35° W | 27° | 258 | | 1445 | 2836 | 1858 |
| | ,, 13 ,, | N 28° W | 26° | 318 | | 1781 | 3653 | 2290 |

Ballonbahn:   mm = 100 m.

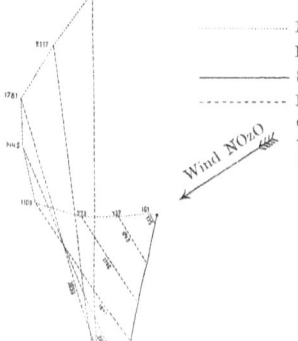

............ Horizontalprojektion der Ballonbahn
─────── Schiffsweg
--------- Horizontale Entfernung des Ballons von der jeweiligen Position des Schiffes.

Kap. II. Anlage 2.

**Wege in Hektometern oder bei Anwendung eines Massstabes 1 : 100 000 in Millimetern.**

| Zeit in Minuten | sm/Stunde m/sec. | 5 2.5 | 6 3 | 7 3.5 | 8 4 | 9 4.5 | 10 5 | 11 5.5 | 12 6 | 13 6.5 | 14 7 | 15 bis 20 7.5 10 |
|---|---|---|---|---|---|---|---|---|---|---|---|---|
| 1 | | 1.5 | 1.8 | 2.1 | 2.4 | 2.7 | 3 | 3.3 | 3.6 | 3.9 | 4.2 | |
| 2 | | 3.0 | 3.6 | 4 | 5 | 5 | 6 | 7 | 7 | 8 | 8 | |
| 3 | | 4.5 | 5.4 | 6 | 7 | 8 | 9 | 10 | 11 | 12 | 13 | |
| 4 | | 6.0 | 7.2 | 8 | 10 | 11 | 12 | 13 | 14 | 16 | 17 | |
| 5 | | 7.5 | 9 | 11 | 12 | 14 | 15 | 17 | 18 | 20 | 21 | |
| 6 | | 9.0 | 11 | 13 | 14 | 16 | 18 | 20 | 22 | 23 | 25 | |
| 7 | | 10.5 | 13 | 15 | 17 | 19 | 21 | 23 | 25 | 27 | 29 | |
| 8 | | 12 | 14 | 17 | 19 | 22 | 24 | 26 | 29 | 31 | 34 | |
| 9 | | 13.5 | 16 | 19 | 22 | 24 | 27 | 30 | 32 | 35 | 38 | |
| 10 | | 15 | 18 | 21 | 24 | 27 | 30 | 33 | 36 | 39 | 42 | |
| 12 | | 18 | 22 | 25 | 29 | 32 | 38 | 40 | 43 | 47 | 50 | |
| 14 | | 21 | 25 | 29 | 34 | 38 | 42 | 46 | 50 | 55 | 59 | |
| 16 | | 24 | 29 | 34 | 38 | 43 | 48 | 53 | 58 | 62 | 67 | |
| 18 | | 27 | 32 | 38 | 43 | 49 | 54 | 59 | 65 | 70 | 76 | |
| 20 | | 30 | 36 | 42 | 48 | 54 | 60 | 66 | 72 | 78 | 84 | |
| 22 | | 33 | 40 | 46 | 53 | 59 | 66 | 73 | 79 | 86 | 92 | |
| 24 | | 36 | 43 | 50 | 58 | 65 | 72 | 79 | 86 | 94 | 101 | |
| 26 | | 39 | 47 | 55 | 62 | 70 | 78 | 86 | 94 | 101 | 109 | |
| 28 | | 42 | 50 | 59 | 67 | 76 | 84 | 92 | 101 | 109 | 118 | |
| 30 | | 45 | 54 | 63 | 72 | 81 | 90 | 99 | 108 | 117 | 126 | |
| 32 | | 48 | 58 | 67 | 77 | 86 | 96 | 106 | 115 | 125 | 134 | |
| 34 | | 51 | 61 | 71 | 82 | 92 | 102 | 112 | 122 | 133 | 143 | |
| 36 | | 54 | 65 | 76 | 86 | 97 | 108 | 119 | 130 | 140 | 151 | |
| 38 | | 57 | 68 | 80 | 91 | 103 | 114 | 125 | 137 | 148 | 160 | |
| 40 | | 60 | 72 | 84 | 96 | 108 | 120 | 132 | 144 | 156 | 168 | |
| 50 | | 75 | 90 | 105 | 130 | 135 | 150 | 165 | 180 | 195 | 210 | |
| 60 | | 90 | 108 | 126 | 144 | 162 | 180 | 198 | 216 | 234 | 252 | |

Die Tabelle ist genau für m/sec; für die am Kopf stehenden Zahlen sm/Stunde sind die Weglängen um etwa $3^0/_0$ zu klein, da die Seemeile auf 1800 m abgerundet ist.

# Drittes Kapitel.
# Aerologisches Tagebuch.

Von

Oberleutnant z. See Schweppe.

---

## Vorbemerkungen.

### a) Text.

Die Aufstiege sind zeitlich geordnet und durch Übersichtskarten und Diagramme illustriert.
Die Barometerangaben sind für 0° Celsius und auf den Meeresspiegel reduziert.
Die Angaben über relative Feuchtigkeit stammen aus Beobachtungen mit dem Aspirationspsychrometer von Assmann zu Beginn und zum Schluss des Aufstiegs und aus solchen, die der Ozeanograph Dr. Brennecke zweimal täglich für seine besonderen Zwecke anstellte.

### b) Übersichtskarten.

Auf diese ist in der Überschrift zu jedem Aufstieg besonders hingewiesen. Sie geben die geographischen Positionen, laufende Nummer, Bezeichnung der Aufstiege (D = Drachenaufstieg, B = Ballonsonde, P = Pilotballon) und Bemerkungen über die Windrichtung. Die eingezeichneten Pfeile fliegen mit dem Wind, geben also die wahre Windrichtung. Die Zahlen neben den Pfeilen bedeuten Höhe in km. Der Pfeil für den Unterwind ist ausgezogen, für die Winde bis etwa 5000 m gestrichelt und für die Winde in den höchsten Schichten punktiert gezeichnet. Die Windstärken verhalten sich zueinander wie die Längen der Pfeile.

### c) Diagramme.

Sie befinden sich im Anhang und veranschaulichen die Ergebnisse des Aufstiegs in einer Temperatur- und Feuchtigteitskurve.
Links ist die Temperaturkurve — für den Abstieg gestrichelt —. Die Abscissen geben die Temparaturen von 5 zu 5°, die Ordinaten die Höhen von 500 zu 500 m. Die Kurven sind durch Auswertung der Meteorogramme mit Hülfe der Eichungskurve entstanden. 10° Temperaturänderung entsprechen in der Zeichnung 1000 m Höhenänderung, derart, dass die 45° - Linie die adiabatische Temperaturabnahme kennzeichnet. Die Abstiegskurven der Ballonsonde-Aufstiege sind nicht ausgewertet worden, weil die Eichungsangaben nur für fallenden Barometerdruck aufgestellt werden, und es der elastischen Nachwirkung der Barographen wegen nicht angängig oder doch zu ungenau ist, die für fallenden Barometerdruck (Aufstieg) aufgestellte Eichungskurve auch für den Abstieg (steigenden Druck) zu verwenden.
Rechts ist die Feuchtigkeitskurve — nur für den Aufstieg. Die Zeichen + oder — bedeuten: Zunahme oder Abnahme gegen die an der Meeresoberfläche herrschende Feuchtigkeit. Absolute Werte für die Feuchtigkeit sind nicht gegeben, ebenso wurde auf Auswertung der Anemometerangaben, weil zu unsicher, verzichtet.

# I. Nord-Atlantischer Ozean.

## No. 1. Drachenaufstieg.

26. Januar. Von 12ʰ bis 4ʰ nachm. 6 Drachen, 8 km Draht.
Breite: 46.8° N.
Länge: 7° W.

Der Winddruck wird durch die Fahrt so vermehrt, dass sehr schnell ausgelassen werden kann. Bei 65 kg Zug bricht der 0,9 mm-Draht aus nicht erkennbarem Grunde. Der unterste Drache verankert sofort das ganze Gespann. Von den oberen Drachen der Wolken wegen zunächst nichts zu sehen. Das Schiff fährt mit äusserster Kraft vor dem Wind. Nach 5 Minuten wird ein Drachen ca. 20 m über Wasser gesichtet. Als das Schiff längsseit ist, schwimmt er auf dem Wasser, zeitweise durch den Zug der noch stehenden Drachen hochgehoben und dann weite Sprünge übers Wasser machend. Der Drachen wird mit Hilfe eines Draggens gefischt; der Draht provisorisch gesplisst und dann alle Drachen geborgen.

| \ | An der Meeresoberfläche | | | | | | | Auswertung des Aufstiegs | | | | |
|---|---|---|---|---|---|---|---|---|---|---|---|---|
| Uhr-zeit | Wind in m/sec | Baro-meter | Luft t° C. | Relative Feuchtig-keit % | Be-wölkung | Wetter | See-gang (0—9) | Höhe | Luft t° C. | Gradient | Relative Feuchtig-keit % | Wind in m/sec |
| 4 a  | W.7   | 765.1 | 10.2 |    |         | o m (r)     | 4 | unten | +12.2 | 0.21 | 88 | NW 7 |
| 8 a  | „     | 767.3 | 10.6 |    |         | „           | 4 | 1760  | 8.5   | 0.83 |    |       |
| 12 a | NW 5½ | 768.4 | 11.2 | 88 | cu. ni. | o           | 4 | 2000  | 6.5   | 0.4  |    | Draht |
| 4 p  | „     | 769.0 | 11.3 | 5ʰ 81 | später nl. | o d      | 3 | 2500  | 4.5   | 0.5  |    | oben etwa 3 Strich |
| 8 p  | „     | 769.5 | 11.2 |    |         | o           | 3 | 3000  | 2.0   | 0.80 |    | rechts und bölg. |
| 12 p | NW 4  | 771.0 | 11.2 |    |         | c           | 3 | 3360  | —1.0  |      |    |       |

Versehentlich war das Instrument so eingebaut, dass die Zeiger von unten an der Trommel schrieben, daher nur stellenweise gezeichnet und keine Feuchtigkeitsangaben; doch muss es schon bei 1760 m sehr trocken gewesen sein, da dort plötzlich die Zacken des Anemometerzeigers kleiner werden, was nur dadurch zu erklären ist, dass der Hygrometerzeiger gegen den des Anemometers gestossen ist. Der geringe Gradient 0.21 lässt das Vorhandensein einer starken Inversion unter 1760 m wahrscheinlich erscheinen. Der sehr geringe Durchschnittsgradient von 0,4° ist typisch für das Hochdruckgebiet der Rossbreiten und wurde in gleicher Weise im südlichen Indischen Ocean angetroffen.

## No. 2. Drachenaufstieg.

6. Februar. Von 8ʰ vorm. bis 4ʰ nachm. 5 Drachen, 7.2 km Draht.
Breite: 33° N.
Länge: 14.8° W.

Es musste die provisorische Splissung vom Aufstieg 1 durch eine endgültige ersetzt werden, daher bis 7.2 km Draht nur 3 Drachen, um den Zug auf keinen Fall hoch kommen zu lassen. Dann wurde der Draht beigefangen, die Splissung hergestellt, bis 6 km eingeholt und noch ein 4. und 5. Drachen angesetzt. Wieder bricht heute bei 45 kg Druck der 0.9 mm-Draht. Er muss havariert gewesen sein, vielleicht vom Bruch beim 1. Aufstieg her. Auch dieses Mal wurde wieder alles geborgen. — Die starken Schlingerbewegungen erschweren den Aufstieg ungemein. Hier trat auch zum ersten Male die ungewollte Reibung durch Schlottern der Trommelachse ein.

Aerologisches Tagebuch — Lissabon—Porto Grande—Freetown

### An der Meeresoberfläche

| Uhrzeit | Wind in m/sec | Barometer | Luft t⁰ C | Relative Feuchtigkeit % | Bewölkung | Wetter | Seegang (0—9) |
|---|---|---|---|---|---|---|---|
| 4 a | NNO 7 | 763.4 | 14.1 | | | c | 5 |
| 8 a | ,, | 765.7 | 14.9 | 70 % | cu. ni | o | 5 |
| 12 a | N 11 | 766.2 | 15.1 | | | c g | 6 |
| 4 p | NNO 8½ | 766.7 | 13.9 | | | c | 5 |
| 8 p | N 8 | 767.8 | 14.5 | | | c g (r) | 4 |
| 12 p | N 7 | 769.9 | 14.8 | | | c | 4 |

### Auswertung des Aufstiegs

| Höhe | Luft t⁰ C. | Gradient | Relative Feuchtigkeit % | Wind in m/sec |
|---|---|---|---|---|
| unten | +17.8 | 1.04 | 70 | N z O 10 |
| 500 | 12.6 | 1.38 | trockener | |
| 1000 | 5.7 | 1.14 | | |
| 1500 | + 0 | —0.55 | Sprünge Wolken | Schwächer werdend |
| 1716 | — 1.2 | | | |

**Fig. 2**

Barometerzeiger hat zu lose aufgelegen, Kurve so zittrig, dass nur ungenaues Auswerten möglich war und auf ein Auswerten des Abstieges verzichtet werden musste.

## No. 3. Pilotballon. 0,5 m ⌀ (Tafel 1.)

11. Februar. Breite: 22⁰ N.
Länge: 23⁰ W.

Zwei Versuche mit Ballonsonde-Aufstiegen missglücken bei dem zu starken Unterwind. Bei dem ersten Versuch reisst sich der eine Ballon los und wird mit Sextant und Peilapparat verfolgt. Der Aufstieg zeigte folgende Windverhältnisse:
  Bis 2000 m Ost bis ONO 8 m/sec.
  Von 2000 ,, 3500 m Stille bezw. ganz schwacher SW.
  ,, 3500 ,, 5000 m W z S 10. Allmählich rechts drehend. In 6000 m W z N.
Höhen und Windgeschwindigkeitsangaben sind geschätzt, da die Aufstiegsgeschwindigkeit nicht bekannt war und geschätzt werden musste.

## No. 4. Pilotballon. Missglückter Ballonsonde. (Tafel 1.)

12. Februar. Breite: 19.5⁰ N.
Länge: 24⁰ W.

Trotz des recht kräftigen Unterwindes gelingt es durch Herfahren vor dem Wind mit äusserster Kraft, das Gespann gut vom Schiff freizubringen. Die Ballons kommen zunächst durch die unteren cu.-Wolken für Minuten aus Sicht, werden aber im ganzen 45 Min. im Auge behalten; dann verschwinden sie hinter Wolken. Sechs Stunden erfolgloses Suchen.

Windverhältnisse folgende: Bis 2000 m ONO. Zwischen 2000—5500 m, während welcher Zeit die Ballons durch Wolken verdeckt waren, starke Versetzung nach Nord, die starkem SSO-Winde entsprechen würde. Darüber bis 10 000 m reiner W.-Wind.

## No. 5. Ballonsonde. (Tafel 1.)

20. Februar. Von 11ʰ 40ᵐ vorm. bis 12ʰ 40ᵐ nachm.
Breite: 11⁰ N.
Länge: 22⁰ W.

Der zunächst begonnene Drachenaufstieg wird, als es völlig aufklart, abgebrochen, um einen Ballonsonde-Aufstieg zu machen. Der Aufstieg verläuft glatt. Die Ballons gehen zunächst im unteren Passat nach SW weg. Schiff dreht sofort auf NNO. Die Ballons kehren sehr schnell um, sind nach 9 Min. im Zenith und eilen dann dem Schiff voraus. Nach weiteren 11 Min. wird das Platzen beobachtet, der zweite Ballon verschwindet dann im Fallen. 20 Min. später wird er treibend gesichtet, und es wird alles geborgen. Es zeigte sich, dass der weniger stark gefüllte Ballon geplatzt war.

Aerologisches Tagebuch — Porto Grande—Freetown

### An der Meeresoberfläche

| Uhrzeit | Wind in m/sec | Barometer | Luft t° C | Relative Feuchtigkeit °/₀ | Bewölkung | Wetter | Seegang 0—0 |
|---|---|---|---|---|---|---|---|
| 4 a | ONO 4 | 762.4 | 21.2 | | | c | 3 |
| 8 a | NO z O 4 | 762.9 | 22.5 | 74 | wolkenlos | ,, | 2 |
| 12 a | N 5½ | 762.0 | 23.2 | | | ,, | 2 |
| 4 p | NNO 4 | 762.0 | 23.3 | 2ʰ 74 | | b | 2 |
| 8 p | NO z N 4 | 762.0 | 23.2 | 5ʰ 68 | | ,, | 2 |
| 12 p | NO 4 | 762.0 | 23.3 | | | ,, | 2 |

Mittlere Geschwindigkeit des Aufstiegs: 5,3 m/sec
,,    ,,    ,,    ,, 3,5 m/sec

### Auswertung des Aufstiegs

| Höhe | Luft t° C | Gradient | Relative Feuchtigkeit °/₀ | Wind in m/sec |
|---|---|---|---|---|
| unten | 24.0 | 0.86 | 66 | NO 3 |
| 500 | 19.7 | | | ONO3 |
| 800 | 17.5 | 0,40 | feuchter | O 2 |
| 1000 | 17.7 | | | |
| 1220 | 17.9 | 0.24 | trockener | |
| 1500 | 16.5 | 0.34 | wenig feuchter | S z W 8 |
| 2000 | 14.8 | | | |
| 2500 | 12.4 | 0,48 | | |
| 3000 | 10.5 | 0,38 | | WSW 6 |
| 4000 | 5.8 | 0,47 | | W 7 |
| 5000 | 1.3 | 0,45 | trocken | W z N 7 |
| 5730 | —3.6 | 0 86 | | |

Die Temperatur fällt, nachdem bereits der Abstieg begonnen, auf —6.2°.

Fig. A

### No. 6. Drachenaufstieg. (Tafel 1.)

20. Februar. Von 3ʰ 20ᵐ bis 4ʰ 30ᵐ nachm. 1 Drachen, 2.5 km Draht.

Der Aufstieg wurde gemacht, um für die unteren 1000 m eine Kontrolle der von dem Ballonsonde registrierten Temperaturen zu haben. (Fig. 6.)

### Auswertung des Aufstiegs

| Höhe | Luft t° C | Gradient | Relative Feuchtigkeit °/₀ | Wind in m/sec |
|---|---|---|---|---|
| unten | + 23 | 0,94 | 72 | NNO 4 |
| 500 | 18.3 | | feuchter | |
| 600 | 17.7 | 0,1 | trockener | |
| 740 | 19.1 | | ,, | |
| 1000 | 17.8 | | ,, | |

Bemerkungen: Der Vergleich der Aufstiege 5 und 6 zeigt, wie wenig geeignet die von uns verwendeten Instrumente für Ballonaufstiege mit grossen Steiggeschwindigkeiten waren. Die Übereinstimmung der Temperaturwerte für 1000 m ist zufällig, hervorgerufen durch die Inversion, die 5 erst 300 m höher konstatiert als 6. Das muss auf die Trägheit des Thermographen zurückgeführt werden, die sich deutlich ausspricht in dem bei 5. erwähnten Weiterfallen der Temperatur um nahezu 3°, nachdem schon der Abstieg begonnen hat.

### No. 7. Drachenaufstieg. (Tafel 1.)

21. Februar. Von 9ʰ bis 11ʰ vorm. 4 Drachen, 3 km Draht.
Breite: 10° N.
Länge: 20° W.

Sehr wenig Wind, es gelingt trotz der grossen Zahl der Drachen nicht hochzukommen.

### An der Meeresoberfläche

| Uhrzeit | Wind in m/sec | Barometer | Luft t° C | Relative Feuchtigkeit °/₀ | Bewölkung | Wetter | Seegang 0—0 |
|---|---|---|---|---|---|---|---|
| 4 a | NO z O 5½ | 761.3 | 23.8 | | | o | |
| 8 a | NO z O 4 | 762.5 | 24.6 | 63 | sehr leichte alto cu. u. | o | leichte Dünung |
| 12 a | NO z N 2 | 761.8 | 24.6 | 75 | ci.Bildung, die im Laufe des Tages zunimmt | o | |
| 4 p | NO z N 4 | 759.5 | 24.4 | 66 | | o | |
| 8 p | S z O 2½ | 760.9 | 25.0 | | | b | |
| 12 p | SSO 2½ | 762.4 | 24.7 | | | b | |

### Auswertung des Aufstiegs

| Höhe | Luft t° C | Gradient | Relative Feuchtigkeit °/₀ | Wind in m/sec |
|---|---|---|---|---|
| unten | 24.5 | 1.07 | 63 | NNO 3 |
| 122 | 20.0 | —1.8 | | ,, |
| 500 | 21.4 | —1.6 | trocken | ,, |
| 550 | 22.2 | 0.55 | ,, | ,, |
| 1000 | 19.7 | 0.9 | ,, | schwächer |
| 1090 | 18.9 | | | |

Fig. 7

Bemerkung: Beim Abstieg bleibt die Uhr stehen, da, wie sich später herausstellte, die Feder, die bereits zweimal im Wasser gewesen war, durchgerostet war. Wolken nicht erreicht.

Aerologisches Tagebuch — Porto Grande—Freetown

## No. 8. Ballonsonde. (Tafel 1.)

22. Februar. Von 8ʰ bis 10ʰ vorm.
Breite: 8⁰ N.
Länge: 17.5⁰ W.

Der am 20. II. bereits einmal benutzte, nicht geplatzte Ballon wird, um ihn auf jeden Fall zum Platzen zu bringen, besonders stark gefüllt, der zweite schwach, um recht grosse Fallgeschwindigkeit zu erzielen. Nach 52 Min. wird das Platzen eines Ballons beobachtet, bald danach kommt der andere Ballon aus Sicht. Das Schiff fährt auf den berechneten Niederkunftpunkt zu und sichtet den treibenden Ballon nach ½ Stunde. Der zweite Ballon hatte doch etwas zu wenig Auftrieb erhalten, er kann das Instrument kaum tragen, das einigemale eintauchte. Gleichwohl wird alles unbeschädigt an Bord genommen.

### An der Meeresoberfläche

| Uhrzeit | Wind in m/sec | Barometer | Luft t⁰ C | Relative Feuchtigkeit % | Bewölkung | Wetter | Seegang 0—9 |
|---|---|---|---|---|---|---|---|
| 4 a | S z O 4 | 760.8 | 24.6 | | | bm | |
| 8 a | S z O 2½ | 763.3 | 25.8 | 79 | | e | leichte Dünung |
| 12 a | NNO 2½ | 762.8 | 26.8 | | cu. | ,, | |
| 4 p | ,, | 760.9 | 26.7 | 81 | | ,, | |
| 8 p | ,, | 762.6 | 27.5 | | | ,, | |
| 12 p | SSO 2½ | 762.3 | 26.4 | | | b | |

Die Temperatur fällt dann, nachdem der Abstieg bereits begonnen, noch bis —65,9⁰. In etwa 7000 m Höhe schwache, aber deutlich ausgeprägte Inversion. — Aufstiegsgeschwindigkeit im Mittel 4,58 m/sec., Abstiegsgeschwindigkeit 5,8 m/sec.

### Auswertung des Aufstiegs

| Zeit | Höhe | Luft t⁰ C | Gradient | Relative Feuchtigkeit % | Wind in m/sec |
|---|---|---|---|---|---|
| 9ʰ | unten | 25.6 | 0.88 | 77 | SSO 5 |
| | 500 | 21.2 | 0,26 | trockener | |
| | 620 | 21.2 | 0,50 | | |
| 9ʰ 4 m | 1000 | 19.9 | 0.50 | | O½N 9 |
| | 1500 | 17.4 | 0.60 | | |
| 9ʰ 7.6 m | 2000 | 14.9 | 0.66 | | O z S 10 |
| | 2500 | 11.9 | 0.63 | trockener | |
| 9ʰ 10.8 m | 3000 | 8.6 | 0.40 | | Stille |
| 14.4 | 4000 | 2.3 | 0.63 | | ,, |
| 17.6 | 5000 | —1.7 | 0.54 | | ,, |
| 20.7 | 6000 | —8.0 | 0.66 | | SWzW12 |
| 23.6 | 7000 | —13.4 | 0,76 | | W 18 |
| 26.8 | 8000 | —20.0 | 0.90 | | WSW 4 |
| 30.3 | 9000 | —27.0 | 0.83 | | |
| 34.3 | 10000 | —36.6 | 0.81 | | |
| 38.0 | 11000 | —44.9 | 0.48 | | NWzW5 |
| 42.0 | 12000 | —53.0 | 0,64 | | |
| 46.0 | 13000 | —57.8 | | | |
| 51.0 | 14007 | —64.2 | | | |

Fig. B

## No. 9. Drachenaufstieg. (Tafel 1.)

23. Februar. Von 3ʰ bis 5ʰ nachm. 3 Drachen, 4,2 km Draht.
Breite: 7.3⁰ N.
Länge: 14.6⁰ W.

In den unteren Schichten wenig Wind. Durch schnelles Einholen kommt der Instrumentendrachen in den oberen mehr östlichen starken Wind. Der Druck steigt so stark, dass ausgelassen werden muss. Dadurch kommt der dritte Drachen in die untere jetzt ganz flau gewordene Schicht und hängt kraftlos am Draht. Als die Drachen gut standen, war mit einer Lotung begonnen worden, da die Fahrt des Schiffes für den Aufstieg entbehrlich erschien. Der kraftlos hängende Drachen zog jetzt aber auch die anderen langsam mit herunter, und da es auch durch schnellstes Einholen nicht gelang, den untersten Drachen wieder zum Steigen zu bringen (das Schiff musste noch immer wegen der Lotung stoppen), so fiel er aufs Wasser und bald danach auch die beiden anderen Drachen. Durch einen zu Wasser gelassenen Kutter wurde der Instrumentdrachen geborgen, und dann langsam der Draht übergenommen, so dass nichts verloren ging. Die Kurve des Aufstiegs war zu entziffern, nicht aber die des Abstiegs; denn leider war gerade diesmal keine Blaupause mitgegeben, die sicher, vom Seewasser fixiert, eine Kopie der Registrierung geliefert hätte.

Aerologisches Tagebuch — Freetown—St. Helena

| | An der Meeresoberfläche | | | | | | | Auswertung des Aufstiegs | | | | |
|---|---|---|---|---|---|---|---|---|---|---|---|---|
| Uhr-zeit | Wind in m/sec | Baro-meter | Luft t⁰ C | Relative Feuchtig-keit % | Be-wölkung | Wetter | See-gang 0—0 | Höhe | Luft t⁰ C | Gradient | Relative Feuchtig-keit % | Wind in m/sec |
| 4 a | Stille | 760.8 | 26.3 | | | b | — | unten | 27.4 | 1.28 | 74 | N z O 4 |
| 8 a | NNO 2½ | 762.7 | 27.7 | 83 | | c | — | 500 | 21.0 | 0.4 | feuchter | |
| 12 a | ,, | 762.0 | 27.3 | | cu. | ,, | — | 1000 | 19.0 | 0.26 | | NO |
| 4 p | N 2½ | 761.5 | 27.1 | 2ʰ 74 | | ,, | — | 1500 | 16.7 | 0.56 | trockener | stärker |
| 8 p | NNW 2½ | 761.7 | 26.8 | 84 | | ,, | — | 2000 | 13.9 | 0.7 | | |
| 12 p | ,, | 761.7 | 26.3 | | | ,, | — | 2366 | 11.3 | | | O |

Fig. 9

B e m e r k u n g: Von 600—800 m Isothermie, ebenso von 1230—1280 m. In beiden Isothermien ein Fallen der Feuchtigkeit. Wind flaut unten gegen Ende des Aufstiegs vollständig ab.

## II. Süd-Atlantischer Ozean.

### No. 10. Pilotballon. 0,5 m ⌀ (Tafel 1.)

1. März. Breite: 7⁰.3 N.
Länge: 14⁰.1 W.

Auf 150 g aufgeblasen, so dass etwa 4 m/sec Aufstiegsgeschwindigkeit. Ballon dreht aus dem WSWlichen Unterwind in etwa 900 m über S auf ONO und platzt in 1500 m Höhe.

### No. 11. Pilotballon. 0,5 m ⌀ (Tafel 1 und 2.)

3. März. Breite: 4⁰.N.
Länge: 9⁰.5 W.

Weniger stark aufgeblasen als No. 10. Kommt in 1600 m Höhe aus Sicht. Ergebnisse: bis 900 m SW 6, darüber bis 1600 m Stille bezw. ganz schwacher NNW-Wind.

### No. 12. Pilotballon. Missglückter Ballonsonde. (Tafel 1 und 2.)

5. März. Breite: 2⁰.7 N.
Länge: 6⁰.5 W.

Zuerst platzt beim Aufblasen der vom letzten Ballonsonde zurückgewonnene Ballon. Der Aufstieg geht dann glatt von statten, doch schon in 3000 m Höhe kommen die Ballons in der offenbar stark wasserdampfhaltigen Luft, obwohl das Wetter völlig klar war, aus Sicht und werden nicht wieder gefunden.

Windrichtung und Geschwindigkeiten bis 3000 m wie folgt:
0—1500 m SSO 5 -3 mit der Höhe abnehmend,
1500—3000 m O 4.

### No. 13. Drachenaufstieg. (Tafel 1 und 2.)

6. März. Von 9ʰ vorm. bis 2ʰ nachm.
Breite: 1⁰.5 N.
Länge: 5⁰.0 W.

Es zeigt sich beim Betrachten des Meteorogramms, dass der Barograph nicht gezeichnet hat; ein Stift war aus der Winkelhebelübertragung herausgefallen, er war wohl nach der Reinigung des Instruments nicht fest genug eingesetzt worden. Von einer Auswertung der Thermometerkurve wurde abgesehen. Es sind dagegen folgende Angaben über Windrichtung aus Azimuthbeobachtungen und gleichzeitiger Höhenwinkelmessung abzuleiten gewesen:

Süd bis 1000 m. darüber starke Drehung nach links. Der im oberen Wind schwebende Drachen, 1500 m hoch, peilte 5 Strich links von dem darunter stehenden, so dass mit grosser Wahrscheinlichkeit in 1500 m O-Wind angenommen werden kann.

### No. 14. Drachenaufstieg. (Tafel 1 und 2.)

7. März. Von 7$^h$ 30$^m$ vorm. bis 1$^h$ 20$^m$ nachm. 6 Drachen, 5.5 km Draht.
Breite: 1$^0$.2 S.
Länge: 5$^0$.1 W.
Unten S z O bis SSO; also gegen den Wind Tags vorher bereits zwei Strich links, aber viel schwächer.

| | An der Meeresoberfläche | | | | | | | Auswertung des Aufstiegs | | | | |
|---|---|---|---|---|---|---|---|---|---|---|---|---|
| Uhr-zeit | Wind in m/sec | Baro-meter | Luft t$^0$ C | Relative Feuchtig-keit % | Be-wölkung | Wetter | See-gang (0—9) | Höhe | Luft t$^0$ C | Gradient | Relative Feuchtig-keit % | Wind in m/sec |
| 4 a | SSO 5½ | 760.0 | 27.2 | | | str. cu. | c | 3 | unten | 27.4 | | 85 | S z O 4 |
| 8 a | ,, | 761.3 | 27.6 | 81 | | | ,, | 3 | 500 | 21.9 | 1.1 | | |
| 12 a | ,, | 760.6 | 27.8 | | 1$^h$ 86 | cu. und | ,, | 3 | 1000 | 17.6 | 0.86 | 85 | wenig links drehend u. schwächer werdend |
| 4 p | ,, | 759.6 | 27.7 | 81 | | alto cu. | ,, | 3 | 1050 | 19.4 | 0.24 | | |
| 8 p | SO z S 5½ | 760.8 | 27.8 | | | | ,, | 3 | 1500 | 16.4 | 0.49 | 85 | |
| 12 p | ,, | 760.8 | 27.4 | | | | ,, | 3 | 1950 | 14.2 | | | |

Fig. 14.

Bemerkung: Inversion bei 1020 m von 17$^0$.6 auf 19$^0$.4. Unterhalb der Inversion eine Schicht von schwachem Wind, darin Temperatursprünge (in der Kurve durch eine Mittellinie ausgeglichen). Das Hygrometer schreibt eine gerade Linie. Ein Fehler war nicht daran zu finden. — In der darauffolgenden Nacht wurden aus O ziehende alto cu.-Wolken beobachtet.

### No. 15. Drachenaufstieg. (Tafel 1 und 2.)

8. März. Von 8$^h$ 40$^m$ vorm. bis 4$^h$ nachm. 6 Drachen, 8.3 km Draht.
Breite: 3$^0$.7 S.
Länge: 5$^0$.0 W.

Um auf jeden Fall hoch zu kommen, wurden möglichst viel Drachen gegeben, und dann nacheinander alle Mittel zur möglichsten Verstärkung des Windes angewandt. So gelang es, bis 4420 m hoch zu kommen. Leider befand sich nicht mehr als 8.3 km Draht auf der Trommel, sonst wäre es leicht gewesen, höher zu kommen. Es wurden am selben Tage noch 2 km 0.7 mm Draht aufgerollt.

Zum Einholen wurde sofort auf Reisekurs gegangen, um nicht zu weit vom Kurs abzukommen. Dadurch fiel der Druck zunächst sofort, stieg dann aber beim Einholen gefährlich stark; daher ist es immer besser, beim Einholen mit dem Kurs und der Geschwindigkeit nur soviel nachzugeben, dass man die Drachen hochhält.

| | An der Meeresoberfläche | | | | | | | Auswertung des Aufstiegs | | | | |
|---|---|---|---|---|---|---|---|---|---|---|---|---|
| Uhr-zeit | Wind in m/sec | Baro-meter | Luft t$^0$ C | Relative Feuchtig-keit % | Be-wölkung | Wetter | See-gang (0—9) | Höhe | Luft t$^0$ C | Gradient | Relative Feuchtig-keit % | Wind in m/sec |
| | | | | | | | | unten | 27.3 | 0.86 | 86 | SO 6 |
| 4 a | SO z S 7 | 758.5 | 27.3 | | | c | 3 | 500 | 23.0 | 0.62 | feuchter trockener | links drehend und zu-nehmend bis 10 |
| 8 a | SO z S 5½ | 760.5 | 26.5 | 86 | | cu. u. | ,, | 3 | 1000 | 20.1 | 0.46 | ,, | |
| 12 a | SO 5½ | 760.5 | 27.5 | | | alto cu | o (p) | 4 | 1500 | 17.8 | 0.48 | ,, | |
| | | | | | | | | 2000 | 15.4 | 0.52 | ,, | |
| 4 p | SO z S 5½ | 759.5 | 28.1 | 84 | | c | 3 | 2500 | 12.8 | 0.48 | ,, | |
| | | | | | | | | 3000 | 10.4 | 0.54 | ,, | |
| 8 p | SO z S 7 | 760.9 | 27.8 | | | ,, | 3 | 3500 | 7.7 | 0.58 | ,, | O, vielleicht sogar ONO |
| 12 p | SO 7 | 760.9 | 27.0 | | | o | 3 | 4000 | 4.8 | 0.47 | ,, | |
| | | | | | | | | 4427 | 2.8 | | ,, | |

Fig. 15.

Aerologisches Tagebuch — Freetown—St. Helena

B e m e r k u n g: Zwei Wolkenlagen. Die untere beginnt in 500 m, die obere scheinbar in ca. 2000 m Höhe, doch ist die Beobachtung fraglich. Das Hygrometer zeigt keine zweite Wolkenschicht an. Gegen 11$^h$ tritt unten starke cu.-Bildung auf. Etwa 1 Stunde später eine Regenbö und damit gleichzeitig ein höchst merkwürdiger Sprung der Temperatur um nahezu 3° nach unten und ein entsprechendes Fallen der Feuchtigkeit, und das in 3000 m Höhe.

Von 1040 m bis 1120 m Isothermie, etwas tiefer bei 990 m Inversion um 0°.2. Die in ca. 3200 m ausserhalb der Kurve eingezeichneten Punkte zeigen den beim Einsetzen der Bö eingetretenen Temperatur- und Feuchtigkeitssprung.

Da die Kurven stark ineinander gelaufen waren, wurde nur der Aufstieg ausgewertet.

## No. 16. Drachenaufstieg. (Tafel 1 und 2.)

11. März. Von 8$^h$ vorm. bis 1$^h$ nachm. 6 Drachen, 6.4 km Draht.
Breite: 7°.1 S.
Länge: 5°.0 W.

Wenig Wind, und da nur ein Kessel in Betrieb, nur 4 m Fahrt zur Verfügung. Etwa 7 km Draht ausgelassen, dann durch schnelles Einholen bis auf 2900 m Höhe gelangt; beim weiteren Einholen kommt durch Unachtsamkeit eine Splissung in die Abgangsrolle. Der Draht bricht, zwei Drachen fliegen davon. Der untere ankert sehr schnell, und nach kurzer Zeit sind beide Drachen ohne Drahtverlust geborgen.

### An der Meeresoberfläche

| Uhr-zeit | Wind in m/sec | Baro-meter | Luft t° C | Relative Feuchtig-keit % | Be-wölkung | Wetter | See-gang 0—9 |
|---|---|---|---|---|---|---|---|
| 4 a | SO z S 7 | 759.3 | 25.8 | | str. cu. | o | 3 |
| 8 a | ,, | 760.8 | 26.0 | 85 | cu. | o | 3 |
| 12 a | SO 7 | 760.8 | 26.0 | 86 | cu. ni. | | 3 |
| 4 p | SO z S 7 | 759.7 | 26.0 | | | ,, | 3 |
| 3 p | SO 7 | 761.9 | 26.0 | | | ,, | 3 |
| 12 p | ,, | 761.7 | 25.5 | | | c | 3 |

### Auswertung des Aufstiegs

| Höhe | Luft t° C | Gradient | Relative Feuchtig-keit % | Wind in m/sec |
|---|---|---|---|---|
| unten | 25.6 | 0.90 | 83 | SO z S 6 |
| 500 | 21.1 | | Wolken | |
| 580 | 20.8 | 0.28 | | |
| 780 | 20.8 | | | |
| 1000 | 19.7 | 0.68 | | |
| 1500 | 16.3 | | | mehrere Strichlinks |
| 1700 | 15.7 | | | |
| 1940 | 20.8 | 0.68 | | trocken |
| 2000 | 19.7 | | | |
| 2500 | 16.2 | 0.7 | | wahr-scheinlich Ost |
| 2910 | 13.6 | | | |

Fig. 16.

Wolken bis 420 m. Zwischen 1100 und 1320, also vor Eintritt in die Inversion, eine Schicht starken Windes. Beim Eintritt in die Inversionsschicht starke Schwankungen der Temperatur und Feuchtigkeit.

## No. 17. Drachenaufstieg. (Tafel 1 und 2.)

13. März. Von 9$^h$ vorm. bis 4$^h$ 50$^m$ nachm. 6 Drachen, 9.5 km Draht.
Breite: 11°.3 S.
Länge: 5°.8 W.

Unten häufige Regenschauer und frischer Wind, der in Höhe der Wolken flau, später aber wieder stärker wird. Es wird schnell ausgelassen, und jeder Drachen hat verhältnismässig viel Draht, um später die Fahrt des Schiffes zum Höherkommen gut ausnützen zu können. Die starken Bewegungen des Schiffes erschweren das Arbeiten ungemein. Unter solchen Verhältnissen, bedeckter Himmel, so dass die oberen Drachen nicht zu sehen sind, ist der Aufstieg sehr anstrengend, da der Spannungsmesser nicht aus den Augen gelassen werden darf.

### An der Meeresoberfläche

| Uhrzeit | Wind in m/sec | Barometer | Luft t°C | Relative Feuchtigkeit % | Bewölkung | Wetter | Seegang 0—9 |
|---|---|---|---|---|---|---|---|
| 4 a | SO z S 8-12 | 760.6 | 24.5 | | | oq(d) | 4 |
| 8 a | SO 9 | 761.5 | 23.5 | 84 | cu. ni | oq(dr) | 4 |
| 12 a | OSO 7 | 761.8 | 24.8 | | | c | 4 |
| 4 p | SO 8 | 759.9 | 25.0 | 84 | | cq(r) | 4 |
| 8 p | ,, | 761.0 | 24.5 | | | cq | 4 |
| 12 p | SO 9 | 761.4 | 24.6 | | | oq | 4 |

### Auswertung des Aufstiegs

| Höhe | Luft t°C | Gradient | Relative Feuchtigkeit % | Wind in m/sec |
|---|---|---|---|---|
| unten | 24.8 | 0.92 | 77 feuchter | SO z S bis SO z O 8-8 |
| 500 | 20.2 | 0.78 | | |
| 1000 | 16.3 | | ,, | |
| 1470 | 15.0 | −0.86 | trockener | |
| 1800 | 20.8 | | | |
| 2000 | 20.6 | 0.94 | | wenig mehr links |
| 2500 | 15.9 | 0.66 | feuchter | |
| 3000 | 12.6 | 0.72 | | |
| 3920 | 6.0 | | | |

Fig. 17.

Wolken in ca. 1200 m. Wind dreht unten während des Aufstiegs zwei Strich rechts und wird flauer. Von 1470 bis 1800 m Inversion von 15° auf 20°.8.

### No. 18. Pilotballon. 0.5 m ⌀ (Tafel 2.)

20. März. Breite: 16°.1 S.
Länge: 3°.0 W.

Ballon schwach gefüllt, da bei dem schwachen Wind nicht grosse Aufsteigegeschwindigkeit erforderlich. Der später stattgehabte Drachenaufstieg trifft in 2100 m Höhe eine Stillenschicht. Diese erreicht der Ballon in 23 Minuten, daher Auftrieb v = ca. 1.5 m/sec. Das ergibt folgende Windverhältnisse:

bis 400 m O z N 4,
bis 2100 m SO 4, schwächer werdend.
Darüber Stille bis 3600 m.

Danach wird der Ballon aus den Augen verloren.

### No. 19. Drachenaufstieg. (Tafel 2.)

20. März. Von 9h vorm. bis 1h 30m nachm. 4 Drachen, 6.2 km Draht.
Breite: 16°.1 S.
Länge: 3°.0 W.

Bei dem schwachen Wind möglichst viel Drachen. Um aber den 0.7 mm-Draht nicht mehr als drei Drachen geben zu müssen, nach dem dritten Drachen 2 km Draht, und der vierte erst bei 0,8 mm-Draht angesetzt. 2000 m schnell erreicht, darüber hinaus trotz aller Versuche nicht zu kommen. Unten wird gegen Ende des Aufstiegs der Wind so flau, dass der Aufstieg abgebrochen werden musste.

### An der Meeresoberfläche

| Uhrzeit | Wind in m/sec | Barometer | Luft t°C | Relative Feuchtigkeit % | Bewölkung | Wetter | Seegang 0—9 |
|---|---|---|---|---|---|---|---|
| 4 a | O 4 | 760.2 | 22.0 | | | c | 1 |
| 8 a | ONO 4 | 760.8 | 22.1 | 76 | cu. | ,, | 1 |
| 12 a | ONO 2—6 | 759.3 | 20.6 | | alto cu. | cqr | 1 |
| 4 p | OSO 2½ | 758.5 | 22.8 | 72 | cu. ni. | c | 2 |
| 8 p | ,, | 760.8 | 22.2 | | | ,, | 2 |
| 12 p | O 4 | 760.2 | 22.0 | | | ,, | 2 |

### Auswertung des Aufstiegs

| Höhe | Luft t°C | Gradient | Relative Feuchtigkeit % | Wind in m/sec |
|---|---|---|---|---|
| unten | 22.4 | 0.88 | 73 | ONO 4 |
| 500 | 18.0 | 0.74 | 73 | O z S 4-3 und weiter rechts |
| 1000 | 14.3 | 0.72 | 73 | |
| 1500 | 10.7 | | 73 | |
| 1880 | 9.2 | −0.32 | feuchter | |
| 2150 | 12.8 | | trockener | |

Fig. 19

Drachen schwankt lange um 2000 m herum. Abstieg zwischen 1000—2000 m Höhe liegt über 2 Stunden später. Windrichtung aus dem Pilotballonaufstieg desselben Tages. Alto cu.-Wolken gerade erreicht. In ca. 760 m Temperaturschwankungen.

### No. 20. Drachenaufstieg. (Tafel 2.)

21. März. Von $8^h$ bis $12^h$ vorm. 5 Drachen, 4.5 km Draht.
Breite: $17^0.1$ S.
Länge: $0^0.1$ W.

Bei dem schwachen Wind für je 0.9 km Draht ein Drachen. Trotzdem steigt der Druck nicht über 40 kg. Unten flaut der Wind mehr und mehr ab, der fünfte Drachen hängt beim Auslassen, obwohl dies sehr langsam vor sich geht, zunächst am Draht. Beim Einholen gelingt es nicht, den vierten Drachen (von oben) stehend durch die Stille herunterzubringen, obwohl mit grösster Fahrt gegen den Wind gefahren wurde. Er fällt ins Wasser. Durch die Fahrt des Schiffes kommt plötzlich starker Druck auf den Draht, so dass er bricht. Die drei oberen Drachen fallen, da kein Wind, ebenfalls ins Wasser. Durch äusserst mühsames, langsames Einholen werden, vom Instrumentdrachen aus, der zuerst gefischt wurde, die anderen Drachen bis auf einen und sämtlicher Draht bis auf 100 m geborgen. Kurve an einigen Stellen lädiert, doch Blaupause sehr gut und sofort vom Seewasser fixiert.

An der Meeresoberfläche

| Uhr-zeit | Wind in m/sec | Baro-meter | Luft $t^0$ C | Relative Feuchtig-keit % | Be-wölkung | Wetter | See-gang 0—6 |
|---|---|---|---|---|---|---|---|
| 4 a | O 2—6 | 759.4 | 21.7 | | cu. ni. | c(r) q | 2 |
| 8 a | OSO2½ | 762.2 | 22.2 | 85 | cu. | c | 1 |
| 12 a | O 2½ | 760.5 | 22.0 | | | o | 1 |
| 4 p | OzS 2½ | 759.3 | 22.2 | 75 | ,, | c | 1 |
| 8 p | OzS 4 | 760.8 | 21.6 | | ,, | ,, | 1 |
| 12 p | ,, | 761.4 | 22.1 | | ,, | ,, | 1 |

Auswertung des Aufstiegs

| Höhe | Luft $t^0$ C | Gradient | Relative Feuchtig-keit % | Wind in m/sec |
|---|---|---|---|---|
| unten | 22.2 | 1.06 | 73 | SOzO 3 |
| 500 | 16.9 | 0.78 | | sehr wenig Wind |
| 1000 | 13.1 | 0.56 | | |
| 1500 | 10.4 | 0.24 | | |
| 2000 | 9.2 | | | ,, |
| 2210 | 7.8 | —0.8 | | |
| 2245 | 11.1 | | trocken | ,, |

Fig. 20

Wind unten von $10^h$ ab in den Regenböen stärker und ausschliessend bis ONO. In etwa 700 m Höhe — ähnlich wie bei 19 — Temperatursprünge, heute auch solche in der Feuchtigkeit. In dieser Höhe bilden sich die cu. ni.-Wolken.

### No. 21. Drachenaufstieg. (Tafel 2.)

22. März. Von $10^h$ vorm. bis $3^h$ nachm. 3 Drachen, 3.5 km Draht.
Breite: $17^0.1$ S.
Länge: $1^0.1$ O.

Wenig Wind, daher zunächst auf je 800 m Draht ein Drachen. Da von der Havarie tagszuvor noch ein Stück unbrauchbaren Drahts auf der Trommel lag, wurde, als drei Drachen standen, der Draht festgesetzt, der schlechte Draht entfernt, und eine neue Splissung gemacht; dann wurde mit allen Mitteln versucht höher zu kommen. Als das nicht gelang, und der Wind wie tagszuvor gegen Mittag abflaute, wurde noch nicht eingehievt, sondern damit gewartet, bis der Wind wieder stärker wurde; daher die lange Zeit des Aufstiegs. Die Inversionsschicht ist nicht erreicht worden, aber der Aufstieg ist von Interesse als erster einer zur Erforschung der Temperaturperioden beabsichtigten Serie von Aufstiegen. Für 500 m Höhe liefert dieser Aufstieg die Temperaturen für $10^h$ $30^m$ vorm. und $3^h$ nachm. Beim Einholen klarte der vorher bedeckte Himmel sehr rasch auf. Nach den Erfahrungen des vorangegangenen Tages war das zu erwarten gewesen, und deshalb alles vorbereitet zum Hochlassen eines grossen Ballons als Pilotballon. Zum Ballonsonde war es zu spät geworden.

| An der Meeresoberfläche | | | | | | | | Auswertung des Aufstiegs | | | | |
|---|---|---|---|---|---|---|---|---|---|---|---|---|
| Uhrzeit | Wind in m/sec | Barometer | Luft t° C | Relative Feuchtigkeit % | Bewölkung | Wetter | Seegang 0—9 | Höhe | Luft t° C | Gradient | Relative Feuchtigkeit % | Wind in m/sec |
| 4 a | OSO 4 | 759.7 | 22.0 | | | c | — | unten | 22.8 | 1.24 | 70 | siehe Pilotballon vom selben Tage |
| 8 a | O z S 8 | 762.1 | 22.0 | 70 | cu. | o c (r) | 1 | 500 | 16.6 | 0.8 | feuchter | |
| 12 a | O z S 2½ | 761.8 | 22.7 | 3ʰ 69 | | c | 1 | 1000 | 12.6 | 0.88 | wenig | |
| 4 p | OSO 4 | 760.6 | 22.3 | 71 | | ,, | 1 | 1500 | 8.2 | 0.88 | trockener | |
| 8 p | O z S 5½ | 763.4 | 22.5 | | | ,, | 1 | 1670 | 6.7 | | | |
| 12 p | SSO 5½ | 762.8 | 22.1 | | | o | 2 | 500 | 16.8 | beim Abstieg | | |

Fig. 21

## No. 22.  Pilotballon. 1.5 m ⌀  (Tafel 2.)

22. März.  Breite: 17°.1 S.
Länge: 1°.1 O.
Von  0— 1300 m S 44° O 6 (mittlere Windstärke).
1300— 8000 m Stille bezw. schwache NW-Winde.
8000— 9500 m N 45° W 6.
9500—12000 m N 20° W 11. Darüber bis 13 400 m Stille.

Auftrieb war 2 kg, für die Berechnung sind 4 m/sec. Steigegeschwindigkeit angenommen worden.
Es wurde versucht, zwischen einem an 40 m-Schnur unter dem Ballon befestigten Stück Metallpapier und dem Ballon Winkel zu messen, um aus ihnen die Steigegeschwindigkeit zu berechnen. Das Verfahren führte zu keinem Ergebnis. Um den Winkel nicht zu klein werden zu lassen, muss sofort gemessen werden; dann aber pendelt der Ballon stark und wirft das leichte Papier hin und her, so dass die Messungen ungenau werden müssen. Man müsste ausser dem Papier ein schwereres Gewicht anhängen, auch die Leine länger wählen. Bei systematischen Versuchen, wozu sich auf Landstationen wohl Zeit erübrigen liesse, wird die Methode sicher Resultate liefern.

## No. 23 und 24.  Drachenaufstiege.

22. März.  8ʰ 20ᵐ vorm. bis 10ʰ nachm.
Breite: 17°.5 S.
Länge: 2°.2 O.
23. März. Von 5ʰ bis 6ʰ vorm.
Breite: 18°.7 S.
Länge: 2°.3 O.

Beabsichtigt zur Messung der Temperatur in 500 m Höhe.
Aus dem Morgenaufstieg ergeben sich für 500 m folgende Temperaturangaben (die Zahlen in Klammern geben die unten herrschenden Temperaturen):

22. März 9ʰ 30ᵐ vorm.  16.6 (22.8)
3ʰ 30ᵐ nachm.  16.8 (22.7)
8ʰ 40ᵐ nachm.  17.0 (22.3)
23. März 5ʰ 30ᵐ vorm.  17.7 (22.3)

Also für 500 m der entgegengesetzte Gang der Temperatur wie unten; natürlich sind hieraus allgemein giltige Schlüsse nicht zu ziehen.

## No. 25.  Drachenaufstieg. (Tafel 2.)

23. März. Von 10ʰ vorm. bis 1ʰ nachm. 3 Drachen, 4 km Draht.
Breite: 19°.0 S.
Länge: 2°.3 O.

Aehnliche Wetterverhältnisse wie an den Tagen zuvor, Wind unten beständiger und stärker. Wieder gelingt es nicht, den Drachen über eine windstille Schicht zu bringen, doch dringt bei höchster Fahrt und Einhieven mit äusserster Kraft der Instrumentendrachen ein wenig in diese Stillenschicht, die Inversionsschicht, ein.

Forschungsreise S. M. s. „Planet".

Aerologisches Tagebuch — St. Helena—Kapstadt

### An der Meeresoberfläche

| Uhr-zeit | Wind in m/sec | Baro-meter | Luft t° C | Relative Feuchtig-keit % | Be-wölkung | Wetter | See-gang 0—9 |
|---|---|---|---|---|---|---|---|
| 4 a | SO z S 5-10 | 762.2 | 23.5 |  |  | o q | 2 |
| 8 a | SO 5½ | 763.0 | 21.9 | 76 | cu. | c | 2 |
| 12 a | ,, | 762.0 | 22.4 | 10 h 74 |  | ,, | 3 |
| 4 p | SO z S 7 | 761.3 | 22.2 | 2 h 68 |  | ,, | 3 |
| 8 p | ,, | 762.5 | 21.7 | 70 |  | ,, | 3 |
| 12 p | SO z S 5½ | 762.9 | 21.7 |  |  | ,, | 3 |

### Auswertung des Aufstiegs

| Höhe | Luft t° C | Gradient | Relative Feuchtig-keit % | Wind in m/sec |
|---|---|---|---|---|
| unten | 22.0 | 0.92 | 70 | SO z S 7 |
| 500 | 17.4 | 0.78 | feuchter |  |
| 1000 | 13.5 | 0.70 | trockener |  |
| 1500 | 10.0 | 0.70 | feuchter |  |
| 1780 | 7.2 | 0.29 |  | wenigWind |
| 1840 | 9.0 |  | trocken |  |

Fig. 25

Bei 800 m schwache Isothermie mit Feuchtigkeitsabnahme.

## No. 26. Pilotballon. Missglückter Ballonsonde. (Tafel 2.)

25. März. Breite: 22°.1 S.
Länge: 5° O.

8$^h$ Beginn des Aufstiegs bei wolkenlosem Himmel. Auftrieb ca. 2.4 kg, so dass etwa 5 m/sec. Steigegeschwindigkeit zu erwarten waren. Nach den Erfahrungen des Pilotballons vom 22. März wurde sofort auf SO-Kurs gegangen. Der Winkel wächst zunächst sehr langsam, dann nach 12 Min. schneller. Nach weiteren 20 Min. sind die Ballons im Zenith über dem Schiff und eilen nun mit immer grösserer Geschwindigkeit voraus. Viel mehr Wind oben als am 22. März. Inzwischen waren zu luvard Wolken aufgekommen, gegen die die Ballons mit Schnelligkeit treiben. In den lichten Zwischenräumen kann das Gespann noch eine Zeit lang verfolgt werden, wird dann aber verloren, ehe das Platzen zu beobachten war. Für das Aufsuchen konnte nur die Annahme zugrunde gelegt werden, dass das Platzen vor Eintritt in eine andere Windrichtung erfolgt sei, doch war sechsstündiges Suchen erfolglos. Ergebnis der Auswertung als Pilotballon (5 m/sec. Steigegeschwindigkeit angenommen):

0—1600 S 56° O 4—5,
1600—5600 Stille bezw. schwache nördliche Winde.
Darüber WNW, allmählich stärker werdend, von 10 m/sec. bis 18 m/sec.,
die in 13 000 m Höhe erreicht sind.

## No. 27. Drachenaufstieg. (Tafel 2.)

2. April. Von 3$^h$ 30$^m$ nachm. bis 6$^h$ nachm. 2 Drachen, 3 km Draht.
Breite: 29°.6 S.
Länge: 15°.0 O.

Der Aufstieg bezweckte nur eine Erforschung der Verhältnisse für einen für den nächsten Tag beabsichtigten grösseren Aufstieg. Die Drachen stehen kaum bei sehr langsamem Auslassen. Um 5$^h$ eingehievt, um vor Dunkelheit alles zu bergen.

### An der Meeresoberfläche

| Uhr-zeit | Wind in m/sec | Baro-meter | Luft t° C | Relative Feuchtig-keit % | Be-wölkung | Wetter | See-gang 0—9 |
|---|---|---|---|---|---|---|---|
| 4 a | SSO 4 | 762.9 | 19.8 |  |  | c | 3 |
| 8 a | SO z S 5½ | 763.5 | 20.3 | 65 | cu. ni. | c q | 3 |
| 12 a | SSO 4 | 763.0 | 20.5 | 64 | in Stärke | c | 3 |
| 4 p | S z O 5½ | 763.0 | 20.0 | 69 | wechselnd | ,, | 3 |
| 8 p | S 4 | 763.0 | 18.9 |  |  | ,, | 2 |
| 12 p | ,, | 763.0 | 18.3 |  |  | ,, | 2 |

### Auswertung des Aufstiegs

| Höhe | Luft t° C | Gradient | Relative Feuchtig-keit % | Wind in m/sec |
|---|---|---|---|---|
| unten | 19.0 | 1.3 | 70 | SSO 5 |
| 500 | 12.3 |  |  |  |
| 920 | 8.6 | 0.3 | feuchter |  |
| 1000 | 10.8 |  | trocken |  |
| 1260 | 12.6 | 0.0 | trockener |  |
| 1520 | 10.8 |  |  |  |

Fig. 27

Inversion in 920 m bis 1260 m von 8°.6 auf 12°.6.

### No. 28. Drachenaufstieg.

3. April. Von 7ʰ 50ᵐ vorm. bis 9ʰ 20ᵐ vorm. 1 Drachen, 1.5 km Draht.
Breite: 31⁰.6 S.
Länge: 16⁰.0 O.
Es gelingt kaum, den Drachen hochzubringen, daher abgebrochen.

| \multicolumn{7}{c}{An der Meeresoberfläche} | | | | | | | \multicolumn{5}{c}{Auswertung des Aufstiegs} | | | | |
|---|---|---|---|---|---|---|---|---|---|---|---|
| Uhr-zeit | Wind in m/sec | Baro-meter | Luft t⁰ C | Relative Feuchtig-keit % | Be-wölkung | Wetter | See-gang (0—9) | Höhe | Luft t⁰ C | Gradient | Relative Feuchtig-keit % | Wind in m/sec |
| 4 a | S z O 4 | 761.5 | 18.0 | 62 | cir. | c | 2 | unten | 18.8 | 0.96 | 69 | W z S 3 |
| 8 a | W z S 2½ | 762.0 | 18.9 | | | ,, | 1 | 500 | 14.0 | | | |
| 12 a | WSW 4 | 762.6 | 20.8 | | | ,, | 1 | | | | | |
| 4 p | WSW 5½ | 760.7 | 21.0 | 79 | | ,, | 1 | | | | | |
| 8 p | S z W 5½ | 762.6 | 17.7 | | | ,, | 3 | | | | | |
| 12 p | S z W 5—7 | 760.6 | 17.7 | | | o(r)q | 4 | | | | | |

# III. Gebiet der braven Westwinde und Hochdruckgebiet des südlichen Indischen Ozeans.

### No. 29. Drachenaufstieg. (Tafel 3.)

18. April. 8ʰ 30ᵐ vorm. bis 1ʰ nachm. 3 Drachen, 4 km Draht.
Breite: 41⁰.2 S.
Länge: 21⁰.7 O.

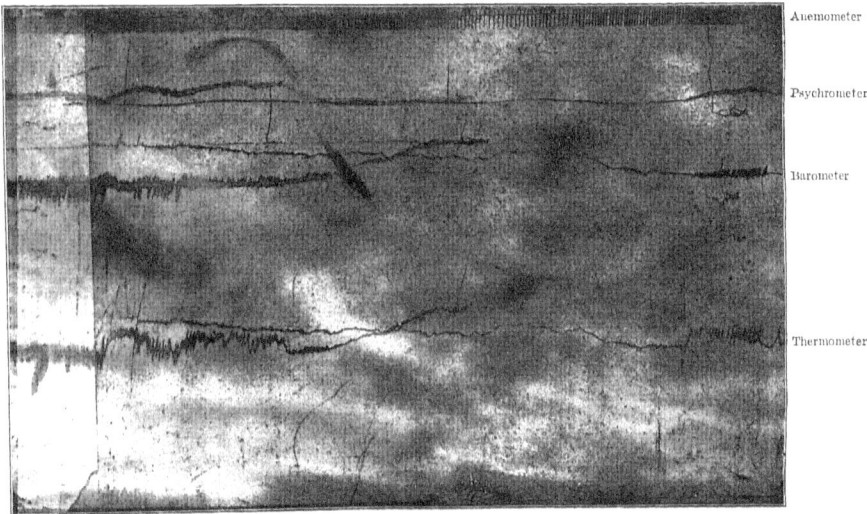

Die Kurve scheint interessant genug, um sie beizufügen. Der Wind war unten nicht zu stark, doch böig und ausschiessend. In 200 m Höhe eine windschwache Schicht, durch die der Instrumentendrachen nur mit Mühe hochzubringen ist. In 1000 m verschwindet der Drachen hinter Wolken, gleich danach Steigen der Spannung um über 20 kg; starkes Auswandern des Drachens nach rechts, ohne Vergrösserung des Abgangswinkels. Dann erscheint der Instrumentendrachen wieder, in mächtigen Kreisen schiessend. Es wird so schnell wie möglich ausgelassen, dadurch fällt der Drachen ein wenig und kommt zur Ruhe. Nach kurzer Zeit wandert er wieder mit grosser Schnelligkeit nach rechts aus und schiesst von neuem. Er schien unmöglich höher zu kommen, daher eingehievt; dabei beruhigt sich der Drachen allmählich.

### An der Meeresoberfläche

| Uhrzeit | Wind in m/sec | Barometer | Luft t° C | Relative Feuchtigkeit °/₀ | Bewölkung | Wetter | Seegang (0-9) |
|---|---|---|---|---|---|---|---|
| 4 a | SSW 8 | 767.5 | 10.9 | | | o | 5 |
| 8 a | SSW 7 | 768.1 | 11.1 | 71 | cu. cir | ,, | 4 |
| 12 a | SW 8 | 767.2 | 12.9 | | | c q | 4 |
| 4 p | WSW 6 | 765.9 | 12.7 | 71 | | ,, | 3 |
| 8 p | W z N 4 | 763.2 | 12.7 | | | c | 3 |
| 12 p | NW z N 4 | 759.0 | 14.5 | | | c q w | 3 |

### Auswertung des Aufstiegs

| Höhe | Luft t° C | Gradient | Relative Feuchtigkeit °/₀ | Wind in m/sec |
|---|---|---|---|---|
| unten | 11.4 | 1.14 | 69 | SSW bis |
| 500 | 5.8 | 0.86 | feuchter | SW z S 6-8 |
| 1000 | 1.5 | 0.79 | | |
| 1220 | −0.3 | −7.5 | trockener | rechts drehend |
| 1280 | +4.2 | | | |

Fig. 29 und Original

In ca. 200 m sehr wenig Wind. Wolken in etwa 1000 m Höhe.
Von 1220 plötzlich starke Inversion und völlig anderer Wind, rechts drehend. Durch die Inversion ist der Drachen nicht hindurchzubringen, er schiesst sofort, wenn er ein wenig steigt.

### No. 30. Pilotballon. (1 m ⌀)

19. April.

Der erste Versuch mit den in Kapstadt eingegangenen 1 m-Ballons. Der Ballon war zu schwach aufgeblasen, stieg nicht, infolge des mindestens 12 m starken Unterwindes, über 10° und war nach 10 Min. hinter Wolken aus Sicht, ehe er andere als die unten herrschende Windrichtung angetroffen hatte.

### No. 31. Drachenaufstieg. (Tafel 3.)

25. April. Von 9ʰ 30ᵐ vorm. bis 10ʰ 30ᵐ nachm. 1 Drachen, 1.5 km Draht.

Breite: 47°.1 S.
Länge: 35°.7 O.

In etwa einstündigen Zwischenräumen treten Schnee- und Hagelböen ein. Da auch in diesen die Windstärke kaum über 4 wächst, wird Drachenaufstieg versucht. Wind schon in ca. 100 m mehr links. Der Drachen steht bis ca. 500 m Höhe gut, dann legt er sich beim Einsetzen einer Bö horizontal und wandert schnell nach links, gleichzeitig fallend. Im ganzen hat die Erscheinung Ähnlichkeit mit der am 18. April beobachteten, nur spielt sich heute der Vorgang viel niedriger ab, auch kann ein Schiessen durch schnelles Auslassen verhindert werden. Jedesmal, wenn der Drachen bis ca. 3 Strich ausgewandert und dabei gefallen war, richtete er sich wieder auf, stand dann tadellos und stieg unter Zurückwandern nach rechts, schnell. Kaum hatte er eine gewisse Höhe erreicht, so wiederholte sich dasselbe Spiel des Auswanderns nach links.

### An der Meeresoberfläche

| Uhrzeit | Wind in m/sec | Barometer | Luft t° C | Relative Feuchtigkeit °/₀ | Bewölkung | Wetter | Seegang (0-9) |
|---|---|---|---|---|---|---|---|
| 4 a | SW z S 5½ | 747.5 | 2.5 | | | c | 3 |
| 8 a | SW z W 7 | 749.0 | 3.1 | 65 | cu. ni. | c q s | 4 |
| 12 a | SW z S 7 | 750.6 | 5.3 | | | c q | 4 |
| 4 p | SW 6 | 752.8 | 4.0 | 72 | | ,, | 3 |
| 8 p | SW 6 | 755.3 | 2.3 | | | c q h | 3 |
| 12 p | SW z S 5 | 757.0 | 2.9 | | | c q | 3 |

### Auswertung des Aufstiegs

| Höhe | Luft t° C | Gradient | Relative Feuchtigkeit °/₀ | Wind in m/sec |
|---|---|---|---|---|
| unten | +2.6 | 1.24 | 65 | SW 5(7) |
| 500 | −3.6 | | | dann links |
| 560 | −3.8 | | feuchter | drehend |

## No. 32. Drachenaufstieg. (Tafel 3.)

27. April. Von 8ʰ 40ᵐ vorm. bis 5ʰ nachm. 6 Drachen, 10.6 km Draht.
Breite: 43⁰ S.
Länge: 31⁰ O.

Bei dem schwachen Unterwind konnte zunächst, zur Beschleunigung des Aufstiegs, gegen den Wind gedampft werden. Da oben mehr Wind zu erwarten (Wolkenzug), wurden möglichst wenig Drachen angesetzt. Der zweite nach 1,3 km, der dritte nach 3 km, der vierte nach 5 km, der fünfte nach 6.5 km und der sechste nach 8 km Draht. Bei etwa 3000 m Höhe wächst die Spannung, so dass durch Kursänderung nachgegeben werden muss. Die Anfangs ziemlich starke cu. u. ni Bewölkung wird allmählich dünner; in den Zwischenräumen sind zeitweise alle Drachen zu sehen bis 5000 m hoch, dann verschwindet der Instrumentendrachen in den alto str. Wolken. Weit links umgebogen ist die Drachenlinie, so dass wohl mindestens W-Wind oben, wenn nicht südlicher. Einige Male wird auch der Instrumentendrachen wieder sichtbar, er hat sehr viel Wind und steht steil über dem zweiten. Es wird aller Draht bis auf einige Umdrehungen auf der Trommel ausgelassen, dann gebremst. Der Druck steigt auf 80 kg — zeitweise höher. Die Bremse genügt kaum mehr, es wird zur Sicherheit der Motor angestellt und mit einhieven begonnen, als der Druck konstant bleibt. Skizze 1 veranschaulicht die Situation beim Abstieg. Etwa O-Kurs wurde gedampft, mit grosser Fahrt; dabei fällt der Druck auf 60 kg,

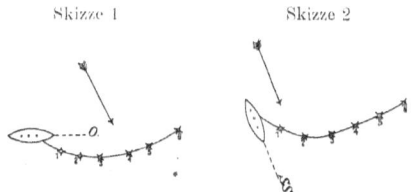

Skizze 1        Skizze 2

Anmerkung: Die Zahlen bezeichnen die Drachen.

so dass schneller eingehievt werden kann.

Da der Kurs zuweit östlich führte, wurde beschlossen, zu drehen, so dass der Draht nach B. B. ausstände. Dies gab die Lage der Skizze 2. Östlicher als SSO-Kurs konnte nicht gelaufen werden, da dann der Draht Schiffsteile getroffen hätte. Bei dem Manöver des Drehens war die Spannung unzulässig hoch gestiegen, obwohl auf der Stelle gedreht wurde; es hatte zur Verminderung der Spannung der ganze bisher eingeholte Draht wieder ausgegeben werden müssen. Der SSO-Kurs war wesentlich ungünstiger als der zuerst gewählte. Man erkennt, dass, wenn oben WSW angenommen wird, die oberen Drachen kaum entlastet wurden. Dazu kam, dass ein Anbordnehmen der Drachen an B. B., der Luvseite, kaum möglich gewesen wäre; es wurde daher mit äusserster Vorsicht auf O-Kurs zurückgedreht. Man bedenke, dass dazu ebenso wie zuerst nahezu eine Drehung von 300⁰ erforderlich war, da ja das Drehen rechts herum erfolgen musste. Inzwischen war der Wind unten stärker geworden, und während das ganze nun folgenden Einhievens blieb, obwohl mit 8 sm. vor dem (oberen) Wind hergefahren wurde, der Druck ständig an der zulässigen Grenze. Das Schiff lag verhältnismässig ruhig, so konnte alles unversehrt geborgen werden.

Der Aufstieg ist tadellos registriert worden, auch die Angaben über die Maximalhöhe sind nahezu exakt. Dann hat sich von 1ʰ ab (12ʰ 40ᵐ war angefangen worden einzuholen) die Trommel nicht mehr gedreht. Es ist nicht zu entscheiden, ob die Uhr stehen geblieben ist oder ob sich so stark Reif gebildet hat, dass die Trommel dadurch festgehalten ist. Das zweite ist wahrscheinlicher, denn auch die Anemometerzacken hören plötzlich auf, was nur durch starke Reifbildung zu erklären ist.

Es war für den Instrumentendrachen zum ersten Male nicht mit Schnurvorlauf gearbeitet worden, sondern an das Ende des Drahtes ein Vorlauf von stärkstem Draht (0.9 mm) angespliesst worden. Das Hochlassen funktionierte bei dem schwachen Winde einwandfrei unmittelbar von der Winde aus mit Benutzung des Schlüsselringes.

## An der Meeresoberfläche

| Uhrzeit | Wind in m/sec | Barometer | Luft t⁰ C | Relative Feuchtigkeit % | Bewölkung | Wetter | Seegang 0—6 |
|---|---|---|---|---|---|---|---|
| 4 a | NW z W bis WSW 4-7 | 768.3 | 6.6 | | | c(qr) | 3 |
| 8 a | W 5½ | 769.6 | 7.6 | 69 | cu. ni. | c | 3 |
| 12 a | NW 5½ | 768.5 | 8.2 | | alto. str. letztere sehr hoch | ,, | 3 |
| 4 p | NNW 7 | 766.9 | 10.0 | 82 | | o | 3 |
| 8 p | NNW 8 | 763.2 | 9.9 | | | o r q | 5 |
| 12 p | WW z W 10 | 763.2 | 9.6 | | | o d(q) | 5 |

Wind unten später rechts drehend bis NNW und zunehmend bis 9 m/sec. Inversion: 1) 1080—1200 m von —1⁰.6 auf +3⁰. 3. 2) 1890—2060 m von —0⁰.8 auf +2⁰.6. 3) Von 5080—5120 m von —19⁰.2 auf —17⁰.3.
Den 3 Inversionen entsprechen 3 Wolkenschichten. Die alto str. wurden vom Instrument gerade noch erreicht. Abstieg nicht vorhanden.

## Auswertung des Aufstiegs

| Höhe | Luft t⁰ C | Gradient | Relative Feuchtigkeit % | Wind in m/sec |
|---|---|---|---|---|
| unten | 7.9 | 1.04 | 65 | NW z W 6 |
| 500 | 2.7 | 0.78 | | |
| 1000 | —1.2 | | Wolken | |
| 1080 | —1.6 | —0.56 | sehr feucht | |
| 1200 | +3.3 | | trocken | |
| 1500 | +1.6 | | | |
| 1890 | —0.8 | 0.04 | | |
| 2000 | +1.4 | | trockener | mehrere Strichlinks und stärker |
| 2080 | +2.6 | 0.46 | | |
| 2500 | —0.9 | 0.66 | | |
| 3000 | —4.2 | 0.64 | wenig feuchter | sehr starker Wind |
| 4000 | —10.6 | 0.82 | | |
| 5000 | —18.8 | | | |
| 5080 | —19.2 | | Wolken | |
| 5120 | —17.3 | 0.06 | | |
| 5880 | —19.3 | | | |

Fig. 32

### No. 33. Pilotballon. 1 m ⌀ (Tafel 3.)

28. April. Breite: 40⁰ S.
Länge: 31⁰ O.

Ballon auf ca. 700 gr. Auftrieb aufgeblasen, 5 m/sec. Aufstiegsgeschwindigkeit angenommen
Ergebnis:
    0 bis 1000 m NNO 5
    1000 bis 2500 m. WNW 4
    2500 bis 5300 m W z S 6
    5300 bis 7200 m WNW 6—7.

### No. 34. Pilotballon. Misslungener Ballonsonde. (Tafel 3.)

30. April. Breite: 38⁰ S.
Länge: 32⁰.5 O.

Füllung 3 und 2.2 kg. Zu hebende Gewichte: Instrument + Schnüre 1.3 kg, Schwimmer 1.4 kg, so dass 2.5 kg freier Auftrieb und, selbst ein Platzen des mit 2.2 kg angefüllten Ballons vorausgesetzt, noch 0.7 kg für den Abstieg in Frage kamen, wenn bis dahin, was kaum wahrscheinlich, der 3 kg-Ballon nichts verloren hätte. Das Platzen wird nach 50 Min. einwandfrei beobachtet; trotz Suchens bis zum Dunkelwerden wird nichts gefunden. Ergebnis der Auswertung:
0—2000 m N z W 8—9, darüber bis 5500 m schwache, zuerst NO-, dann S-Winde, 2—3 m/sec., dann bis 9000 m W, mehr und mehr links drehend bis auf SW und an Stärke zunehmend bis 18 bis 20 m/sec. in 12—13 000 m Höhe.

### No. 35. Drachenaufstieg. (Tafel 3.)

1. Mai. Von 8ʰ vorm. bis 2ʰ nachm. 4 Drachen, 7.2 km Draht.
Breite: 37⁰ S.
Länge: 32⁰.8 O.

Auslassen zuerst sehr schnell, doch bald wenig Wind, so dass schliesslich der Instrumentendrachen nur bei Fahrt mit äusserster Kraft gegen den Wind hochzuhalten ist, daher aufgegeben. In 2000 m Höhe fängt der Instrumentdrachen plötzlich an zu schiessen, es gelingt nicht, ihn zur Ruhe zu bringen. Er schiesst ins Wasser, wird jedoch geborgen. Russkurve diesmal verwischt, aber Kopie tadellos. Barometerröhre verbeult, spätere Eichung in Durban ergab nur geringe Änderung des Ausschlags.

| An der Meeresoberfläche | | | | | | | Auswertung des Aufstiegs | | | | |
|---|---|---|---|---|---|---|---|---|---|---|---|
| Uhr-zeit | Wind in m/sec | Baro-meter | Luft t⁰ C | Relative Feuchtig-keit % | Be-wölkung | Wetter | See-gang 0—9 | Höhe | Luft t⁰ C | Gradient | Relative Feuchtig-keit % | Wind in m/sec |
| 4 a | N z O 7 | 768.9 | 19.4 | | | b | 3 | unten | 19.8 | 0.84 | 90 | N 9 |
| 8 a | N 7 | 769.1 | 19.6 | 90 | cu. | c | 3 | 500 | 15.6 | 0.62 | | |
| 12 a | N 8½ | 767.9 | 20.9 | | | ,, | 4 | 1000 | 12.5 | 0.54 | trockener | wenig links und schwächer |
| 4 p | N z O 7 | 766.1 | 20.0 | 89 | | ,, | 4 | 1370 | 9.2 | −1.0 | sehr feucht | |
| 8 p | N z O 8½ | 765.5 | 20.1 | | | ,, | 5 | 1500 | 9.8 | | | |
| 12 p | N z O 9 | 765.0 | 20.0 | | | ,, | 5 | 1820 | 13.6 | 0.31 | sehr trocken | ganz schwach |
| | | | | | | | | 2000 | 13.2 | | | |
| | | | | | | | | 2620 | 11.0 | | | |

Fig. 35

Bei 1000 Isothermie. Von 1370—1820 m Inversion von 9⁰.2 auf 13⁰.6. Unterer starker Wind nur bis 200 m Höhe, darüber schwach und links drehend. Auswertung nach der Kopie, jedoch nur des Aufstiegs, da der Abstieg verwischt war.

### No. 36. Drachenaufstieg. (Tafel 3.)

18. Mai. Von 9ʰ 30ᵐ vorm. bis 3ʰ nachm. 4 Drachen, 6.6 km Draht.
Breite: 35⁰.9 S.
Länge: 39⁰.7 O.
Der Aufstieg verläuft ohne Zwischenfälle.

| An der Meeresoberfläche | | | | | | | | Auswertung des Aufstiegs | | | | |
|---|---|---|---|---|---|---|---|---|---|---|---|---|
| Uhr-zeit | Wind in m/sec | Baro-meter | Luft t⁰ C | Relative Feuchtig-keit % | Be-wölkung | Wetter | See-gang 0—9 | Höhe | Luft t⁰ C | Gradient | Relative Feuchtig-keit % | Wind in m/sec |
| 4 a | NNO 4 | 768.6 | 19.8 | | | b w | 2 | unten | 19.5 | | 90 | NO z N 6 |
| 8 a | NO 5½ | 769.0 | 19.4 | 94 | str. cu. | c | 2 | 220 | 16.9 | 0.68 | feuchter | |
| 12 a | NO z N 7 | 769.4 | 20.1 | | alto cu | ,, | 3 | 280 | 17.2 | | trockener | |
| 4 p | NO 7 | 768.7 | 19.9 | 85 | cir. | ,, | 3 | 500 | 16.1 | 0.66 | | |
| 8 p | NO z O 7 | 768.8 | 19.0 | | | ,, | 3 | 1000 | 12.8 | | feucht | |
| 12 p | N z O 7 | 767.4 | 19.0 | | | o | 3 | 1420 | 10.7 | −0.22 | sehr trocken | ca. 4 Str. links und schwächer |
| | | | | | | | | 1480 | 14.0 | | ,, | |
| | | | | | | | | 1500 | 13.9 | 0.42 | | |
| | | | | | | | | 2000 | 11.8 | 0.22 | | |
| | | | | | | | | 2500 | 10.7 | 0.36 | | |
| | | | | | | | | 3000 | 8.9 | 0.44 | ,, | |
| | | | | | | | | 3360 | 7.1 | | | |

Fig. 36

Bemerkungen: Von 220—280 m Inversion von 16⁰.9 auf 17⁰.2, von 1420—1480 Inversion von 10⁰.7 auf 14⁰. Zwischen 2000 und 3000 m zahlreiche Isothermien.
Beim Abstieg ist die obere Inversion viel schwächer geworden und auf ca. 1000 m gesunken, die andere Inversion ist verschwunden, dafür unten sehr geringe Temperaturabnahme.

### No. 37. Drachenaufstieg. (Tafel 3.)

22. Mai. Von 10ʰ vorm. bis 2ʰ 30ᵐ nachm. 4 Drachen, 7 km Draht.
Breite: 31⁰.7 S.
Länge: 43⁰.9 O.

Der erste einigermassen schnelle Aufstieg. Da viel Wind zu erwarten war, wurden nur wenig Drachen angesetzt.

Aerologisches Tagebuch — Durban—Tamatave

### An der Meeresoberfläche

| Uhr-zeit | Wind in m/sec | Baro-meter | Luft t⁰ C | Relative Feuchtigkeit % | Be-wölkung | Wetter | See-gang 0—9 |
|---|---|---|---|---|---|---|---|
| 4 a | SSW 5—8 | 760.2 | 18.2 | | | c g | 4 |
| 8 a | SSW 5½ | 761.6 | 18.5 | 71 | cu. ni. | c | 4 |
| 12 a | SW 5½ | 761.5 | 19.1 | | | ,, | 4 |
| 4 p | SWzS 5½ | 761.5 | 19.5 | 84 | | ,, | 4 |
| 8 p | SOzS 4 | 761.8 | 18.1 | | | ,, | 3 |
| 12 p | WNW 2½ | 762.6 | 18.4 | | | ,, | 2 |

### Auswertung des Aufstiegs

| Höhe | Luft t⁰ C | Gradient | Relative Feuchtigkeit % | Wind in m/sec |
|---|---|---|---|---|
| unten | 19.4 | 1.06 | 70 | SW-SSW 6 |
| 500 | 14.1 | 0.42 | | |
| 1000 | 12.0 | | | |
| 1380 | 10.4 | 0.32 | feuchter | stärker |
| 1500 | 10.4 | | | |
| 1940 | 11.4 | 0.04 | trockener | |
| 2000 | 10.2 | | | |
| 2030 | 9.8 | | sehr trocken | |
| 2340 | 10.4 | 0.06 | | sehr stärker Wind |
| 2500 | 9.9 | 0.42 | | |
| 3000 | 7.8 | 0.19 | | |
| 3780 | 6.3 | | | |

Von 840—920 m Isothermie. Von 1380—1940 m Inversion von 10⁰.4 auf 11⁰.4. Von 2030—2340 m Inversion von 9⁰.8 auf 10⁰.4.

Beim Abstieg beide Inversionen zu einer tieferliegenden vereinigt. Barometerkurve sehr zittrig, Windrichtung oben nicht zu konstatieren, da Drachen in den Wolken.

Fig. 37

### No. 38. Drachenaufstieg. (Tafel 3.)

23. Mai. Von 10ʰ 40ᵐ vorm. bis 5ʰ 20ᵐ nachm. 6 Drachen, 10.3 km Draht.
Breite: 30⁰.5 S.
Länge: 45⁰.1 O.

Es schien zuerst zum Ballonsonde günstig werden zu wollen, dann aber cu.-Bildung und allmählich dichte cir.-Decke. Drachenaufstieg zunächst bei dem schwachen Unterwind wenig aussichtsvoll. Es erschien nötig, 4 grosse Flügeldrachen an den 0.7 mm-Draht zu geben, um einigermassen schnell auslassen zu können. Von ca. 2500 m Höhe ab mehr Druck und gutes Steigen. Bei der grossen Anzahl Drachen gleich zum Anfang musste äusserst vorsichtig gearbeitet werden. Der Instrumentdrachen hat sehr starken Wind bekommen, es zeigte sich beim Landen, dass die Flügel aus den Liken gerissen worden waren. Sehr erschwerend beim Abstieg und das gute Gelingen mehrfach in Frage stellend war, dass der Wind unten nahezu völlig abgeflaut hatte. Dies zwang, so schnell wie möglich einzuholen, um die Drachen nicht ins Wasser fallen zu lassen. Für einige Zeit schiesst beim Einholen der zweite Drache, beruhigt sich aber dann.

### An der Meeresoberfläche

| Uhr-zeit | Wind in m/sec | Baro-meter | Luft t⁰ C | Relative Feuchtigkeit % | Be-wölkung | Wetter | See-gang 0—9 |
|---|---|---|---|---|---|---|---|
| 4 a | NW 2½ | 762.5 | 18.9 | | | cu. | c | 1 |
| 8 a | NNW 4 | 762.6 | 20.4 | 62 | | ,, | 1 |
| 12 a | NzW 4 | 762.4 | 21.3 | | alto str. | ,, | 1 |
| 4 p | NzW 2½ | 762.8 | 21.0 | 71 | | ,, | 1 |
| 8 p | NOzN 4 | 762.8 | 20.8 | | | ,, | 1 |
| 12 p | NO 4 | 762.2 | 21.6 | | | c l w | 1 |

### Auswertung des Aufstiegs

| Höhe | Luft t⁰ C | Gradient | Relative Feuchtigkeit % | Wind in m/sec |
|---|---|---|---|---|
| unten | 20.3 | 0.74 | 70 | NzW 3 |
| 500 | 16.6 | 0.60 | | |
| 1000 | 13.6 | | feuchter | |
| 1090 | 13.2 | —0.62 | | |
| 1300 | 19.0 | | sehr trocken | |
| 1500 | 16.7 | 0.44 | | |
| 2000 | 14.5 | 0.41 | ,, | mehr Wind links drehend |
| 2500 | 12.4 | 0.39 | | |
| 3000 | 10.5 | 0.39 | | |
| 4000 | 6.6 | 0.34 | ,, | über N str links und sehr stark |
| 5000 | 3.2 | 0.52 | | |
| 5570 | 0.2 | | | |

Fig. 38

Inversion unmittelbar über dem Wasser von 0—100 m um 0⁰.5. Auch Hygrometer zeigt eine geringe Abnahme der Feuchtigkeit. Beides wohl auf Strahlung zurückzuführen. Dann sehr starke Inversion von 1090—1300 von 13⁰.2 auf 19⁰.0. Darüber sehr langsame, aber gleichmässige Temperaturabnahme. Barometerkurve sehr zittrig, sobald der Wind stärker wird. Wind geht auch unten im Laufe des Tages links herum. Während der ganzen, auf den Aufstieg folgenden Nacht starkes Wetterleuchten.

# IV. SO. Passat u. Kalmen des Indischen Ozeans.

### No. 39. Drachenaufstieg. (Tafel 4.)

7. Juni. Von $9^h$ vorm. bis $1^h$ nachm. 4 Drachen, 5.5 km Draht.
Breite: $18^0.7$ S.
Länge: $55^0.1$ O.

Ein Versuch mit einem 1 m Pilotballon misslang, nach 10 Min. bereits war der Ballon aus Sicht, ehe er andere als die unten herrschende Windrichtung angetroffen hätte.
Drachenaufstieg zunächst schnell, dann, wie ja auch früher im Passat, wenig Wind. 5.5 km Draht werden ausgelassen, so dass im ganzen 2.5 km zum schnellen Einholen zur Verfügung stehen. Hierdurch gelingt es, das Instrument von $18^0$ auf $38^0$ hochzuwerfen. Oben schien S-Wind zu herrschen.

#### An der Meeresoberfläche

| Uhrzeit | Wind in m/sec | Barometer | Luft $t^0$ C | Relative Feuchtigkeit % | Bewölkung | Wetter | Seegang 0-9 |
|---|---|---|---|---|---|---|---|
| 4 a | OSO 4 | — | 24.6 | | | c | 3 |
| 8 a | O z S 5½ | 762.9 | 24.9 | 76 | str. cu. | ,, | 3 |
| 12 a | ,, | 762.5 | 25.0 | 71 | cu. u. | ,, | 3 |
| 4 p | ,, | 761.2 | 24.6 | 69 | alto cu. | ,, | 3 |
| 8 p | SO z O 4 | 762.2 | 24.7 | | | ,, | 2 |
| 12 p | OSO 4 | 762.5 | 24.2 | | | ,, | 2 |

#### Auswertung des Aufstiegs

| Höhe | Luft $t^0$ C | Gradient | Relative Feuchtigkeit % | Wind in m/sec |
|---|---|---|---|---|
| unten | 24.8 | 0.88 | 73 | O z S 5 |
| 500 | 20.4 | 0.78 | | feuchter, rechts drehend |
| 1000 | 16.5 | 0.58 | | |
| 1500 | 13.6 | 0.58 | | |
| 2000 | 10.7 | 0.27 | | schwächer und rechts herum |
| 2460 | 8.8 | | | |
| 2700 | 8.8 | | | |

Fig. 39

In 2460 m isotherme Schicht mit Trockenheit.

### No. 40. Drachenaufstieg. (Tafel 4.)

15. Juni. Von $9^h$ vorm. bis $1^h$ nachm. 4 Drachen, 6.5 km Draht.
Breite: $19^0.1$ S.
Länge: $61^0.6$ O.

Die Rechtsdrehung des Windes mit der Höhe diesmal nicht gefunden.

#### An der Meeresoberfläche

| Uhrzeit | Wind in m/sec | Barometer | Luft $t^0$ C | Relative Feuchtigkeit % | Bewölkung | Wetter | Seegang 0-9 |
|---|---|---|---|---|---|---|---|
| 4 a | SO 5—7 | 769.5 | 23.5 | | | c q | 3 |
| 8 a | SO 7 | 767.8 | 24.0 | 59 | cu. | c | 3 |
| 12 a | SO z O 8½ | 767.2 | 24.3 | | | ,, | 3 |
| 4 p | ,, | 767.6 | 23.4 | 80 | | ,, | 3 |
| 8 p | SO z O 8 | 767.3 | 22.9 | | | c q | 3 |
| 12 p | SO 5—10 | 767.1 | 23.0 | | | o q | 3 |

#### Auswertung des Aufstiegs

| Höhe | Luft $t^0$ C | Gradient | Relative Feuchtigkeit % | Wind in m/sec |
|---|---|---|---|---|
| unten | 23.2 | 1.14 | 71 | SO z O 7-9 |
| 500 | 17.5 | 0.88 | | |
| 1000 | 13.1 | 0.72 | | |
| 1500 | 9.5 | 0.66 | | feuchter |
| 2000 | 6.2 | | | |
| 2120 | 6.1 | −0.74 | | trocken, weniger Wind, gleiche Richtung wie unten |
| 2220 | 10.0 | | | |
| 2500 | 9.8 | 0.66 | | |
| 3000 | 6.5 | | | |
| 3120 | 5.6 | | | |

Von 2120—2220 m Inversion von $6^0.1$ bis $10^0.0$. In der Inversionsschicht weniger Wind. Bei Beginn der Inversion gehen Thermometer und Hygrometer sprungweise hoch (Strahlung?). Die Inversionsschicht liegt beim Abstieg 200 m tiefer. Bemerkenswert ist der für die Gegend anormal hohe Barometerstand dieses Tages.

Fig. 40

## No. 41. Drachenaufstieg. (Tafel 4.)

19. Juni. Von 10ʰ vorm. bis 1ʰ nachm. 3 Drachen, 4.5 km Draht.
Breite: 16⁰.0 S.
Länge: 64⁰.1 O.

Böiges, regnerisches Wetter. Die beiden ersten grossen Drachen ziehen so stark, dass es zu gewagt erschien, noch einen grossen Drachen anzusetzen. Es wird daher, zum ersten Male, ein Versuch mit einem kleinen flügellosen Drachen gemacht, doch kann er den Draht kaum tragen. Beim Einholen fällt durch ein Versehen der kleine Drachen ins Wasser, es gelingt aber, ihn ohne Havarie hereinzubringen.

| An der Meeresoberfläche | | | | | | | | Auswertung des Aufstiegs | | | | |
|---|---|---|---|---|---|---|---|---|---|---|---|---|
| Uhrzeit | Wind in m/sec | Barometer | Luft t⁰ C | Relative Feuchtigkeit %/₀ | Bewölkung | Wetter | Seegang 0—9 | Höhe | Luft t⁰ C | Gradient | Relative Feuchtigkeit %/₀ | Wind in m/sec |
| 4 a | SO z O 8 | 763.2 | 24.1 | | | c q | 4 | unten | 25.7 | 1.24 | 72 | SO-O z S 6-9 |
| 8 a | OSO 6 | 763.0 | 24.6 | 84 | ni. | ,, | 4 | 500 | 19.5 | 0.80 | 72 | wechselnd |
| 12 a | O z S 5—8 | 762.3 | 23.0 | | | c q (r) | 3 | 1000 | 15.5 | 0.50 | 72 | und böig |
| 4 p | O z S 6 | 761.2 | 25.0 | 76 | | c q r | 3 | 1500 | 13.0 | 0.34 | 72 | wie unten |
| 8 p | OSO 6 | 761.8 | 24.1 | | | ,, | 3 | 2000 | 11.3 | | | |
| 12 p | O z S 6 | 761.3 | 24.0 | | | c q | 2 | 2120 | 10.8 | | | |

Fig. 41

Das Hygrometer zeigt nur zuerst einen geringen Ausschlag zu grösserer Feuchtigkeit, danach dauernd ca. 70 %. Es hatte offenbar gelitten, und wurde sofort ausgewechselt. Die Angaben fanden keine Verwendung.

## No. 42. Drachenaufstieg. (Tafel 4.)

20. Juni. Von 8ʰ vorm. bis 11ʰ vorm. 4 Drachen, 5 km Draht.
Breite: 14⁰.0 S.
Länge: 65⁰.1 O.

Wetter beständiger und weniger Wind als am 19.

| An der Meeresoberfläche | | | | | | | | Auswertung des Aufstiegs | | | | |
|---|---|---|---|---|---|---|---|---|---|---|---|---|
| Uhrzeit | Wind in m/sec | Barometer | Luft t⁰ C | Relative Feuchtigkeit %/₀ | Bewölkung | Wetter | Seegang 0—9 | Höhe | Luft t⁰ C | Gradient | Relative Feuchtigkeit %/₀ | Wind in m/sec |
| 4 a | NO z N 4-7 | 760.2 | 22.3 | | | c q (r) | 2 | unten | 24.4 | 0.98 | 82 | O z S 4 |
| 8 a | O z S 4 | 761.7 | 25.1 | 82 | cu. ni. | c | 2 | 500 | 19.5 | 0.74 | | |
| 12 a | SO z O 5½ | 760.9 | 26.3 | 11ʰ 69 | str. cu. | ,, | 2 | 1000 | 15.8 | 0.52 | feuchter | schwächer |
| 4 p | ,, | 759.3 | 26.3 | 77 | | ,, | 2 | 1060 | 16.2 | | | gleiche |
| 8 p | ,, | 760.7 | 25.7 | | | ,, | 2 | 1500 | 13.2 | | | Richtung |
| 12 p | SO z O 4 | 760.5 | 25.4 | | | ,, | 2 | 1820 | 11.4 | 0.36 | wenig trockener | wie unten |
| | | | | | | | | 1880 | 13.0 | 0.83 | wenig trockener | |
| | | | | | | | | 2000 | 11.4 | | | |
| | | | | | | | | 2120 | 10.4 | | | |

Fig. 42

Inversion: 1) Von 1000—1060 m, von 15⁰.8 auf 16⁰.2. 2) Von 1820—1880 m, von 11⁰.4 auf 13⁰.0.

## No. 43. Pilotballon. 1 m ⌀ (Tafel 4.)

21. Juni. Breite: 11⁰.0 S.
Länge: 66⁰.1 O.

Der Ballon hat ca. 600 g Auftrieb. Beleuchtungsverhältnisse ungünstig, so dass, nachdem der Ballon nach 24 Min. hinter Wolken aus den Augen verloren war, er nicht wieder aufgefunden wurde.

Der Drachenaufstieg (siehe unten) ergab bis 1700 m Höhe keine Windrichtungsänderung. Da der Ballon nach etwa 7 Min. die untere Windrichtung verlässt, hat er etwa 4 m/sec. Steigegeschwindigkeit gehabt. Unter dieser Voraussetzung folgende Windverhältnisse:

0—1700 m SO 5—6,
1700—2500 m SSW 4—5. Darüber W im Mittel von 8 m/sec., der allmählich eine Rechtsdrehung erfährt. Also die Stillenschicht, die dem atlantischen SO-Passat eigentümlich war, hier nicht gefunden.

## No. 44. Drachenaufstieg. (Tafel 4.)

21. Juni. Von $10^h$ vorm. bis $12^h$ $30^m$ nachm. 3 Drachen, 4.5 km Draht.
Breite: $11^0.0$ S.
Länge: $66^0.1$ O.

Wenig Wind, auf je 1000 m ein Drachen, dann 2.5 km ausgegeben und mit höchster Fahrt und schnellstem Einholen Instrument hochgeworfen. Anfang der Inversionsschicht erreicht.

**An der Meeresoberfläche**

| Uhrzeit | Wind in m/sec | Barometer | Luft $t^0$ C | Relative Feuchtigkeit % | Bewölkung | Wetter | Seegang (0—6) |
|---|---|---|---|---|---|---|---|
| 4 a | SO 4 | 758.5 | 25.1 | | | c | 2 |
| 8 a | SO 5—7 | 759.6 | 26.8 | 76 | cu. | c q | 2 |
| 12 a | SO 5½ | 759.4 | 26.3 | | | c | 2 |
| 4 p | SO z O 4 | 758.5 | 26.4 | 80 | | ,, | 2 |
| 8 p | SO 4 | 758.3 | 26.2 | | | ,, | 2 |
| 12 p | OSO 5½ | 758.9 | 26.1 | | | ,, | 2 |

**Auswertung des Aufstiegs**

| Höhe | Luft $t^0$ C | Gradient | Relative Feuchtigkeit % | Wind in m/sec |
|---|---|---|---|---|
| unten | 26.0 | 1.42 | 74 | SO 5 |
| 500 | 18.9 | 0.90 | feuchter | |
| 1000 | 14.4 | 0.32 | | |
| 1500 | 12.8 | 0.45 | trockner | schwächer |
| 1620 | 11.9 | | | |
| 1700 | 11.9 | | | |

Fig. 44
Bei 750 m Wolken.

## No. 45. Pilotballon. Missglückter Ballonsonde. (Tafel 4.)

22. Juni. Breite: $8^0.8$ S.
Länge: $66^0.2$ O.

Vorbereitungen verzögerten sich durch Schadhaftwerden eines Ballons und durch Arbeiten mit der Abwurfvorrichtung. Es gelingt das Gespann hochzubringen. Abwerfer für 8000 m eingestellt. Nach kaum 2 Min. reisst sich der eine Ballon los. Die Ballonschnüre hatten sich umeinandergedreht; der losgerissene Ballon wird 41 m lang verfolgt und inzwischen ein zweiter Versuch vorbereitet, unter Verzicht auf den Abwurfhaken. Das Fallen des zweiten Ballons vorher war auffallend langsam gewesen. Sein Auftrieb war ca. 2.5 kg gewesen, und 3.5 kg zogen nach unten; der Schwimmer war ein ziemlich grosser Kasten (er diente zur Aufnahme von 4 Salmiakelementen), der nur wenig ins Wasser eintauchte, daher auch wenig Widerstand gab. Infolgedessen trieb der Ballon vor dem Winde schnell weg. Dies musste für spätere Fälle durchaus vermieden werden. Der neu gefüllte Ballon hatte nahezu 4 kg erhalten, der Schwimmer wurde so schwer gemacht, dass gerade noch 2 kg freier Auftrieb blieben; selbst wenn der falsche Ballon platzte, zogen noch 2.5 kg abwärts.

Die Bewölkung war inzwischen etwas dicker geworden, immerhin blieben die Verhältnisse günstig wie seit langem nicht. 30 Min. steigt das Tandem, ohne viel Wind zu bekommen, dann kommt es für kurze Zeit hinter Wolken aus Sicht. Beim Insichtkommen war der Winkel von $75^0$ auf $53^0$ gefallen; er fällt jetzt schnell weiter, die Ballons nähern sich, gegen den Unterwind forttreibend, der Wolkenbank, die zu luvard stand, treten, als der Winkel nur noch $24^0$, hinter diese und verschwinden.

Es wurde zunächst bis Dunkelwerden gesucht, dann am nächsten Morgen fünf Stunden lang so gelegen (zu oceanographischen Arbeiten), dass der Ballon auf dem mutmasslichen Treibkurse hätte in Sicht kommen müssen; danach wurde das Suchen aufgegeben.

Der erste losgerissene Ballon sowie das Tandem gaben, in guter Übereinstimmung, folgende Windverhältnisse:   0—  750 m S z O 5,
750—  3500 m SW 4—5,
3500—  5000 m WSW 3—2, zuletzt ganz schwach,
5000—  6000 m NO 7
6000—  8500 m ONO 9—10,
8500—12000 m O z N im Mittel 14, zuletzt nahezu 20 m/sec.
Eigentümliche Übereinstimmung mit den später angetroffenen Monsunverhältnissen.

## No. 46. Drachenaufstieg. (Tafel 4.)

25. Juni. Von 9ʰ vorm. bis 2ʰ 40ᵐ nachm. 8 Drachen, 10.5 km Draht.
Breite: 4⁰.1 S.
Länge: 67⁰.0 O.

Nach Zug der oberen Wolken zu urteilen, war oben wenig Wind, daher viel Drachen angesetzt; bei den meisten benutzten Drachen war die elastische Schnur erneuert worden, diese flogen vorzüglich. Oben wenig Wind, indessen glückte es, durch schnelles Einholen das Instrument nahezu 1000 m höher zu werfen, als es vordem gestanden hatte. Da die Wetterverhältnisse günstig blieben, war der Aufstieg verhältnismässig schnell beendet.

### An der Meeresoberfläche

| Uhr-zeit | Wind in m/sec | Baro-meter | Luft t⁰ C | Relative Feuchtig-keit % | Be-wölkung | Wetter | See-gang 0—9 |
|---|---|---|---|---|---|---|---|
| 4 a | SSO-O 2·5 | 759.3 | 26.3 | | cu. | c q r | 2 |
| 8 a | O z S 5 | 760.1 | 26.8 | 9ʰ 81 | alto cu | ,, | 2 |
| 12 a | SO z O 5½ | 759.7 | 28.0 | 3ʰ 80 | | c | 2 |
| 4 p | SO z O 5 | 758.7 | 28.0 | | | ,, | 2 |
| 8 p | SO 4 | 759.4 | 27.8 | | | ,, | 2 |
| 12 p | O z S 4 | 759.3 | 27.7 | | | c l | 2 |

### Auswertung des Aufstiegs

| Höhe | Luft t⁰ C | Gradient | Relative Feuchtig-keit % | Wind in m/sec |
|---|---|---|---|---|
| unten | 27.4 | 0.90 | 81 | OSO 5 |
| 500 | 22.9 | 0.54 | | |
| 1000 | 20.2 | 0.60 | | |
| 1500 | 17.2 | | | |
| 1670 | 14.9 | 0.58 | wenig | |
| 1820 | 15.2 | | trockener | |
| 2000 | 14.3 | 0.44 | | O 4 |
| 2500 | 12.1 | 0.72 | | |
| 3000 | 8.5 | | | |
| 3410 | 4.5 | 0.74 | trocken | wenig Wind |
| 3500 | 4.8 | | | |
| 4000 | 0.8 | 0.8 | | |
| 4200 | —1.0 | | feuchter | ,, |
| 4280 | —0.8 | 0.56 | | |
| 4520 | —2.0 | | | |

Fig. 46

1. Zwischen 880 m und 940 m Inversion von 20⁰.2 auf 20⁰.4. 2. Zwischen 1670 und 1820 m Inversion von 14⁰.9 auf 15⁰.2. 3. Inversion zwischen 3410 und 3500 m von 4⁰.5 auf 4⁰.8.

In der Höhe der dritten Inversion schwebt der Drachen lange Zeit, nur durch schnelles Einholen wird er darüber hinausgetragen. Auffallend sind hier grosse Sprünge in der Feuchtigkeit, während Höhenveränderungen an der Barometerkurve nicht wahrzunehmen sind, auch die Temperaturkurve nur geringe Ausschläge zeigt. Oberhalb dieser Inversion ist es wieder ganz feucht, mit geringer Neigung zur Trockenheit in der höchsten Inversion (4200—4280m), die gerade erreicht wurde, und in der die oberen Wolken liegen.

Auffallend ist die gute Übereinstimmung des Auf- und Abstiegs, obwohl ca. 3 Stunden dazwischen liegen.

Beim Aufstieg fehlen die Hygrometerangaben zwischen 1200 und 2000 m. Die Hygrometerfeder, die äusserst lose auflag, hat in dieser Höhe nicht gezeichnet.

Der Wind flaute gegen Ende des Aufstiegs mehr ab.

## No. 47. Ballonsonde. (Tafel 4.)

27. Juni. Von 2ʰ 30ᵐ nachm. bis 3ʰ 20ᵐ nachm.
Breite: 2⁰.3 S.
Länge: 69⁰.1 O.

Da keine Balloninstrumente mehr vorhanden waren, musste ein Drachenlnstrument verwendet werden. Um bei diesem die Kurve nicht zu steil werden zu lassen (denn die Auftriebsgeschwindigkeit herunterzusetzen war zu gewagt) war mit Bordmitteln die Trommel auf etwa den doppelten Umfang vergrössert, und ein grösserer Kasten für das Instrument hergestellt worden.

Es wurde zunächst noch ein Versuch mit dem Abwerfer gemacht. Als dieser versagte, wurde beschlossen, ein neues Verfahren auszuprobieren, das darin bestand, einen in die Ballonschnur eingeschalteten Streifen Zinkblech von verdünnter Salzsäure zerstören zu lassen. Nach etwa zwei Stunden war es gelungen, einen derartigen Apparat einigermassen brauchbar herzustellen, und genügend genaue Beziehungen zwischen Stärke der Salzsäurelösung, Stärke des Zinkstreifens und Zeit des Durchbrennens zu ermitteln.

Auftriebsangaben folgende:

Ballonauftriebe . . . . . 3.8 + 2.0 kg . . . 5.8 kg
Gewicht: Instrument . . . . . 1.35 „
Schwimmer . . . . . 1.75 „
Schnur . . . . . . . 0.40 „
3.5 kg . . .3.5 kg

Also freier Auftrieb . . . . . . . .2.3 kg

Völlige Flaute, die Ballons steigen senkrecht. Nach den Versuchen zu schliessen, musste das Abwerfen nach ca. 25 Min. eintreten. Nach 17 Min. ist nur noch ein Ballon zu sehen. Bei genauerer Betrachtung wird der andere, geplatzt, dicht unter dem nicht geplatzten Ballon gefunden. Auffällig war das langsame Fallen, das den Gedanken nahe legte, es sei der falsche Ballon geplatzt; es hätte dann der Abwerfer jeden Augenblick in Funktion treten können. Das Instrument wäre verloren gewesen. Wenige 100 Meter vom Abgangspunkte landet nach 37 Min. das Gespann und wird geborgen. In der Tat war der leichter gefüllte Ballon geplatzt, doch auch der Zinkstreifen war zerstört. Glücklicherweise aber waren die Schnüre so vertörnt, dass der losgeworfene Ballon sich nicht hatte losreissen können.

Die Registrierung war etwas zittrig, wie vorauszusehen bei der schweren Trommel. Immerhin ist sie vollständig brauchbar.

**An der Meeresoberfläche**

| Uhr-zeit | Wind in m/sec | Baro-meter | Luft t° C | Relative Feuchtig-keit °/₀ | Be-wölkung | Wetter | See-gang 0—0 |
|---|---|---|---|---|---|---|---|
| 4 a | NNO 2½ | 758.4 | 27.2 | 68 | | c | — |
| 8 a | ,, | 759.8 | 27.8 | | alto cu | ,, | — |
| 12 a | NOzO 2½ | 759.6 | 28.8 | | u. cir. | ,, | — |
| 4 p | Stille | 759.3 | 28.5 | 66 | | ,, | — |
| 8 p | NNO 2½ | 761.2 | 28.2 | | | c (l) | — |
| 12 p | ,, | 760.8 | 27.8 | | | o | — |

**Auswertung des Aufstiegs**

| Höhe | Luft t° C | Gradient | Relative Feuchtig-keit °/₀ | Wind in m/sec |
|---|---|---|---|---|
| unten | 28.8 | 1.1 | 66 | Stille |
| 500 | 23.3 | 0.54 | | |
| 1000 | 20.6 | 0.50 | feuchter | ,, |
| 1500 | 18.1 | 0.54 | trocken | |
| 2000 | 15.4 | 0.56 | | ,, |
| 2500 | 12.6 | 0.72 | | |
| 3000 | 9.0 | 0.67 | wenig feuchter | ,, |
| 4000 | 2.3 | 0.95 | | |
| 4200 | 0.4 | | | |

Fig. 47

# V. Monsungebiet des Indischen Ozeans.

### No. 48. Pilotballon. 1 m ⌀ (Tafel 5.)

1. Juli. Breite: 3°.5 N.
Länge: 76° O.

Über 700 g Füllung. Aussergewöhnlich gut zu sehen und 40 Min. lang verfolgt. Ergebnisse:

0—1200 m NNW 5
1200—2200 m WzS 5
2200—5300 m NWzW 7
5300—7000 m N 3
7000—8000 m N 1
8000—9000 m SOzO 12.

94    Aerologisches Tagebuch — Suvadiva Atoll—Colombo

## No. 49. Drachenaufstieg. (Tafel 5.)

2. Juli. Von 8ʰ vorm. bis 4ʰ 30ᵐ nachm. 6 Drachen, 10 km Draht.
Breite: 5⁰.7 N.
Länge: 78⁰.2 O.
Wind nimmt bis ca. 1500 m an Stärke zu, daher erst nach 2 km Draht den zweiten Drachen. Als beim Abstieg der Wind unten stark auffrischte, wurde versucht zu warten, bis er wieder schwächer wurde, und die Drachen solange oben zu lassen. Daher die lange Zeit für den Aufstieg, der in 4 Stunden hätte beendet sein können.

### An der Meeresoberfläche

| Uhrzeit | Wind in m/sec | Barometer | Luft t⁰ C | Relative Feuchtigkeit ⁰/₀ | Bewölkung | Wetter | Seegang 0—9 |
|---|---|---|---|---|---|---|---|
| 4 a | NNW 4 | 756.5 | 27.8 | | cu. | c | — |
| 8 a | WSW 5½ | 758.4 | 28.1 | 86 | | ,, | — |
| 12 a | WSW 7 | 759.0 | 28.9 | | | ,, | — |
| 4 p | WNW 7 | 757.6 | 28.8 | 82 | | ,, | — |
| 8 p | ,, | 757.4 | 27.7 | | | ,, | — |
| 12 p | W 5½ | 757.1 | 27.7 | | | ,, | — |

Abstieg nicht ausgewertet, da Kurve stark zittrig.

### Auswertung des Aufstiegs

| Höhe | Luft t⁰ C | Gradient | Relative Feuchtigkeit ⁰/₀ | Wind in m/sec |
|---|---|---|---|---|
| unten | 27.4 | 0.8 | 84 | NNW 6—8 |
| 500 | 23.4 | 0.58 | | |
| 1000 | 20.5 | 0.9 | wenig trockener | stärker und rechts drehend |
| 1500 | 16.0 | 0.62 | | |
| 2000 | 12.9 | 0.26 | | |
| 2500 | 11.6 | | | |
| 2510 | 12.6 | 0.50 | trocken | |
| 3000 | 8.6 | 0.75 | | schwächer und links drehend |
| 3780 | 2.8 | | feuchter | |

Fig. 49

## No. 50. Drachenaufstieg. (Tafel 5.)

15. Juli. Von 9ʰ vorm. bis 1ʰ 30ᵐ nachm. 6 Drachen, 10.5 km Draht.
Breite: 4⁰.7 N.
Länge: 83⁰.0 O.
Verhältnisse sehr ähnlich denen am 2. Juli (No. 49). Auch heute in ca. 1000 m eine Schicht starken Windes. Verteilung der obersten Drachen diesmal: 0, 1.2 km, 3 km, dann 5.2 km (0.8 Draht). Es wurde beschlossen, das nächste Mal dem 0.7 mm-Draht 4 grosse Drachen zu geben. Da die letzten Umdrehungen des 0.9 mm-Drahtes schlecht aufgerollt zu sein schienen, wurde der ganze Drahtvorrat bis auf wenige Umdrehungen ausgegeben und beim Einholen sehr vorsichtig aufgerollt. Leider waren die Drachen schlecht zu sehen, so dass eine Zeit lang geglaubt wurde, der Instrumentdrachen sei abgeflogen. Das war jedoch nicht der Fall. Es wurde aber leider versäumt, durch Kurs- und Fahrtänderung höher zu kommen, was zweifellos geglückt wäre.

### Auswertung des Aufstiegs

| Höhe | Luft t⁰ C | Gradient | Relative Feuchtigkeit ⁰/₀ | Wind in m/sec |
|---|---|---|---|---|
| unten | 27.3 | 1.06 | 84 | WSW 7 |
| 500 | 22.0 | | | |
| 570 | 21.2 | 0.66 | feucht | |
| 580 | 21.4 | | trockener | |
| 1000 | 18.7 | | | stärker |
| 1280 | 17.3 | 0.26 | | sehr stark und wenig rechts drehend |
| 1500 | 17.5 | | | |
| 1880 | 14.5 | 0.60 | | feucht |
| 2000 | 14.5 | | | |
| 2140 | 14.5 | | | schwächer |
| 2360 | 11.8 | 0.68 | | |
| 2470 | 12.2 | | | |
| 2500 | 12.1 | | | trocken |
| 2770 | 10.0 | 0.50 | | |
| 2940 | 10.0 | | | |
| 3000 | 9.6 | 0.86 | feuchter | ganz schwach u. wenig links drehend |
| 4000 | 1.0 | | | |
| 4070 | 0.5 | | | |

Fig. 50

### An der Meeresoberfläche

| Uhrzeit | Wind in m/sec | Barometer | Luft t⁰ C | Relative Feuchtigkeit ⁰/₀ | Bewölkung | Wetter | Seegang 0—9 |
|---|---|---|---|---|---|---|---|
| 4 a | WSW 7 | 757.3 | 27.0 | | cu. | c | 3 |
| 8 a | ,, | 760.0 | 27.8 | 84 | u. cir. | ,, | 3 |
| 12 a | ,, | 757.9 | 28.1 | | | ,, | 3 |
| 4 p | ,, | 756.5 | 28.6 | 81 | | ,, | 3 |
| 8 p | WSW 6 | 757.8 | 28.0 | | | ,, | 3 |
| 12 p | WSW 7 | 757.9 | 27.9 | | | ,, | 3 |

Zahlreiche Inversionen und Isothermieen. Untere Wolken in ca. 600 m Höhe. Alle Eigenheiten der Kurve auch beim Abstieg registriert.

## No. 51. Drachenaufstieg (Tafel 5.)

16. Juli. Von 10ʰ vorm. bis 2ʰ nachm. 6 Drachen, 10.5 km Draht.
    Breite: 4°.2 N.
    Länge: 86°.2 O.

Wind unten stärker und stärkere obere Wolkenbildung, sonst aber Verhältnisse sehr ähnlich wie am 2. Juli (No. 49) und 15. Juli (No. 50). Die drei obersten Drachen in je 1000 m Abstand voneinander, da beabsichtigt war, 4 Drachen an den 0.7 mm-Draht zu geben; doch zogen die 3 Drachen mit 50 kg Zug, es musste davon Abstand genommen werden. Daher Pause von 3 km zwischen drittem und viertem Drachen. Dies hat sich nicht als besonders ungünstig erwiesen. Druck dauernd an der Höchstgrenze, beim Einholen häufig darüber. Der Wind geht oben sehr bald nach rechts, diesmal schärfer als bei den Monsunaufstiegen bisher. Als Instrumentdrachen fungiert heute ein in Colombo eingetroffener, von der Seewarte nachgesandter, an dem die Fesselung höher angeordnet ist als an den früheren. Er steht bemerkenswert steil. Beim letzten Einholen wird versehentlich die Leine, die bereits vom Draht losgenommen war, fahren gelassen. Drachen mit Instrument ins Wasser, wird geborgen. Russkurve ein wenig verwischt, doch Kopie tadellos. Auswertung nach Kopie; Abstieg nicht ausgewertet, da verwischt. Viel Wind oben, im Gegensatz zu den Fällen bisher; auch der Pilotballon am nächsten Tage konstatiert ihn. (15 m/sec.).

### An der Meeresoberfläche

| Uhrzeit | Wind in m/sec | Barometer | Luft t° C | Relative Feuchtigkeit % | Bezölkung | Wetter | Seegang 0—9 |
|---|---|---|---|---|---|---|---|
| 4 a | SW 7 | 757.3 | 27.8 | | | c | 3 |
| 8 a | ,, | 758.2 | 28.1 | 78 | cu. alto cu. | c | 3 |
| 12 a | SW 8 | 757.9 | 28.6 | | | ,, | 3 |
| 4 p | SW 8½ | 756.3 | 28.4 | 78 | | ,, | 4 |
| 8 p | SW 7 | 757.6 | 28.1 | | | ,, | 4 |
| 12 p | SW z S 7 | 757.9 | 28.0 | | | ,, | 4 |

Von 1400—2000 m Inversionsschicht, darunter die unteren Wolken, darüber Wind mehr rechts.

Von 3000—3400 m Schicht geringerer Temperaturabnahme mit grösserer Feuchtigkeit. Darüber wird es zunächst wieder ganz trocken, dann wieder feuchter. Eintritt des Instruments in die oberen Wolken nicht mit Sicherheit beobachtet, doch hatte man den Eindruck, als hätte es sie erreicht.

### Auswertung des Aufstiegs

| Höhe | Luft t° C | Gradient | Relative Feuchtigkeit % | Wind in m/sec |
|---|---|---|---|---|
| unten | 28.0 | 1.10 | 78 | SW 9 |
| 500 | 22.5 | 0.90 | | |
| 1000 | 18.0 | | | Drehung rechts und stärker |
| 1400 | 15.0 | | feuchter | |
| 1460 | 15.7 | | | |
| 1570 | 14.9 | 0.46 | | |
| 1820 | 16.6 | | trockener | |
| 1900 | 15.4 | | | |
| 2000 | 15.7 | 0.96 | | |
| 2500 | 10.9 | 0.80 | wenig feuchter | |
| 3000 | 6.9 | 0.42 | | |
| 3400 | 5.4 | 0.81 | trocken | |
| 4000 | 0.5 | 1.00 | feuchter | etwas weniger Wind |
| 4280 | —2.2 | | | |

Fig. 51

## No. 52. Pilotballon. 1,5 m ⌀ (Tafel 5.)

17. Juli. Breite: 3°.3 N.
    Länge: 88°.7 O.

Drei Versuche mit 1 m Ballons misslingen; bei ca. 2500 m werden sie alle aus dem Auge verloren. Ob sie dann platzten, oder Wolken waren nicht vorhanden — nicht mehr zu sehen waren, war nicht zu entscheiden. Da die Verhältnisse dauernd günstiger wurden, wurde ein grosser Ballon als Pilot genommen. 50 Min. lang verfolgt. Die Steigegeschwindigkeit ist so gross angenommen, dass für die untere Windgeschwindigkeit 8 m gefunden wurden. Daraus folgende Windverhältnisse:

      0— 600 m SSW 8,
      600— 4400 m WSW 10
      4400— 4900 m sehr schwacher N,
      4900—10000 m ONO, später O z N 13,
      10000—11600 m O z N 6.

Aerologisches Tagebuch — Colombo—Lagu-Bigo-Bucht

## No. 53. Ballonsonde. (Tafel 5.)

18. Juli. Von 12ʰ mittags bis 5ʰ nachm.
Breite: 3°.0 N.
Länge: 91°.2 O.

Es wurde beschlossen, auf Abwerfer zu verzichten, da nach den Erfahrungen des Pilots tagszuvor die Verhältnisse für einer Ballonsonde denkbar günstig erschienen. Der Aufstieg war lehrreich, so dass es lohnt, ihn hier im Zusammenhange zu beschreiben.

Auftriebsangaben: Ballonauftriebe 3.5 + 1.7 kg = 5.2 kg
Gewichte: Instrument + Schnüre 1.3 kg
Schwimmer 1.7 kg
3.0 kg = 3.0 kg
Also freier Auftrieb 2.2 kg

Allerdings blieben, wenn der falsche Ballon platzte, nur ca. 0.5 kg Abtriebsgewichte, das musste aber in Kauf genommen werden. Die gewählte Zusammenstellung der Gewichte war, nach unseren Erfahrungen, die günstigste. Tafel 7 gibt ein Bild des Aufstiegs. Die Linie A'BDFE gibt den Weg des Schiffes. Die Ballonbahn zeigt die stark gezeichnete schwarze Linie. In B' platzte der eine Ballon, gleichzeitig stand das Schiff in B. Unter Zugrundelegung einer Steigegeschwindigkeit von 5.2 m/sec. war B'' als Platzpunkt berechnet worden. Die azimutale Abweichung zeigt, wie gross der Fehler des ungenauen Zeichnens (während des Aufstiegs wurde, wie früher erwähnt, der Schiffskurs aufgezeichnet) war. Zur Zeichnung des Niederkunftspunktes war AB'' um sich selbst über B'' hinaus zu verlängern bis zum Punkt C''. Bis dahin hatte das Schiff mit äusserster Kraft etwa 2 Stunden zu fahren. In den zwei Stunden trieb der Ballon vor dem Winde, 1 Sm Treibgeschwindigkeit angenommen, bis C'''. In der Zeit, die diese Überlegungen beanspruchten, war das Schiff auf dem alten Kurs bis D weitergefahren; nunmehr nahm es Kurs auf C'''. Als das Schiff in F steht, kommt der Ballon in F', nahezu an St. B querab, in Sicht, und sofort wird auf ihn zugedreht. Nach 2¼ stündiger Jagd wird der Ballon kurz vor Dunkelwerden eingefangen in E. Er war mit ungefähr 1 Sm weniger Geschwindigkeit getrieben, als das Schiff bei äusserster Kraft laufen konnte, also mit mindestens 7 Sm und das bei etwa 5 m (10 Sm) Windgeschwindigkeit. Ein Hauptgrund für unsere Misserfolge war gefunden. Wir hatten die Treibgeschwindigkeit zu gering geschätzt. Leider war der bei der Vorbereitung des Instruments für den Thermographenzeiger nicht ausreichend Spielraum vorgesehen worden. Von ca. 11 000 m Höhe ab hat dieser Zeiger auf den Zeiger der Nullmarke aufgelegen.

### An der Meeresoberfläche

| Uhrzeit | Wind in m/sec | Barometer | Luft t° C | Relative Feuchtigkeit °/₀ | Bewölkung | Wetter | Seegang 0—9 |
|---|---|---|---|---|---|---|---|
| 4 a | SSW 7 | 757.3 | 28.0 | | | c | 3 |
| 8 a | S z W 5½ | 757.8 | 28.1 | 80 | cu. | ,, | 3 |
| 12 a | SSW 5½ | 757.4 | 28.8 | | | ,, | 2 |
| 4 p | ,, | 755.9 | 30.0 | 73 | | ,, | 2 |
| 8 p | ,, | 756.2 | 28.0 | | | ,, | 2 |
| 12 p | S 5½ | 756.3 | 28.0 | | | ,, | 2 |

### Auswertung des Aufstiegs

| Zeit | Höhe | Luft t° C | Gradient dient | Relative Feuchtigkeit °/₀ | Wind in m/sec |
|---|---|---|---|---|---|
| 0 min | unten | 27.9 | 0.52 | 75 | SSW 6 |
| | 500 | 25.3 | 0.64 | feuchter | |
| 3 | 1 000 | 22.1 | 0.38 | | WSW 10 |
| | 1 500 | 20.2 | 0.52 | trockener | |
| 6.1 | 2 000 | 17.6 | 0.38 | | |
| | 2 500 | 15.7 | 0.58 | | |
| 9.5 | 3 000 | 12.8 | 0.46 | | |
| 12.7 | 4 000 | 8.2 | 0.60 | | WSW 8 |
| 16.0 | 5 000 | 2.2 | 0.56 | | WSW 5 |
| 19.2 | 6 000 | —3.4 | 0.71 | | ⎫ Stille |
| 22.5 | 7 000 | 10.5 | 0.52 | | ⎬ bezw. schwach |
| 25.6 | 8 000 | —15.7 | 0.82 | | ⎪ NW rechts |
| 28.7 | 9 000 | —23.9 | 0.82 | | ⎭ drehend |
| 32.0 | 10 000 | —32.1 | 0.73 | | ONO 12 |
| 35.4 | 10 850 | —38.3 | | | |

Fig. 53

Darüber fehlen die Thermographenangaben. Für die Berechnung der Windrichtung und Geschwindigkeit über 11 000 m wurde 5,1 m/sec., die mittlere Steige-Geschwindigkeit bis 11 000 m zugrunde gelegt.

Dies ergibt folgende Verhältnisse:
11 000—13 000 m  ONO 20.
13 000—14 000 m  O 20,
14 000—15 000 m  SSO 8,
15 000—17 000 m  ONO 10,

Von 1290 bis 1450 m Inversion von $20^0.2$ auf $20^0.3$.
Von 2240 bis 2340 m Inversion von $16^0.2$ auf $16^0.3$.
In der graphischen Darstellung sind nur die untersten 6000 m wiedergegeben.

### No. 54. Drachenaufstieg. (Tafel 5.)

19. Juli. Von $10^h$ vorm. bis $3^h$ $15^m$ nachm. 7 Drachen, 10.6 km Draht.
Breite: $2^0.8$ N.
Länge: $92^0.6$ O.

Denkbar günstigste Verhältnisse für Hochaufstieg. Leider steht der Instrumentdrachen so steil, dass No. 2 sich in den Hauptdraht verfängt und zu schiessen beginnt. Zwar hört nach einiger Zeit das Schiessen auf, doch bleibt der Drachen schief und tief stehen. Es zeigte sich beim Einholen, dass die Nebenschnur sich in zahllosen Windungen um den Hauptdraht gelegt, der Drachen selbst sich fest in den Draht verfangen hatte. Ausklarieren nicht ohne Schwierigkeit.

| An der Meeresoberfläche | | | | | | | Auswertung des Aufstiegs | | | | |
|---|---|---|---|---|---|---|---|---|---|---|---|
| Uhrzeit | Wind in m/sec | Barometer | Luft $t^0$ C | Relative Feuchtigkeit $^0/_0$ | Bewölkung | Wetter | Seegang 0—6 | Höhe | Luft $t^0$ C | Gradient | Relative Feuchtigkeit $^0/_0$ | Wind in m/sec |
| 4 a | SSW 4 | 756.2 | 27.7 | | | c | 3 | unten | 27.9 | 1.32 | 76 | S 4 |
| 8 a | S 5 | 756.6 | 28.0 | 76 | cu. | ,, | 2 | 500 | 21.3 | 0.68 | feucht | |
| 12 a | S 4 | 755.8 | 28.3 | | | ,, | 2 | 1000 | 17.9 | 0.34 | trockener | |
| 4 p | SSW 4 | 754.1 | 28.3 | 77 | | ,, | 2 | 1500 | 16.2 | | | rechts drehend und stärker werdend |
| 8 p | SSO 4 | 756.0 | 28.5 | 75 | | ,, | 2 | 1570 | 15.4 | 0.12 | | |
| 12 p | SSO 2½ | 756.5 | 27.9 | | | ,, | 2 | 1800 | 17.0 | | trockener | |
| | | | | | | | | 2000 | 15.6 | 0.54 | | |
| | | | | | | | | 2500 | 12.9 | 0.52 | | |
| | | | | | | | | 3000 | 10,3 | 0.63 | | |
| | | | | | | | | 4000 | 4.0 | 0.76 | | wenig Wind |
| | | | | | | | | 4490 | 0.3 | | | |

Von 1400—1900 m Inversionsschicht, darüber Wind mehr rechts.

Fig. 54

# VI. Malayen-Archipel und Stiller Ozean.

### No. 55. Drachenaufstieg. (Tafel 6.)

31. Juli. Von $9^h$ vorm. bis $3^h$ nachm. 8 Drachen, 11 km Draht.
Breite: $4^0.4$ S.
Länge: $100^0.9$ O.

Von den 8 Drachen zwei ohne Flügel. Die Rechtsdrehung des Windes von ca. 1300 m an ist wohl nahezu 8 Strich gewesen, da durch Kursänderung nicht viel zu erreichen war. Da wenig Wind oben zu sein schien, waren die Zeiger mit möglichst geringer Reibung eingestellt. Aufzeichnungen sehr gut.

Aerologisches Tagebuch — Batavia—Makassar

### An der Meeresoberfläche

| Uhrzeit | Wind in m/sec | Barometer | Luft t⁰ C | Relative Feuchtigkeit % | Bewölkung | Wetter | Seegang 0—0 |
|---|---|---|---|---|---|---|---|
| 4 a | NNW—N 6 | 760.1 | 26.0 | | cu. ni. | o l r q | 1 |
| 8 a | NNO 5½ | 760.1 | 26.2 | 81 | cu. u. | o p | 2 |
| 12 a | N 5½ | 760.3 | 28.2 | | alto cu. | o (r) | 3 |
| 4 p | N 2½ | 758.7 | 26.5 | 83 | | o r | 3 |
| 8 p | W z S 2½ | 760.8 | 27.2 | | | c l | 2 |
| 12 p | SO z O 2½ | 761.2 | 26.3 | | | o r | 2 |

### Auswertung des Aufstiegs

| Höhe | Luft t⁰ C | Gradient | Relative Feuchtigkeit % | Wind in m/sec |
|---|---|---|---|---|
| unten | 27.5 | 0.74 | 81 | N 5 wenig Wind |
| 500 | 23.7 | 0.66 | | |
| 1000 | 20.4 | | | |
| 1170 | 18.4 | | wenig trockener | |
| 1270 | 18.7 | 0.60 | | mehrere Striche rechts und stärker |
| 1420 | 17.2 | | | |
| 1520 | 17.4 | 0.88 | | |
| 2000 | 13.0 | 0.60 | feuchter | |
| 2500 | 10.0 | 0.40 | trockener | |
| 3000 | 8.0 | 0.71 | trockener | |
| 4000 | 0.9 | 0.49 | | |
| 4460 | —1.4 | | feuchter | |
| 4560 | —1.1 | | trockener | |

Fig. 55

Sehr hohe relative Feuchtigkeit die nur über 4000 m ein wenig abnimmt. In 580 m schwache Inversion. Darunter cu. ni. Wolken. Zweite Wolkenschicht in ca. 2400 m, nach der Hygrometerkurve zu urteilen. Eintritt der Drachen in diese Wolken nicht beobachtet. Zwischen 1200—1600 m mehrere Inversionen und zwischen 2500—3300 m geringe Temperaturabnahme teils Isothermie. An beiden Stellen etwas trockener. Bei 1000 m merkwürdiger Temperatur- und Feuchtigkeitssprung ohne erkennbare Höhenänderung. Man hat den Eindruck, als seien die Temperaturen bis zu dem Sprung bei 1000 m durch Strahlung verfälscht.

### No. 56. Pilotballon. 1,5 m ⌀ (Tafel 6.)

10. August. Breite: 8⁰.6 S.
Länge: 107⁰.4 O.

Der vom letzten Ballonsonde zurückgewonnene Ballon wird mit einer ganzen Flasche, die nach Manometerangaben 170 Atmosphären Spannung hatte, gefüllt und ist dann nur wenig gespannt. Er beult sich beim Steigen oben halbkugelförmig ein. Es wird daher die Steiggeschwindigkeit nicht allzu gross gewesen sein. Zugrunde gelegt sind 4 m/sec. 12 Min. steigt er in Richtung des Unterwindes, verschwindet dann für 16 Min. hinter Wolken und ist beim Wiederaustreten nahe dem Zenit. Er wird dann weitere 26 Min. beobachtet, ohne dass der Winkel wesentlich ändert. Man hatte den Eindruck, als schwebe der Ballon, undicht geworden, ohne Höhenänderung.

Ergebnisse:   0— 1000 m SO z O ½ O-8,
1000— 2400 m OSO 5—6,
2400— 7500 m Stille bezw. sehr schwacher S,
7500—13000 m OSO 2—3.

### No. 57. Pilotballon. Missglückter Ballonsonde. (Tafel 6.)

11. August. Breite: 9⁰.7 S.
Länge: 107⁰.8 O.

Die vom Pilotballon erbrachten Windverhältnisse zwingen geradezu zum Ballonsonde. Auf den Abwerfer musste verzichtet werden; die zahlreichen Versuche hatten die Elemente stark geschwächt. Es gelang nicht, sie durch Erneuerung der Salmiaklösung zu verstärken, auch hatten die Versuche noch immer keine befriedigenden Resultate gefördert. Als Treibanker wurde eine nach einer Seite offene Blechkiste verwendet, die durch geeignete Anbringung eines Gewichts in die Schwimmlage gebracht wurde. Das Tandem wurde 1½ Stunde durch Winkelmessungen verfolgt. Als der Winkel nach ca. 1 Stunde abnahm, hatten wir geglaubt, der eine Ballon sei geplatzt. Bald jedoch sahen wir wieder beide, die, offenbar undicht geworden, langsam fielen. Dann kamen sie, dauernd fallend, aus Sicht und wurden nach einer weiteren Stunde wieder gesichtet. Kaum konnten beide Ballons das Instrument tragen. Von Zeit zu Zeit tauchte dieses ein, dann erhoben sich die Ballons wieder, von der Last befreit. Schon war das Instrument dauernd unter Wasser, und vom Schwimmer nichts zu sehen. Offenbar war höchste Eile nötig. Hierbei wurde leider zu nahe an die Ballons herangegangen, das Schiff fuhr über die Leine weg, diese durchschneidend. Die Ballons wurden geborgen — das Instrument war verloren.

Die Auswertung als Pilot gibt folgende Windverhältnisse:

0—900 m OSO 6—7,
900—2700 m O 8,
2700—5500 m NOzO 4,
5500—8000 m N 2—3.

Nimmt man an, dass jetzt die Ballons langsamer gestiegen sind, dann setzt über 8000 m eine starke Gegenströmung aus WSW ein. Auch wenn die Steigegeschwindigkeit als zunächst noch gleichbleibend angesehen wird, ergeben die Messungen WSW, allerdings von geringer Stärke. Ein solcher würde ja den bisher gefundenen Passatverhältnissen entsprechen.

### No. 58. Drachenaufstieg. (Tafel 6.)

13. August. Von $11^h 30^m$ vorm. bis $2^h 30^m$ nachm. 5 Drachen, 7.5 km Draht.
    Breite: $10^0.4$ S.
    Länge: $110^0.0$ O.

Luft sehr wasserdampfhaltig, Pilotballon kommt bereits nach 10 Min. aus Sicht. Da oben wenig Wind zu erwarten, 4 grosse Drachen an den 0.7 mm-Draht angesetzt. Es gelingt dann durch schnellstes Einholen, das Instrument von 1900 m auf 3200 m hoch zu werfen.

An der Meeresoberfläche

| Uhrzeit | Wind in m/sec | Barometer | Luft $t^0$ C | Relative Feuchtigkeit % | Bewölkung | Wetter | Seegang (0—9) |
|---|---|---|---|---|---|---|---|
| 4 a | OzS 4 | 757.6 | 26.1 | | cu. | c | 2 |
| 8 a | ,, | 759.2 | 26.5 | 75 | | ,, | 2 |
| 12 a | OzS 5½ | 759.6 | 27.0 | 80 | alto. cu. | ,, | 2 |
| 4 p | ,, | 757.7 | 26.9 | 76 | Bewölkung oben stark ändernd | ,, | 3 |
| 8 p | ,, | 758.7 | 26.7 | | | ,, | 3 |
| 12 p | ,, | 758.5 | 26.4 | | | c 1 | 3 |

Auswertung des Aufstiegs

| Höhe | Luft $t^0$ C | Gradient | Relative Feuchtigkeit % | Wind in m/sec |
|---|---|---|---|---|
| unten | 26.4 | 1.12 | 75% | OzS 5·6 |
| 500 | 20.8 | 0.82 | | |
| 1000 | 16.7 | 0.30 | sehr feucht | |
| 1500 | 15.2 | 0.68 | | |
| 1880 | 11.1 | | trockener | schwächer |
| 1940 | 11.7 | | | |
| 2000 | 11.8 | | | |
| 2150 | 11.8 | 0.30 | feuchter | |
| 2500 | 10.3 | 0.86 | | |
| 3000 | 6.0 | | | |
| 3180 | 4.6 | | | |

Obere Bewölkung (ci.?) stark wechselnd. Cu. von ca. 500 m an. Die Inversionen bei 1100 und 1500 m sind nicht einwandfrei, es können Ungenauigkeiten der Auswertung sein, das Instrument schwebte lange in dieser Höhe. Die Trockenheit bei ca. 2000 m sowie die feuchteren Schichten darüber und darunter zeigt auch der Abstieg sehr deutlich.

Fig. 58

### No. 59. Pilotballon. 1 m ⌀ (Tafel 6.)

25. August. Breite: $7^0$ S.
    Länge: $123^0.4$ O.

Der Ballon wird auf 650 g aufgeblasen. Zugrunde gelegt sind 4 m/sec. Steigegeschwindigkeit.

Von 0— 550 m OzN 3—4,
    550—1300 m O 5,
    1300—2500 m sehr schwacher Wind, wechselnde Richtung,
    2500—3600 m O 6—7.

### No. 60. Drachenaufstieg. (Tafel 6.)

28. August. Von $1^h$ bis $5^h$ nachm. 5 Drachen, 10 km Draht.
    Breite: $6^0.6$ S.
    Länge: $127^0.8$ O.

Auch durch schnellstes Einholen nicht hoch zu kommen.

### An der Meeresoberfläche

| Uhrzeit | Wind in m/sec | Barometer | Luft t⁰ C | Relative Feuchtigkeit % | Bewölkung | Wetter | Seegang 0—9 |
|---|---|---|---|---|---|---|---|
| 4 a | O z S 5 | 760.7 | 25.7 | | | c | 2 |
| 8 a | OSO 5 | 761.3 | 26.0 | 77 | cu.u.cir. | ,, | 4 |
| 12 a | O z S 5 | 760.7 | 26.5 | 75 | | ,, | 3 |
| 4 p | O z S 5½ | 759.3 | 28.2 | 70 | | ,, | 3 |
| 8 p | O z S 4 | 761.0 | 25.5 | | | ,, | 3 |
| 12 p | O 2½ | 761.7 | 25.4 | | | ,, | 2 |

### Auswertung des Aufstiegs

| Höhe | Luft t⁰ C | Gradient | Relative Feuchtigkeit % | Wind in m/sec |
|---|---|---|---|---|
| unten | 25.6 | 1.12 | 73 | SO z O 4 |
| 500 | 20.0 | 0.72 | feuchter | |
| 1000 | 16.4 | 0.50 | wenig trockener | mehr Wind |
| 1500 | 13.9 | | | |
| 1740 | 12.2 | 0.66 | | |
| 1780 | 12.5 | | | |
| 2000 | 10.6 | | | |
| 2290 | 11.8 | | sehr trocken | |
| 2300 | 14.0 | 0.26 | | |
| 2560 | 11.6 | | | |
| 2670 | 12.2 | | | |

Fig. 60

Temperatur- und Feuchtigkeitskurve sehr unruhig. Bei 2300 m sehr plötzliche Inversion von 11⁰.8 auf 14⁰.0, durch langsamere Inversion eingeleitet.
In ca. 300 m sehr wenig Wind, darüber etwas mehr.

## No. 61. Drachenaufstieg. (Tafel 6.)

5. September. Von 10ʰ vorm. bis 1ʰ nachm. 4 Drachen, 4,5 km Draht.

Breite: 1⁰.6 S.
Länge: 129⁰.3 O.

Sehr wenig Wind, es gelingt durch Gegenandampfen und schnellstes Einhieven das Instrument um etwa 400 m bis 2100 m hoch zu werfen.

### An der Meeresoberfläche

| Uhrzeit | Wind in m/sec | Barometer | Luft t⁰ C | Relative Feuchtigkeit % | Bewölkung | Wetter | Seegang 0—9 |
|---|---|---|---|---|---|---|---|
| 4 a | O 4 | 758.7 | 27.0 | | | ni. | o | 1 |
| 8 a | SO z O 5½ | 759.4 | 27.2 | 81 | | | c | 2 |
| 12 a | SO 5½ | 759.6 | 27.6 | 78 | cu. | ,, | 2 |
| 4 p | SSO 4 | 757.7 | 28.1 | 72 | | ,, | |
| 8 p | NO 2½ | 758.7 | 27.5 | | | ,, | 1 |
| 12 p | ONO 4 | 758.4 | 26.5 | | | ,, | 1 |

### Auswertung des Aufstiegs

| Höhe | Luft t⁰ C | Gradient | Relative Feuchtigkeit % | Wind in m/sec |
|---|---|---|---|---|
| unten | 27.0 | 0.96 | 80 | SO 4 |
| 500 | 22.2 | 0.72 | | sehr wenig Wind |
| 1000 | 18.6 | 0.52 | | |
| 1500 | 16 0 | | | |
| 1620 | 15.7 | 0.20 | | etwas mehr Wind |
| 1780 | 16.5 | | trocken | |
| 2000 | 15.0 | | | |
| 2120 | 14.4 | | | |

Fig. 61

Auch heute wieder eine Stillenschicht über dem Unterwind. Sie liegt diesmal etwas höher. Beim Abstieg in etwa 350 m ausgeprägte Inversion.

## No. 62. Drachenaufstieg. (Tafel 6.)

8. September. Von 1ʰ 30ᵐ bis 3ʰ nachm. 2 Drachen, 2,5 km Draht.

Breite: 0⁰.1 S.
Länge: 134⁰.1 O.

Auch heute wieder wie bei No. 59 und No. 60 in etwa 500 m Schicht völliger Flaute, durch die die Drachen kaum hochzubringen sind. Wind darüber mehrere Strich links. Auch unten drehte im Laufe des Abends und der Nacht der Wind stark links. Der Drachen kann sich auf der erreichten Höhe nicht halten, daher Versuch aufgegeben.

### An der Meeresoberfläche

| Uhrzeit | Wind in m/sec | Barometer | Luft t° C | Relative Feuchtigkeit % | Bewölkung | Wetter | Seegang 0—9 |
|---|---|---|---|---|---|---|---|
| 4 a | O z S 4 | 759.0 | 28.1 | | | c | 1 |
| 8 a | SO z O 2½ | 759.8 | 28.1 | 77 | schwach alto cu. | ,, | 1 |
| 12 a | SO z O 5½ | 759.0 | 28.0 | 77 | | ,, | 2 |
| 4 p | O 4 | 758.0 | 27.8 | 73 | | ,, | 1 |
| 8 p | O 4 | 759.5 | 27.3 | | | ,, | 1 |
| 12 p | ONO 2½ | 759.0 | 27.4 | | | ,, | 1 |

### Auswertung des Aufstiegs

| Höhe | Luft t° C | Gradient | Relative Feuchtigkeit % | Wind in m/sec |
|---|---|---|---|---|
| unten | 27.3 | 0.94 | 75 trockener | SO 3-4 |
| 500 | 22.6 | 0.80 | | |
| 1000 | 18.6 | | | |
| 1010 | 18.5 | | | |

Fig. 62

## No. 63. Pilotballon. 1,5 m ⌀ (Tafel 6.)

10. September. Breite: 0°.2 N.
Länge: 137°.9 O.

Der Ballon wird 50 Min. lang verfolgt. Da er wenig Wind oben trifft, auch sonst die Verhältnisse günstig scheinen, wird Ballonsonde beschlossen. Ohne Abwerfer. Füllung nach den gemachten Erfahrungen, die dazu zwangen, den einen Ballon so schwach wie irgend möglich aufzublasen. Das Platzen wird nach 21 Min. beobachtet, nach weiteren 30 Min. sind die Ballons eingefangen. Es zeigte sich, dass die Uhr bald nach Beginn des Aufstiegs stehen geblieben war; sie war zum ersten Male im Gebrauch, war auch nach dem Aufziehen richtig gegangen.

Die Auswertung des Pilotballons, 4 m/sec. Steiggeschwindigkeit angenommen, ergibt:

0— 1000 m SSO ½O 3,
1000— 3000 m Stille bezw. sehr schwache, wechselnde Winde
3000—6000 m ONO 6,
6000—12000 m O 8.

Beim Ballonsonde waren in dem Bestreben, den Ballons nahe zu bleiben, dauernd so grosse Winkel gemessen, dass ein Peilen schwer möglich war und keine genauen Resultate geben konnte.

## No. 64. Drachenaufstieg.

10. Oktober. Von 9ʰ vorm. bis 11ʰ 30ᵐ vorm. 3 Drachen, 5 km Draht.
Breite: 2° 12′ S.
Länge: 147° 30′ O.

Es gelingt nur durch schnellstes Einholen bis nahezu 2000 m Höhe zu kommen.

### An der Meeresoberfläche

| Uhrzeit | Wind in m/sec | Barometer | Luft t° C | Relative Feuchtigkeit % | Bewölkung | Wetter | Seegang 0—9 |
|---|---|---|---|---|---|---|---|
| 4 a | SO 2½ | 759.4 | 26.2 | | | c l | — |
| 8 a | SSO 2½ | 760.9 | 26.6 | 82 | ni. | o | — |
| 12 a | S 2½ | 760.4 | 27.0 | | | o q (r) | — |
| 4 p | ,, | 760.0 | 26.4 | 79 | | o | — |
| 8 p | O 6 | 761.4 | 25.8 | | | o (qrl) | — |
| 12 p | OSO 5 | 759.9 | 26.5 | | | c | — |

### Auswertung des Aufstiegs

| Höhe | Luft t° C | Gradient | Relative Feuchtigkeit % | Wind in m/sec |
|---|---|---|---|---|
| unten | 26.6 | 0.84 | 77 dauernd feucht | SSO 3 |
| 500 | 21.4 | 0.64 | | |
| 1000 | 18.2 | 0.58 | | sehr schwach |
| 1500 | 15.3 | 0.68 | | |
| 1950 | 12.3 | | | |

Fig. 64

Wolken in 250—300 m Höhe.

Aerologisches Tagebuch — Nusa—Manila

## No. 65. Drachenaufstieg*).

10. Januar 1907. Von 9ʰ 45ᵐ vorm. bis 12ʰ 2ᵐ nachm. 3 Drachen, 2.5 km Draht.
Breite: 0⁰.47′ S.
Länge: 149⁰.33′ O.

### An der Meeresoberfläche

| Uhr-zeit | Wind in m/sec | Baro-meter | Luft t⁰ C | Relative Feuchtig-keit % | Be-wölkung | Wetter | See-gang 0—9 |
|---|---|---|---|---|---|---|---|
| 4 a | NNW 4 | 756.1 | 27.5 | 75 | cir. cu. | o | 1 |
| 8 a | ,, | 757.5 | 28.3 | | cir. str. | o | 1 |
| 12 a | NNW 2½ | 757.3 | 28.8 | | ,, | ,, | 1 |
| 4 p | NO z O 2½ | 755.5 | 27.2 | | ,, | o | 0 |
| 8 p | NNW 2½ | 758.1 | 27.5 | | ,, | c | 0 |
| 12 p | ,, | 757.7 | 27.8 | | ,, | ,, | 0 |

### Auswertung des Aufstiegs

| Höhe | Luft t⁰ C | Gradient | Relative Feuchtig-keit % | Wind in m/sec |
|---|---|---|---|---|
| unten | 28.2 | 1.1 | 75 | NNO 5½ |
| 200 | 26.0 | 0.6 | ,, | ,, |
| 500 | 24.2 | 0.7 | trockener | NO 5½ |
| 1000 | 20.5 | 0.4 | ,, | ,, |
| 1325 | 19.2 | | ,, | ,, |

Fig. 65

Temperaturabnahme annähernd normal. Wind in den oberen Schichten etwas rechts drehend. Abstieg nicht ausgewertet.

## No. 66. Drachenaufstieg.

31. Januar. Von 8ʰ 42ᵐ vorm. bis 2ʰ 25ᵐ nachm. 7 Drachen, 6.54 km Draht.
Breite: 9⁰.15′ N.
Länge: 127⁰.45′ O.

### An der Meeresoberfläche

| Uhr-zeit | Wind in m/sec | Baro-meter | Luft t⁰ C | Relative Feuchtig-keit % | Be-wölkung | Wetter | See-gang 0—9 |
|---|---|---|---|---|---|---|---|
| 4 a | NNO 5½ | 758.9 | 26.8 | 73 | cir. str. | c | 1 |
| 8 a | N z O 5½ | 760.1 | 27.0 | | cir. | ,, | 1 |
| 12 a | N z W 5½ | 761.3 | 27.3 | | cir. sts. | ,, | 2 |
| 4 p | NNW 5½ | 757.7 | 26.8 | | str. | ,, | 3 |
| 8 p | NNO 4 | 759.9 | 24.7 | | cu. ni. | ,, | 1 |
| 12 p | NNO 2½ | 759.5 | 25.5 | | cu. str. | ,, | 1 |

### Auswertung des Aufstiegs

| Höhe | Luft t⁰ C | Gradient | Relative Feuchtig-keit % | Wind in m/sec |
|---|---|---|---|---|
| unten | 26.9 | | 73 | N z O 5½ |
| 200 | 23.5 | 1.7 | | NNO 5½ |
| 500 | 18.5 | 0.7 | | NO 7 |
| 1000 | 15.0 | 0.3 | feuch-ter | mit der Höhe zunehmend |
| 1500 | 13.4 | 0.4 | | |
| 2000 | 11.1 | 0.3 | | |
| 2500 | 10.0 | 0.3 | trocke-ner | |
| 2800 | 9.3 | | | |

Fig. 66

Es wurden 6 grosse geflügelte und 1 kleiner ungeflügelter Drachen verwandt. Der Zug, anfangs gering, wuchs bei 7 Drachen beim Auslassen bis auf 35 kg und schwankte beim Einhieven zwischen 50 und 60 kg.
Temperaturabnahme von 0—500 m bedeutend, 1.7⁰ pro 100 m; von 500—1000 m 0.7⁰, dann 0.4⁰ pro 100 m. Relative Feuchtigkeit bis 500 m zunehmend, dann wieder abnehmend. In den oberen Schichten dreht der Wind nach rechts und nimmt an Stärke zu. Abstieg nicht ausgewertet.

## No. 67. Drachenaufstieg.

1. Februar. Von 7ʰ 15ᵐ nachm. bis 3ʰ 12ᵐ nachm. 3 Drachen, 2.63 km Draht.
Breite: 10⁰.21′ N.
Länge: 128⁰.25′ O.

---

*) No. 65—71 sind von Oberleutnant zur See Schlenzka beobachtet und ausgewertet.

| An der Meeresoberfläche |||||||| Auswertung des Aufstiegs |||||
|---|---|---|---|---|---|---|---|---|---|---|---|---|
| Uhr-zeit | Wind in m/sec | Baro-meter | Luft t°C | Relative Feuchtig-keit % | Be-wölkung | Wetter | See-gang 0—9 | Höhe | Luft t°C | Gradient | Relative Feuchtig-keit % | Wind in m/sec |
| 4 a | Stille | 758.6 | 24.0 | 80 | cu. ni. | o r | 0 | unten | 27.0 | | 80 | NNO 5½ |
| 8 a | NO 5½ | 760.1 | 25.5 | | ,, | c | 3 | 200 | 23.8 | 1.3 | feuch-ter | NO 5½ |
| 12 a | O x N 5½ | 760.1 | 26.1 | | ,, | o | 2 | 500 | 20.6 | 0.4 | | ,, |
| 4 p | NO x O 5½ | 758.4 | 27.3 | | cu. ni. | c | 2 | 1000 | 18.5 | 0.5 | trockener | ,, |
| 8 p | ,, | 758.5 | 27.1 | | cu. ni. | ,, | 2 | 1500 | 15.7 | | feuchter | ,, |
| 12 p | NNO 5½ | 759.9 | 26.0 | | cu. str. | ,, | 3 | 1730 | 15.7 | | trockener | ,, |

Fig. 67

Temperaturabnahme bis 500 m 1,6° pro 100 m, von 500—1500 m 0,4° pro 100 m. Zwischen 1500 bis 1700 m Isothermie. Wind in allen Höhenschichten ziemlich gleichmässig. Abstieg nicht ausgewertet.

## No. 68. Drachenaufstieg.

7. Februar. Von 8ʰ 8ᵐ vorm. bis 8ʰ 58ᵐ nachm. 2 Drachen, 2.5 km Draht. Vor Manila.

| An der Meeresoberfläche |||||||| Auswertung des Aufstiegs |||||
|---|---|---|---|---|---|---|---|---|---|---|---|---|
| Uhr-zeit | Wind in m/sec | Baro-meter | Luft t°C | Relative Feuchtig-keit % | Be-wölkung | Wetter | See-gang 0—9 | Höhe | Luft t°C | Gradient | Relative Feuchtig-keit % | Wind in m/sec |
| 4 a | ONO 5½ | 761.3 | 24.6 | 79 | cu. cir. | c | 1 | unten | 24.9 | 1.1 | 79 | ONO 5½ |
| 8 a | NO 5½ | 762.1 | 24.9 | | cu. str. | ,, | 1 | 200 | unleserlich | 0.6 | | ,, |
| 12 a | NO N 7 | 761.5 | 26.0 | | ,, | ,, | 2 | 500 | 19.3 | | trocke-ner | NO x O 7 |
| 4 p | NO N 4 | 759.2 | 28.0 | | cu. cir. str. | ,, | 1 | 1000 | 16.3 | 1.0 | | ,, |
| 8 p | O 4 | 761.5 | 26.2 | | cu. str. | ,, | 2 | 1330 | 12.9 | | feuchter | ,, |
| 12 p | OSO 5½ | 762.1 | 25.5 | | cir. str. | o | 2 | 1400 | 15.0 | | | ,, |
| | | | | | | | | 1480 | 11.4 | | | ,, |

Fig. 68

Da die Splissung bei 2400 m nicht zuverlässig erschien und gleichzeitig der zweite Drachen in einer vertikalen Luftströmung stark arbeitete und anfing zu schiessen, wurde der Aufstieg nicht weiter fortgesetzt.

Temperaturabnahme von 500—1000 m 0,4° pro 100 m, sonst durchschnittlich 1° pro 100 m. Zwischen 1330 und 1400 m Temperaturumkehr von 12.9° auf 15.0°. Relative Feuchtigkeit bei der Temperaturabnahme stark abnehmend.

Wind während des Aufstiegs etwas links drehend, mit der Höhe nur wenig zunehmend. Abstieg nicht ausgewertet.

## No. 69. Pilotballon*). 90 cm ⌀

16. Januar 1907. Hafen von Yap.

Heiteres, ruhiges Passatwetter. Aufstiegsgeschwindigkeit 4.9 m/sec. In allen Schichten bis zu 2430 m Höhe NNO-Wind, anfangs 5 m/sec. mit der Höhe zunehmend; von 2100 m ab 10 m/sec. Bei 1270 m passierte der Ballon die untere Wolkengrenze; bei 2430 m verschwand er in den Wolken.

---

*) Die Pilotballonaufstiege No. 69—71 wurden mit dem zu diesem Zweck an Bord gegebenen Spezial-Theodoliten von A. de Quervain vom Land aus beobachtet. Der Theodolit erwies sich als vorzüglich brauchbar; in mehreren Fällen gelang später, bei Aufstiegen in der Südsee, die Verfolgung der 1 m-Ballons (Durchmesser) über 60 Min. lang durchzuführen.

Aerologisches Tagebuch — Hafen von Yap

## No. 70. Pilotballon. 90 cm ⌀

17. Januar. Hafen von Yap.

Regnerisches Wetter. Aufstiegsgeschwindigkeit 4.9 m/sec. In allen Schichten bis zu 1600 m Höhe NNO-Wind. Bis zu 1200 m Höhe 10 m/sec., von 1200 bis 1600 m 16 m/sec. Windgeschwindigkeit. Bei 1200 m kam der Ballon in die untersten dünnen Wolkenschleier, bei 1600 m Höhe aus Sicht.

## No. 71. Pilotballon. 90 cm ⌀

18. Januar. Hafen von Yap.

Ruhiges heiteres Passatwetter. Aufstiegsgeschwindigkeit 4.9 m/sec. Bis zu 1350 m annähernd gleiche Windrichtung und Stärke, NNO 9 m/sec. Bei 1350 m Höhe beginnt der Wind ziemlich unvermittelt, links zu drehen, unter gleichzeitiger geringer Abnahme der Windgeschwindigkeit NNW 7.8 m/sec. Bis zu 2250 m dreht der Wind langsam weiter links. NWzW 7 m/sec. Bei 2760 m Höhe wird der Wind W und wächst schnell an Stärke, erst 10 m/sec., dann 14 m/sec.

In 3370 m Höhe kam der Ballon plötzlich aus Sicht. (Vermutlich geplatzt.)

Viertes Kapitel.

# Wissenschaftliche Luftschiffahrt.
## Geschichtliches und Ergebnisse.

Von

Admiralitätsrat Prof. Dr. W. Köppen.

---

### 1. Die Entstehung der Höhenforschung über den Ozeanen.

Die Lage der Meteorologie seit dem Anfang der 90er Jahre des letzten Jahrhunderts gleicht derjenigen, in der wir sie 30 oder 40 Jahre früher bei der Entstehung der synoptischen Richtung in ihr vorfinden. Wie damals, so sehen wir auch jetzt eine starke neue Strömung in ihr, die sich aber noch nicht mit dem Hauptstrom verschmolzen hat und sich getrennt von diesem ein neues Bett gräbt. Wie damals, so dienen auch jetzt als Ausgangspunkt neue Hilfsmittel der Forschung: in den sechziger Jahren der Telegraph und die synoptische Karte, jetzt dagegen — seit 1894 — der Drache und der Registrierballon, beide mit leichten selbstschreibenden Instrumenten ausgerüstet.

Selbst der Ursprung der Bewegung war in beiden Fällen derselbe: sie begann, nachdem ihr Ziel theoretisch längst von deutschen Gelehrten in seiner Bedeutung erkannt worden war, praktisch in den Vereinigten Staaten und in Frankreich, wo sich Männer fanden, die das Risiko und die Geldopfer, die die Neuheit der Sache forderte, auf sich nahmen. Ganz verschieden war aber die Aufnahme der neuen Richtung in Deutschland. In den sechziger Jahren blieb es unter dem erdrückenden Einfluss des alternden Dove, der von synoptischen Karten und den neuen Anschauungen, die von ihnen ausgingen, nichts wissen wollte, im Rückstande, und erst das Jahr 1875 brachte mit der Gründung der Deutschen Seewarte neues Leben und ein entschlossenes Einschlagen des neuen Weges. Dagegen war dreissig Jahre später die Lage ganz anders: Deutschland war diesmal durchaus vorbereitet, sich tätig an der neuen Arbeit zu beteiligen, stand es doch bereits durch die grossartige Reihe der Berliner wissenschaftlichen Luftfahrten mitten in der Bewegung zur Befreiung unserer Wissenschaft aus dem Kleben an der Erdoberfläche, oder, nach einem hübschen Worte von Arthur Schuster, zum Ersatz der bisherigen zweidimensionalen Meteorologie durch eine dreidimensionale. So hat es denn auch die neuen Hülfsmittel nicht allein nicht abgelehnt, sondern sich in ihrer Anwendung in die erste Reihe gestellt.

Wie zwischen den Jahren 1854 und 1863 der Beginn der „synoptischen Meteorologie" liegt, so entstand zwischen 1893 und 1902 die systematische Erforschung der freien Atmosphäre als neuer Zweig der Meteorologie: die Aerologie. Natürlich waren Bemühungen in diesen Richtungen schon viel früher dagewesen*) und haben sie auch zu einer Reihe grundlegender Vorstellungen geführt; aber die entscheidenden Jahre waren die oben genannten. Sie leiteten eine Verlegung des Mittelpunktes der Interessen in unserer Wissenschaft ein, wenngleich selbstverständlich die bis dahin herrschende Richtung fortfährt, sich erfolgreich weiter zu entwickeln: ist doch die bis zu den fünfziger Jahren herrschende Klimatologie erst heute allmählich zu dem umfassenden Überblick über alle Teile der Erdoberfläche gelangt, den sie damals vergeblich anstrebte.

Es ist nicht mehr als natürlich, dass die neue Bahn der Erforschung der freien Atmosphäre auf den Weltmeeren später zur Anwendung kam, als auf den Festländern; entwickelt sich doch die maritime Meteorologie in allen Dingen, mit Ausnahme des Windes, später als die Meteorologie des festen Landes.

Im Jahre 1900 fasste Berson den Plan einer Expedition in die heisse Zone zum Zwecke der Durchführung meteorologischer Drachenaufstiege an verschiedenen Küstenpunkten im Gebiet der Passate und Monsune. Sie ist nicht zur Ausführung gekommen, ebensowenig wie ein Vorschlag, den ich ihm im Frühjahr 1901 machte, zu einer gemeinsamen Reise auf einem Segelschiff nach Westindien behufs Vornahme von Drachenaufstiegen während der Fahrt. Dagegen hat Mr. Rotch, der Direktor des Blue-Hill-Observatoriums bei Boston, auf welchem bekanntlich 1893/94 zu allererst selbstschreibende Instrumente mittels Drachen emporgehoben worden sind, die auch von ihm seit längerer Zeit gehegte Idee zuerst zur Ausführung gebracht: im Sommer 1901 mietete er, kaum aus Europa zurückgekehrt, einen Dampfer zu einer eintägigen Fahrt auf der Bostoner Bucht, auf die die ersten beiden Drachenaufstiege mit Registrierapparat vom Schiff aus gemacht wurden. Kurz darauf kehrte er nach Europa zurück, um unterwegs die neue Methode zu erproben. Auf der britischen Naturforscher-Versammlung im September 1901 stattete er über diese Reise Bericht ab.

Im folgenden Jahre, 1902, wurden Probeaufstiege von Drachen mit Apparat von Schiffen an verschiedenen Stellen gemacht, unter anderem auch vom Schreiber dieses auf der Ostsee; auch eine zusammenhängende Reihe solcher Aufstiege auf einer Reise nach Spitzbergen durch die Herren Berson und Elias. Nach diesen grösstenteils, aus Vorsicht und wegen Verwendung von Handwinden, nur niedrigen Aufstiegen gelang im April 1903 der bis dahin höchste Aufstieg, der mit Drachen überhaupt erreicht war, auf einem dänischen Kanonenboot unter der Leitung von Teisserenc de Bort. Damit waren die Vorteile, die gerade die Bewegung des Schiffes für einen Drachenaufstieg bietet, wenn man das Schiff zu seiner Verfügung hat, in helles Licht gesetzt. Von grosser Bedeutung waren die Aufstiege auf „Sleipner", dem Begleitboot S. Maj. des Kaisers, unter der Leitung von Prof. Hergesell im Jahre 1904**). Wichtiger indessen als die einzelnen Aufstiege in unseren Breiten waren diejenigen im Mittelmeer und bei den Kanarischen Inseln, die im Sommer 1904 von der Yacht des Fürsten von Monaco, „Princesse Alice", durch Hergesell ausgeführt wurden. Nachdem nämlich die Hoffnung auf das Zustandekommen der grossen Drachen-Expedition endgültig gescheitert war, deren Plan Rotch und Berson der dritten Berliner Zusammenkunft der internationalen Kommission für wissenschaftliche Luftschiffahrt im Jahre 1902 vorgelegt hatten, gelang es Prof. Hergesell, den Fürsten dazu zu bestimmen, die Aerologie in das Programm seiner alljährlichen ozeanographischen Forschungsreisen aufzunehmen. Die ersten Ergebnisse konnte Hergesell auf der vierten Versammlung der genannten Kommission in St. Petersburg am 30. August 1904 vorlegen, unmittelbar nach

---

*) Red.: In erster Linie: Die wissenschaftlichen Ballonfahrten von Glaisher, s. „Die Luftschiffahrt von A. Hildebrandt 1907". 19. Kapitel.

**) Bericht von Prof. Hergesell über diese Aufstiege s. Kapitel V.

diesen Versuchen von den Azoren zurückkommend. Die Aufstiege waren auf dem Raume zwischen den Azoren, den Kanarischen Inseln und Spanien angestellt worden.

Im Jahre 1905 arbeiteten zwei unabhängige Expeditionen in diesem Meeresteil und brachten ausser Drachen auch Ballons zur Anwendung. Einerseits setzte Hergesell die Aufstiege von der Yacht des Fürsten von Monaco fort, andererseits rüsteten Teisserenc de Bort und Rotch gemeinsam einen kleinen Dampfer „Otaria" für dieselben Zwecke aus, auf dem ihre Assistenten, die Herren Maurice aus Trappes und Clayton vom Blue-Hill, 17 Drachenaufstiege in derselben Gegend und südlicher, bis $10^0$ N. Br., ausführten.

Auch in den Jahren 1906 und 1907 haben sich der Fürst von Monaco und Prof. Hergesell aerologischen Forschungen gewidmet, besonders mittels der Registrierballons, jedoch nicht mehr im Passat, sondern bei Spitzbergen. Die Yacht „Otaria" dagegen war wiederum im Passatgebiet des Atlantischen Ozeans beschäftigt, wobei sie nun auch über den Äquator, bis nach Ascension, hinausging. Über diese Reisen ist bis jetzt sehr wenig veröffentlicht worden; die im Februar und im Juni-Juli 1906 gewonnenen Ergebnisse wurden von Teisserenc de Bort auf der Versammlung der internationalen Kommission für wissenschaftliche Luftschiffahrt in Mailand kurz mitgeteilt. In diesen beiden Jahren wurden auf den Reisen der „Otaria", nach dem Vorgang von Hergesell, ausser Drachen auch Ballons in grosser Zahl verwendet, und zwar sowohl solche mit Registrierapparaten (Ballons-sondes), wie auch solche ohne Apparat, zur blossen Feststellung der Luftströmungen (Pilotballons).

Alle die genannten Expeditionen arbeiteten nur in der Osthälfte des Atlantischen Ozeans nördlich von $8^0$ S. Br. und im Europäischen Eismeere. Mit der Reise S. M. S. „Planet" wurde zum ersten Male die Gelegenheit geboten, eine Reihe von Aufstiegen im Süd-Atlantischen und im Indischen Ozean sowie weiter bis über Neu-Guinea hinaus anzustellen, und diese Gelegenheit ist in einer, in Anbetracht der Neuheit des Gegenstandes und der mancherlei zu überwindenden Schwierigkeiten sehr ausgiebig zu nennenden Weise benutzt worden.

## 2. Bemerkungen über die Ausrüstung „Planet".

Als im Mai 1905 die Deutsche Seewarte den Auftrag erhielt, die Ausrüstung S. M. S. „Planet" für meteorologische Drachenaufstiege und die Ausbildung des Personals dazu zu übernehmen, lagen nur sehr wenige Erfahrungen auf diesem Gebiete vor, und über diese gab es in der Literatur nur kurze Andeutungen. Es musste also bestmöglichst der Weg gesucht werden. Naturgemäss wurden dabei die auf der Drachenstation der Deutschen Seewarte bei Hamburg gewonnenen Erfahrungen vorzugsweise zugrunde gelegt; die abweichenden Bedingungen auf einem Schiff überhaupt und S. M. S. „Planet" im besonderen machten aber doch eine Reihe von Neukonstruktionen nötig, die nicht in allem nach Wunsch gelungen sind, wenn auch die damit gewonnenen guten Ergebnisse ihre Brauchbarkeit gezeigt haben.

Die Drachenwinde wurde auf der Eimsbütteler Maschinenfabrik vormals Friedrich Filler, die auch die Winden für die Drachenstation geliefert hatte, nach meinen Angaben gebaut, war jedoch für elektromotorischen Betrieb einzurichten; die der Station wurde damals noch mit einem Spiritusmotor betrieben. Der Vorrat an Drachen wurde auf der Drachenstation hergestellt und zwar nach dem Typus der auf ihr seit 1904 gebräuchlichen, der sich in diesem Falle besonders durch seine Zusammenlegbarkeit empfahl. Als Registrierapparat wurde aber nicht der auf ihr im täglichen Gebrauch stehende amerikanische Marvin-Apparat, sondern ein nach den Angaben von Prof. Hergesell von der Firma J. & A. Bosch in Strassburg gebauter angenommen. Entscheidend war dafür erstens der Wunsch, ein deutsches Instrument zu nehmen und der einheimischen Industrie Gelegenheit zu geben, sich auf diesem ihr neuen

Gebiet zu kräftigen; zweitens derjenige, die von den Strassburger Kollegen in den letzten Jahren gemachten Untersuchungen und Erfahrungen zu verwerten; drittens endlich der weit geringere Preis dieses Instruments, der besonders für die zu erwartenden häufigen Verluste bei Aufstiegen auf See sehr wichtig schien. Denn während auf Land die Kosten des Instruments als einmalige, nur alle paar Jahre sich wiederholende, wenig ins Gewicht fallen, mussten sie auf See vorläufig als laufende Betriebskosten angesehen werden. Dies hat sich indessen in der Wirklichkeit weit günstiger gestellt, als erwartet war, denn tatsächlich ist auf „Planet" bei den vielen Drachenaufstiegen kein einziges Instrument völlig verloren gegangen, wenn auch solche durch Eindringen von Wasser in das Uhrgehäuse verdorben sind. Immerhin muss es auch jetzt, so vortrefflich das erwähnte amerikanische Instrument ist, wahrscheinlich erscheinen, dass es gelingen wird, ihm ein in manchen Beziehungen noch besseres und dabei erheblich billigeres deutsches an die Seite zu stellen.

Da auf Entscheidung des Reichs-Marine-Amts nicht weniger als 10 Apparate angeschafft wurden, und da die von der Firma Bosch gelieferten Apparate manche Züge der für Registrierballons — im Gegensatz zu Drachen — angewandten Instrumente trugen, so wurde, als während dieser Vorbereitungen die erfolgreichen Versuche von Prof. Hergesell mit Registrierballons auf dem Meere bekannt wurden, von der Deutschen Seewarte die Ausdehnung des Programms auch auf solche Aufstiege beantragt und weiterhin auch die Aufstiege von Pilotballons in dasselbe aufgenommen. Allerdings erwies sich später die Wahl eines beiden Aufgaben entsprechenden Instrumententypus als nicht zweckmässig und wurde im Laufe der Vorbereitungen für S. M. S. „Möwe" davon abgegangen. Die äusserste Empfindlichkeit, die für Registrierballon-Instrumente notwendig ist, ist für die kräftig ventilierten und viel langsamer ihre Höhe wechselnden Dracheninstrumente nicht erforderlich; und andererseits machen die heftigen Erschütterungen, denen der Apparat im Drachen bei starkem Winde ausgesetzt ist, einen viel kräftigeren Bau der aufnehmenden Teile nötig, als bei dem ruhig schwebenden Ballon. Auch können die Skalen im Dracheninstrument viel grösser sein, als im Ballon-Instrument, und es wäre falsch, diese Gelegenheit zum genaueren Studium der unteren Luftschichten zu versäumen.

Die Erfahrungen auf S. M. S. „Planet" und anderen Schiffen zeigen, dass das Abreissen ganzer Drachengespanne auf einem Schiffe, das sich frei bewegen kann, meistens viel geringeren Schaden hervorruft, als auf festem Lande, da der unterste Drache, indem er ins Wasser fällt, einen Treibanker bildet, der die übrigen in der Luft hält, so dass das Schiff nachfahren und das Gespann bergen kann; auf dem Lande ist in solchen Fällen gewöhnlich der Draht verloren bezw. unbrauchbar. Dagegen ist auf See ein einzelner ins Wasser gefallener Drache, auch wenn er schwimmt, in der Regel nicht aufzufinden, während auf dem Lande die Drachen mit seltenen Ausnahmen bald gemeldet und, wenn sie so zusammenlegbar sind wie die der Drachenstation der Seewarte, auch in einfachster Weise zurückbefördert werden.

Dementsprechend muss die Technik der Drachenaufstiege auf See auch in dieser Hinsicht wesentlich anders sein, als auf dem Lande. Auf dem Lande muss alles Augenmerk darauf gerichtet werden, einen Bruch des Hauptdrahtes, namentlich in seinem unteren Teile, zu verhindern. Der Draht muss deshalb nach unten, bezw. auf der Trommel nach innen zu in dem Masse stärker werden, als der Zug durch Anhängen von Hilfsdrachen wächst; und ferner ist es erwünscht, Vorrichtungen anzubringen, die das Abfliegen einzelner Hilfsdrachen bewirken, sobald die Spannung im Hauptdraht an ihrer Anheftungsstelle eine gefahrdrohende Höhe erreicht. Solche Sicherheitsvorrichtungen bewähren sich in Gross-Borstel gut, weil sie, indem sie für eine Entlastung des Hauptdrahtes sorgen, das kleinere Übel anstelle des viel grösseren setzen.

Auf dem Meere würden solche Vorrichtungen kostspielige Verluste bewirken. Steigt der Zug dort gefährlich hoch, so muss man suchen, ihn durch die Fahrt des Schiffes zu mässigen. Gelingt dies nicht, etwa wegen zu verschiedenen Verhaltens der einzelnen Drachen des Gespanns, so wird in den meisten Fällen doch die Bergung des abgerissenen Gespanns gelingen, da der Drahtbruch selten bei so schwachem Winde geschehen wird, dass nicht die oberen Drachen vor dem als Treibanker dienenden in der Luft sich erhalten würden. Man wird also keine Abreissvorrichtungen für die Hilfsdrachen anbringen, und man wird den Draht nur wenig nach unten an Dicke zunehmen lassen, etwa die Durchmesser von 0,7 mm auf 0,75 mm und 0,8 mm, oder von 0,65 auf 0,7 mm und 0,75 mm steigen lassen. Um das Abreissen des Instrumentdrachens ohne einen Hilfsdrachen tunlichst zu verhindern, wird es sich empfehlen, auf See möglichst in geringer Entfernung vom ersten, das Instrument tragenden Drachen bereits einen zweiten, in solchem Falle zum Schwimmer bestimmten Drachen in passender Weise folgen zu lassen. Wie dies am zweckmässigsten zu geschehen hat, muss die Erfahrung lehren. Es sind mehrere brauchbare Methoden denkbar. Man kann an die Augsplissung am Ende des unter „Ausrüstung" erwähnten Vorläufers von stärkerem Draht, der in diesem Falle 150 bis 200 m lang zu nehmen wäre, an kurzer Zweigleine einen kleinen Nebendrachen ansetzen. Sollte dabei noch die Möglichkeit bestehen, dass der mit dem Instrument beschwerte Hauptdrache früher das Wasser berührt, als dieser Nebendrache, so könnte man auch den Hauptdrachen an getrennter Leine hochlassen und ihn dann in gleicher Weise an den Rücken des kleineren, zum eventuellen Schwimmen verurteilten Drachens anbinden, wie auf der Drachenstation mit gutem Erfolg der Vorspanndrache an den Hauptdrachen gebunden wird, wenn dieser wegen zu leichten Windes nicht steigen will; die Befestigungsstelle ist die Mitte der Vorderzelle. Eine wesentliche Frage ist natürlich die Grösse der Drachen. Um das Instrument mit Sicherheit zu tragen, muss der obere Drachen, wenn der Wind nicht steif weht, 4 qm Tragfläche haben; da es aber nicht ratsam ist, einem Draht von 0,7 mm oder 0,65 mm Durchmesser mehr als 7 qm Drachenfläche vorzuspannen, wenn man sich auf bedeutende Verstärkungen des Windes gefasst machen muss, so ist der untere Drache klein zu nehmen, nicht mehr als 2—3 qm gross, was auch für den Zweck genügt. Bei schwachem Winde wird auf der Drachenstation zwar der 0,7 mm Draht oft mit bedeutend grösseren Tragflächen belastet, jedoch nur dann, wenn die geringen Züge im Draht zeigen, dass die Windstärke bis zu grösseren Höhen gering bleibt. Für Aufstiege auf See wird das jetzige „grosse ungeflügelte" Modell der Seewarte, das 4 qm Tragfläche repräsentiert, als Hauptdrache bei solcher Anordnung wohl dem geflügelten, 6 qm grossen, vorzuziehen sein. Der grosse Vorteil der elastisch geflügelten Drachen, dass sie weniger Wind zum Steigen brauchen und doch in starkem Wind nicht geringere Stabilität und nicht viel mehr Zug haben, als die ungeflügelten, spielt ja auf See, wo man den Wind durch die Fahrt des Schiffes unterstützen kann, eine viel geringere Rolle, als auf dem Lande.

Eine allgemeine Verwendung dickerer Drähte hätte nur zur Folge, dass die Aufstiege unter grösseren Spannungen verlaufen, da zum Tragen des schweren Drahtes grössere Drachenflächen nötig werden, wenn man dieselben Höhen erreichen will; man erreicht damit mindestens ebensoviel Nachteile, wie Vorteile.

Als auch Ballonaufstiege in den Arbeitsplan von S. M. S. „Planet" aufgenommen waren, galt es auch für diese die passende Ausrüstung und die geeigneten Methoden festzustellen. Die Angaben und Ratschläge von Prof. Hergesell, zu deren Einholung Oberleutnant zur See Schweppe auf einige Tage nach Strassburg entsandt wurde, waren hierbei leitend. Die Neuheit der noch im Entstehen begriffenen Sache machte diesen Teil der Aufgabe von S. M. S. „Planet" immerhin zu dem bedeutend schwierigeren, auf dem denn auch geringere

Erfolge erzielt wurden, als bei den Drachenaufstiegen. Da der Zeitpunkt des Platzens der Ballons sich als sehr schlecht bestimmbar erwies, so wurde auf S. M. S. „Planet" der Wunsch nach einer Öffnungs-Vorrichtung rege; dieser konnte leider erst erfüllt werden, als die Ausreise des Schiffes beendet war, teils wegen seines zu späten Auftretens, teils wegen der langen Abwesenheit von Prof. Hergesell im Sommer 1906 auf der Reise nach Spitzbergen. Gegenwärtig liegen zwar einige vom Mechaniker C. Schneider in Hamburg gemeinsam mit dem Schreiber dieses ausgebildeten Modelle solcher Öffnungs-Vorrichtungen vor, die sehr Gutes versprechen, allein ihre Erprobung auf See muss noch abgewartet werden.

Über die aerologische Ausrüstung S. M. S. „Planet" und die angewandten Methoden sei auf Kapitel II verwiesen. Es bleibt daher nur übrig, die gewonnenen Ergebnisse kurz zu überblicken und sie mit den auf anderen Expeditionen bis jetzt erhaltenen zu vergleichen. Beides ist gegenwärtig nur in sehr beschränktem Masse möglich, weil die letzteren nur in kurzen Auszügen, zum Teil nur in Andeutungen, bekannt geworden sind und weil vom Südatlantischen und vom Indischen Ozean, wo S. M. S. „Planet" auf noch ganz unberührtem Gebiet aerologisch arbeitete, die Aufstiege noch in allzu beschränkter Zahl vorliegen, um Verallgemeinerungen schon jetzt zu gestatten, so interessant der Vergleich mit dem Nordatlantischen Ozean ist und so notwendig es ist, einen Anfang zu machen mit dem Sammeln von Tatsachen auch von diesen Gebieten.

## 3. Allgemeine Ergebnisse.

Das allgemeinste, recht unerwartete Ergebnis aller dieser Untersuchungen bezieht sich auf die vertikale Verteilung der Temperatur und Feuchtigkeit und besteht in der Erkenntnis:

1. Auch über den Ozeanen wechseln in allen Breiten mächtige Luftschichten, in denen die Temperatur mehr oder weniger schnell nach oben *abnimmt*, mit anderen meist viel dünneren Schichten ab, in denen sie noch viel schneller nach oben *zunimmt* (Inversionen), sowie mit solchen, in denen sie sich mit der Höhe nicht ändert (Isothermien);

2. die warmen Luftschichten über den Inversionen sind auch auf den Ozeanen gewöhnlich sehr trocken, so dass die Feuchtigkeit in ihnen auch über den Ozeanen anscheinend nicht selten geringer ist, als an der Erdoberfläche in Wüsten beobachtet wird. Die Höhen und die Zahl dieser Schichten sind sehr verschiedenartig, aber ihr häufiges Vorkommen über dem Ozean in der heissen Zone ist um so merkwürdiger, als in Europa solche Inversionen der Temperatur fast nur im Winter und Herbst vorkommen, im Sommer und Frühling dagegen selten sind, mit Ausnahme einerseits der Schichten oberhalb 8000 m und andererseits der bodennächsten Schichten zur Nachtzeit. Ausserdem sind sie bei uns auch im Winter, wenn auch nicht selten und zuweilen sehr stark ausgebildet, so doch immerhin Ausnahmefälle, während sie auf dem Meere im Passat auf einer gewissen Höhe ein regelmässiges Vorkommnis zu sein scheinen, trotz einer Abnahme der Temperatur in den untersten Schichten von 0,7° bis 1,3° für 100 m. Und doch wäre man vielmehr geneigt, in der heissen Zone die Erscheinungen unseres Sommers zu suchen, als die unseres Winters.

Tritt uns in diesen trockenen Luftschichten über tropischen Meeren etwas Unerwartetes, Rätselhaftes entgegen, so ist eine andere, noch allgemeinere Erscheinung, die sich bei Drachenaufstiegen auf allen Meeren zeigt, leichter erklärbar: es fehlt auf ihnen jene regelmässige, starke Zunahme der Windgeschwindigkeit mit der Erhebung über den Boden in den untersten 2—300 m, die sich auf dem Festlande, wenigstens im Tieflande, überall zeigt*). Durch

---

*) Das Windminimum in etwa 50 m Höhe über dem Boden, dessen Vorhandensein Fr. Ritter in den Beiträgen z. Phys. der fr. Atmosphäre, Bd. II, Heft 4, behauptet, ist meines Wissens nie beobachtet worden. In der untersten Schicht ist die Zunahme mit der Höhe am stärksten.

die viel geringere Reibung auf der Oberfläche des Meeres ist dieser Unterschied leicht erklärlich.

Wir wollen nunmehr die Ergebnisse, die bis jetzt in den einzelnen Teilen des Weltmeeres durch die aerologischen Forschungen gewonnen sind, einer kurzen Durchsicht unterwerfen, soweit sie schon heute zugänglich geworden sind.

### a) Nordatlantischer Ozean.

In den gemässigten Breiten nördlich von $35^0$ N. Br. dürften die Verhältnisse auf dem Ozean ebenso veränderlich sein, wie bei uns, und scheinen sie keine sehr ausgeprägten abweichenden Züge zu zeigen. Weiter südlich aber, im Passatgebiet, sind die sehr bemerkenswerten Eigentümlichkeiten, die zuerst Hergesell auf der St. Petersburger Tagung der Internationalen Kommission im Jahre 1904 dargelegt hat, in den Hauptzügen sowohl durch seine eigene Reise im folgenden Jahre, als auf den Expeditionen von Teisserenc de Bort und Rotch, als endlich auch auf der Reise von S. M. S. „Planet" wiedergefunden worden. Dagegen kann ich der Auffassung von Hergesell über die Luftströmungen in diesem Gebiet nicht beistimmen und sehe seine Polemik gegen die herrschenden Ansichten vom „Antipassat" als nicht ganz begründet an, wenn auch das letzte Wort in diesen Fragen noch lange nicht gesprochen ist.

Mit wenigen Ausnahmen ist im NO-Passat des Atlantischen Ozeans in der unteren Schicht die Luft feucht und nimmt die Temperatur dort schnell mit der Höhe ab. In einer Höhe von nur 400—800 m über dem Meere ändern sich aber die Verhältnisse durchaus. Die Temperatur wächst hier nach oben und ist manchmal in der Höhe von 1000 m viel höher, als am Meeresspiegel; dabei nimmt die Feuchtigkeit schnell ab, so dass oben heisse und gewöhnlich äusserst trockene Luft herrscht. Die niedrigen Cumuluswolken im Passat schweben unterhalb dieser heissen Schicht. Die Aufstiege S. M. S. „Planet" No. 5, 6 und 7 zeigen diesen Typus, wenn auch schwächer, als manche Aufstiege anderer Expeditionen. Über dieser Schicht ändert sich die Temperatur gewöhnlich nur wenig bis zu 2000 oder 2500 m Höhe, bis zur oberen Grenze der nördlichen Winde, welche in dieser Schicht teils aus NO, teils aus NW wehen; höher hinauf, auf einer Höhe von etwa 3000 m, tritt sogar oft eine zweite, kleinere Inversion der Temperatur auf; erst beim weiteren Steigen beginnt wieder eine schnelle Abnahme der Temperatur, wobei indessen in der Regel die Luft trocken bleibt, mindestens bis zur Höhe von 4000 bis 5000 m, wo oft leichte Wolken schweben, aus denen gelegentlich schwacher Regen fällt. Der Aufstieg 5 vom 20. Februar 1906 zeigt diese Temperatur-Verteilung nicht, sondern eine gleichmässige, ziemlich langsame Abnahme der Temperatur von 1200 bis 5000 m, mit ziemlich trockener Luft.

Ehe wir zu den in der Höhe bei Aufstiegen beobachteten Windrichtungen übergehen, wollen wir die früher über diesen Gegenstand an Wolken gemachten Beobachtungen kurz betrachten.

W. M. Davis hat im Jahre 1884 eine schematische Zusammenstellung der vom Londoner Meteorological Office gesammelten, von Toynbee veröffentlichten Beobachtungen auf Schiffen über den Zug der oberen Wolken gemacht, die er durch das folgende Diagramm wiedergibt.

Um der jahreszeitlichen Verschiebung des äquatorialen Stillengürtels Rechnung zu tragen, sind die Windpfeile, die die vorwaltenden Richtungen des Wolkenzuges angeben, nicht an ihrer genauen geographischen Breite, sondern in richtiger Lage zu jenem Gürtel eingezeichnet; und indem man von links nach rechts in jedem $10^0$-Feld geht, findet man die Beobachtungen verschiedener Monate, von welchen jede auf der mittleren Länge des Feldes stehen sollte. Die Fälle, wo der Wolkenzug mit der Richtung des Unterwindes zusammenfiel, sind ausser acht gelassen.

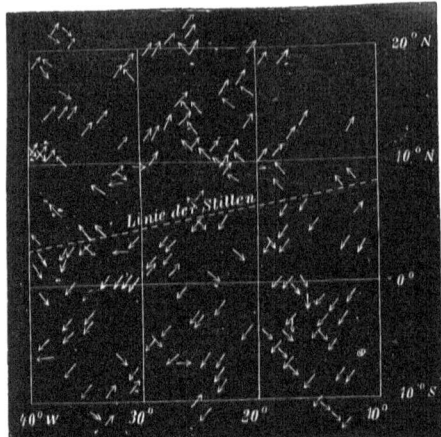

In der Nähe des Stillengürtels überwiegt in dieser Figur der Wolkenzug aus östlichen Richtungen, und zwar nördlich vom Stillengürtel südöstlicher, südlich von ihm nordöstlicher; aber in einem Abstand von 5° bis 10° schwenkt diese Richtung im Norden auf SW im Süden auf NW um, also in die beiden als „Antipassate" bekannten oberen Strömungen in der Nähe der Wendekreise. Dass dieses Umschwenken südlich vom Stillengürtel in grösserer Entfernung von ihm geschieht, als nördlich davon, findet eine einfache Erklärung in dessen nördlicher Lage, weil die ablenkende Kraft der Erdrotation mit der Annäherung an den Äquator auf Null sinkt.

Eine neuere knappe Darstellung der vorhandenen Beobachtungen des Zuges oberer Wolken auf dem Atlantischen Ozean findet sich in einem Aufsatz von Hildebrandsson im Hann-Bande der Meteorologischen Zeitschrift.

Das allgemeinste Ergebnis dieser Beobachtungen: dass nördlich von etwa 12—15° N. Br. westliche, näher zum Äquator dagegen östliche obere Luftströmungen herrschen, wird auch durch die Ballonaufstiege der letzten Jahre bestätigt. Zu den Aufstiegen von der „Princesse Alice", der „Otaria" und dem „Planet" sind neuerdings noch zahlreiche Aufstiege von Pilotballons gekommen, die im Auftrage der Deutschen Seewarte von den Kapitänen mehrerer Handelsdampfer auf Reisen zwischen Europa und Argentinien vorgenommen und mit Sextanten verfolgt worden sind. Die Mittel dazu waren aus dem Versuchsfonds der Kaiserlichen Marine in den Jahren 1906 und 1907 bewilligt worden. Eine Veröffentlichung der Ergebnisse dieser noch fortdauernden Untersuchungen steht noch aus.

Die Abstammung dieser oberen ostwärts strömenden Luft vom Äquator oder vom Pol wird sich vorläufig wohl noch nicht nachweisen lassen. Die Fortpflanzung der optischen Erscheinungen nach dem Krakatau-Ausbruch spricht dafür, dass ein Übertritt von Luftmassen in grossen Höhen aus der heissen in die gemässigten Zonen zwar stattfindet, aber nur sehr langsam oder in längeren Zwischenräumen.

Dass auch die westlichen Winde auf dem Pik von Teneriffa dieser allgemeinen westlichen Strömung angehören, ist nach allen vorliegenden Beobachtungen sehr wahrscheinlich. Der interessante Nachweis von lokalen Föhnwinden am *Fusse* des Berges durch Hergesell scheint dem durchaus nicht zu widersprechen. Auf isolierten Gipfeln treten lokale Winde doch überhaupt nur sehr ausnahmsweise auf.

Der Übergang von dem unteren Passat zur oberen westlichen Strömung geschieht zuweilen durch Süd hindurch, häufiger aber, wenigstens im untersuchten östlichen Teile des Ozeans, durch Nord, so dass über dem Nordostwind eine ausgedehnte, wenn auch schwache NW-Strömung gefunden wurde. Welche Rolle diese letztere im allgemeinen Kreislauf der Atmosphäre spielt, lässt sich noch nicht sagen; die Polemik, die sich einige Zeit über dieselbe entwickelte, hatte die erfreuliche Folge, dass sie besonders es war, welche die Herren Teisserenc de Bort und Rotch zu den wiederholten Expeditionen der „Otaria" veranlasst hat; über die

Frage, wie und wo ein Austausch der Luft zwischen hohen und niedrigen Breiten vor sich geht, hat sie indessen noch keine endgültige Antwort zu geben vermocht, um so weniger, als alle diese Beobachtungen sich nur auf die östliche Hälfte eines einzigen Ozeans bezogen und zuweilen schnelle Änderungen von Tag zu Tag gezeigt haben.

Die Änderung des Windes mit der Höhe steht unzweifelhaft in enger Verbindung mit der horizontalen Verteilung des Luftdrucks in verschiedenen Höhen; noch unbedingter aber ist die Abhängigkeit, in der die letztere zu der Verteilung der Temperatur steht. Nehmen wir an, dass der Wind über dem Meere in allen Höhen den Isobaren parallel wehe; der Winkel zwischen ihnen beträgt, ausser in der nächsten Nähe des Äquators, sicherlich nur in Ausnahmefällen mehr als $30^0$. Dann führt sich die Frage nach der Änderung des Windes mit der Höhe auf diejenige über die Änderung der horizontalen Druckverteilung zurück, die barometrische Höhenformel aber stellt die vertikalen Änderungen der Druckverteilung in eine völlig notwendige Verbindung mit der horizontalen Verteilung der Lufttemperatur; daneben hat die Verteilung der Feuchtigkeit einen gewissen, jedoch nur geringen Einfluss darauf.

Die Haupterscheinung: die Herrschaft westlicher Winde über östlichen in dem Gürtel $15^0$ bis $25^0$ N. Br. beweist unzweifelhaft, dass am Äquator der Druck langsamer mit der Höhe abnimmt, als am Wendekreise des Krebses, dass also die mittlere Temperatur mächtiger Schichten der Atmosphäre genügend vom Äquator zum Wendekreis abnimmt, um den unteren südlichen Gradienten in einen oberen nördlichen zu verwandeln, trotzdem der Unterschied zwischen $0^0$ und $25^0$ N. Br. an der Erdoberfläche geringfügig ist.

Der Übergang zwischen diesen entgegengesetzten Gradienten kann sich in verschiedener Weise vollziehen: entweder durch eine Schicht mit einem Gradienten $= 0$ und also Windstille, oder durch den einen oder den anderen quer gerichteten Gradienten, je nachdem wie die Temperaturverteilung nach der geographischen Länge ist.

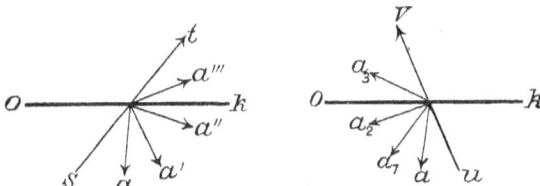

Es sei o k eine untere, dem Äquator parallele Isobare, und der Luftdruck nehme unten in der Richtung nach a, die Temperatur aber in der unteren Hälfte der Atmosphäre von s nach t ab, so muss bei zunehmender Erhebung über den Meeresspiegel der Gradient aus der Richtung a in die Richtungen a', a'' usw. übergehen, also der Wind aus Ost in N und N W drehen; nimmt dagegen die Temperatur in der Richtung u v ab, so muss im Gegenteil der Gradient, je höher aufwärts, umsomehr aus der Richtung nach a in die Richtungen nach $a_1$, $a_2$ usw. übergehen, also der östliche Wind nach oben in einen südlichen und südwestlichen sich verwandeln. Verschwindet dann auf grossen Höhen der Temperaturunterschied zwischen Ost und West und bleibt nur der Wärmeüberschuss des Südens über den Norden bestehen, so muss der Wind in beiden Fällen schliesslich rein West werden, wie dieses auch annähernd die Beobachtungen zeigen.

Dass der Nordostwind in diesem Meeresteile nach oben zu überwiegend zunächst in Nordwest übergeht, also die auf den Festländern der nördlichen Halbkugel seltene Linksdrehung macht, lässt sich in dieser beträchtlichen Entfernung vom Äquator wohl gar nicht anders auffassen, als dass die mittlere Temperatur der Luftsäule vom Boden bis zur Höhe des N W hier im Westen höher ist, als im Osten. Da im Osten die Sahara liegt, so ist dies eine für den Sommer zunächst sehr auffallende Tatsache. Allein da die niedrigste Temperatur der Wasseroberfläche hier das runde Jahr hindurch dicht an der afrikanischen Küste liegt (vergl. die Karten 5 bis 8 im Atlas der Deutschen Seewarte: Atlantischer Ozean) und gerade im Sommer dieses östliche Gefälle der Wassertemperatur — und minder deutlich auch der Lufttemperatur — sich westwärts bis gegen 45°W. Lg. erstreckt, so verträgt sich die Erscheinung mit den bekannten Tatsachen besser, als man zunächst denkt. Der thermische Einfluss der Sahara reicht eben nach Westen nicht über die Küste hinaus, und dies ist auch die Ursache, dass sich kein Monsun an dieser Küste ausbildet. Anscheinend reicht ihr Einfluss übrigens oberhalb 4000 m weiter, als unterhalb davon, wenigstens war dies wohl in den zwei im Hann-Bande auf S. 272 graphisch dargestellten Aufstiegen der Fall, wo über einer Schicht mit schwachem Nordwest eine mächtigere Schicht von starkem Südost sich zeigte (bei Teneriffa und St. Vincent); doch wurde eine ganz ähnliche doppelte Schichtung von S. M. S. „Planet" im Indischen Ozean unter 9° südlicher Breite gefunden.

Auf der amerikanischen Seite des Nordatlantischen Ozeans ist im Passat eine kleine Anzahl von Drachenaufstiegen durch Fassig und Cave ausgeführt worden. Der letztere hat auf Barbados starke Umkehrungen der Temperatur in Höhen bis zu 2000 m erhalten; der erstere hat sie auf den Bahama-Inseln nicht gefunden, vielleicht nicht erreicht.

Aus den höchsten Schichten der Atmosphäre über dem Nordatlantischen Ozean hat Teisserenc de Bort sehr bemerkenswerte Tatsachen auf der Mailänder Versammlung der internationalen Kommission für wissenschaftliche Luftschiffahrt 1906 mitgeteilt. Die mehr oder weniger schnelle Abnahme der Temperatur in den Schichten von 3—8 km Höhe erstreckte sich in den Aufstiegen auf der „Otaria" weiter darüber hinaus, als in Europa, mindestens bis zu 15 oder 16 km, und die Temperatur fiel infolgedessen in der Nähe des Äquators, ungeachtet ihres hohen Anfangswertes, tiefer als in Europa, und zwar in den vier Aufstiegen im Juni und Juli 1906, die über 14000 m (bis zu 15 200 m) reichten, bei Temperaturen der untersten Luftschicht von 21° bis 27½° auf —72°—80°, —80° und sogar —81°, auf verschiedenen Breitengraden zwischen 38° N. Br. und 8° S. Br. Eine nicht ganz so niedrige, aber immerhin in Europa in dieser Höhe nicht oft angetroffene Temperatur, nämlich — 64°, ergab der Ballonsonde-Aufstieg von S. M. S. „Planet" am 22. Februar in 14000 m Höhe unter 8° N. Br., nachdem die Temperatur im Aufstieg, ausser einer kleinen Isothermie bei 600 m, ununterbrochen gesunken war.

Die mächtige Luftschicht ohne Temperaturabnahme bei wachsender Höhe, die unsere Ballons in Europa gewöhnlich zwischen 10 000 und 20 000 m vorfinden, ist zwischen den Wendekreisen anscheinend sehr schwach entwickelt oder fehlt dort ganz, und in gewissen Schichten findet man daher anscheinend in der Atmosphäre ebenso wie in den Tiefen des Ozeans niedrigere Temperaturen am Äquator, als in mittleren Breiten — eine vielleicht zufällige, aber recht merkwürdige Übereinstimmung.

### b) Südatlantischer Ozean.

Obgleich die Reisen der „Otaria" bis 8° S. Br. reichten, ist bis jetzt aus ihnen noch fast nichts über den Südostpassat veröffentlicht worden. Auf S. M. S. „Planet" haben in diesem Teile des Weltmeeres, abgesehen von zwei Aufstiegen zur Ermittlung des täglichen Ganges der Temperatur in 500 m Höhe, 8 Drachenaufstiege und 3 solche von Pilot-Ballons stattgefunden. Von ihnen haben die 4 Aufstiege nördlich von 15° S. Br. bis zu 2000, einer davon sogar bis 4000 m Höhe östliche Winde ergeben. Im Gegensatz hierzu zeigten von 16° bis 23°

S. Br. alle Aufstiege, ausser einem, in dem der Drache nur 1670 m Höhe erreichte, die Anwesenheit einer windstillen Schicht über dem unteren Passat, auf der Höhe von nur 1½ bis 2 km über dem Meere, so dass mit Drachen nicht höher zu kommen war, weil das Schiff nicht genug Fahrt hatte, um die Drachen ganz ohne Wind zum Steigen zu bringen. Dabei zeigten die Pilotballons, dass die Windstille in jenen Tagen (20.—25. März 1906) bis zu 5½ und sogar 8 km über dem Meere reichte. Höher, bis zu einer Höhe von 13 km, zeigte sich eine Strömung aus NW, also echter Antipassat. So sehen wir denn die unerwartete Erscheinung, dass unweit von St. Helena, also im Gebiet der grössten Entwicklung des Passats, schon in einer Höhe von 2000 m dieser durch Windstille ersetzt wird, und man kann nur bedauern, dass diese Tage nicht ganz typisch gewesen sind, weil der Passat schwächer als gewöhnlich wehte. In dem gegenwärtigen Anfangsstadium unserer Erkenntnis in diesen Dingen haben natürlich normale Tage ein grösseres Interesse, als Störungen.

Bereits auf 7° und 11° S. Br. wurden in zwei Aufstiegen starke Umkehrungen der Temperatur von 5° oder 6° C auf der Höhe von 1500—1900 m angetroffen; über denselben dauerte indessen hier der östliche Wind fort, mit grosser Wärme und Lufttrockenheit. Südlich von 16° S. Br. fiel aber diese Inversion, deren untere Grenze hier bei 1800—2200 m lag, mit dem Eintritt der Windstille zusammen und konnte deren obere Grenze nicht festgestellt werden, weil die Drachen nicht höher zu bringen waren.

Der darauf folgende Aufstieg, der erst bedeutend weiter südlich zustande kam, zeigte auf 30° S. Br. eine ebensolche Temperatur-Umkehrung mit starker Abnahme der Feuchtigkeit in 900 m Höhe, die sich bis 1250 m erstreckte. Der südöstliche Wind wehte auch oberhalb derselben, aber mit abnehmender Stärke.

Im westlichen Teile des südatlantischen Ozeans, längs der Südostküste von Südamerika, sind bis jetzt auf 9 Reisen deutscher Dampfer im Auftrage der Deutschen Seewarte Pilotballons in beträchtlicher Anzahl aufgelassen worden, deren Verfolgung mittels des Sextanten gezeigt hat, dass auch hier südlich von 15° S. Br. die östlichen Winde nur bis zu einer Höhe von 1½ bis 3 km wehen, und dass darüber zunächst Windstille oder nördliche Winde und noch weiter oben eine westliche Strömung folgen. Näher zum Äquator ist diese westliche Strömung nicht angetroffen worden, wohl aber ausser der östlichen auch rein südliche und nördliche obere Strömungen ohne anscheinende Ordnung, so dass ein grösseres Material abgewartet werden muss, um in ihm die jahreszeitlichen und die unperiodischen Veränderungen auseinanderhalten zu können.

### c) Indischer Ozean und Malayischer Archipel.

Aus dem Gebiete des Indischen Ozeans und des Malayischen Archipels sind bis jetzt ausser der grossen Reihe der Aufstiege von S. M. S. „Planet" nur einige wenige Drachenaufstiege an der indischen Küste, bei Karachi, bekannt geworden (vergl. Annalen der Hydrographie, Juli 1907). Diese letzteren ergaben im August und September eine starke Temperatur-Umkehrung auf der Höhe von 600—1300 m (höher reichten die Aufstiege nicht), aber da um diese Jahreszeit hier der Oberwind aus Persien, der Unterwind dagegen vom Arabischen Meere weht, so bestehen hier örtliche Ursachen für eine solche Temperaturverteilung, die auch vermutlich die Erklärung für die Regenlosigkeit des Sommermonsuns an der Indusmündung liefert.

Unter den Aufstiegen von Bord S. M. S. „Planet" im Indischen Ozean haben 24 Thermogramme bis zu Höhen ergeben, die zwischen 1 und 4½ km schwanken. Ebenso wie alle Aufstiege vom „Planet" im Atlantischen Ozean, ergeben sie fast sämtlich eine sehr starke Abnahme der Temperatur in den untersten Schichten, etwa 1° für jede 100 m. Aber die Temperatur-Umkehrungen in der Höhe wurden lange nicht in allen Aufstiegen angetroffen, und zudem fast nie unterhalb einer Höhe von 1000 m. Am wenigsten waren die Inversionen im Gebiete des Südostpassats ausgeprägt, während sie südlich von 30° S. Br. deutlicher waren. Die untere Grenze der Inversion, d. h. der Beginn der Zunahme der Temperatur mit der Höhe, lag in den sechs Drachenaufstiegen, die zwischen 30° und 43° S. Br. ausgeführt wurden, zwischen 1100 und 1400 m, ihre obere Grenze, wo sich wieder die gewöhnliche Abnahme der Temperatur mit zunehmender Höhe einstellte, in 1200—2100 m über dem Meere. In zwei Fällen jedoch, am 27. April und am 22. Mai, lag über der ersten Inversion noch eine zweite bei 1900—2100 oder 2000—2400 m.

In dem schönen Aufstieg vom 27. April in 43° S. Br., in welchem der obere Drache eine Höhe von 5900 m erreichte, durchflog er auf der Höhe von 5100 m noch eine dritte dünne Schicht mit Inversion von —19° auf —17° C. Von 2100—5100 m war die Temperatur von +3° auf —19°, also um 0,73° auf je 100 m gefallen; am Meeresspiegel war sie +8° C. Den drei Temperatur-Umkehrungen entsprachen unter ihnen drei Wolkenschichten. Die Richtung des Windes änderte sich mit wachsender Höhe um mehrere Striche nach links, gleichzeitig aber an der Meeresfläche etwas nach rechts, aus WNW in NNW, wie beim Herannahen einer Depression; die Vorgänge waren also, wie wir sie bei uns in diesen Fällen beobachten.

Bemerkenswert ist das Fehlen der Temperatur-Umkehrungen im Gebiete des Südostpassats auf diesem Ozean. Nur am 15. Juni wurde im Aufstieg eine ausgeprägte Erhöhung der Temperatur um 4° mit gleichzeitiger starker Abnahme der Feuchtigkeit festgestellt; aber das war auf 2100—2200 m Höhe, während im Atlantischen Ozean eine Inversion nur am 21. März auf dieser Höhe angetroffen wurde, in allen anderen Aufstiegen tiefer unten. Von den 6 Drachenaufstiegen im Passatgebiet des Indischen Ozeans haben weitere zwei die Höhe von 2600 m überschritten, ohne eine Temperatur-Umkehrung zu ergeben. Auch der Wind zeigte in diesen 6 Aufstiegen keine charakteristische Änderung der Richtung mit der Höhe, seine Stärke nahm aber meistens, dem Anschein nach, aufwärts ab.

Von den zwei Pilotaufstiegen ergab der erste in 11° S. Br. über dem Passat in 2 bis 5 oder 6 km Höhe westliche Winde, der zweite, nur um etwas Tage später, in 9° S. Br. schon von 750 an bis 5000 m SW-Wind, aber über diesem bis zu 12 000 m ONO. In 4° S. Br. ergab dagegen der hohe Drachenaufstieg No. 46 schwachen östlichen Wind bis zu 4500 m Höhe.

Am 27. Juni wurde in der Nähe des Äquators, auf 2° S. Br. bei fast völliger Windstille in allen Höhen ein Ballonsonde-Aufstieg bis zu 4200 m gemacht, wobei die Temperatur annähernd gleichmässig um 0,65° C auf je 100 m abnahm; nur in der untersten Schicht, bis zu 400 m, war die Abnahme viel rascher, sogar über 1° pro 100 m, also grösser als die adiabatische.

In den Aufstiegen, die im Juli 1906 im Gebiete des westlichen Monsuns — von 3° bis 6° N. Br. — gemacht sind, haben besonders die Tatsachen über die Änderung des Windes mit der Höhe Interesse. Die Drachenaufstiege ergaben, ohne beträchtliche Änderung der Windrichtung, eine Verstärkung des Windes in der Höhe von 3—4½ km. Drei Ballonaufstiege aber ergaben über dem Monsun in grossen Höhen, beginnend in einem Falle schon von 5 km, in zwei anderen von 8 oder 9 km, eine östliche Luftströmung von der sehr massigen Geschwindigkeit von 6 bis 13 m p s. Diese östliche Strömung wurde im Aufstieg vom 18. Juli bis zur Höhe von 17 km verfolgt.

Temperatur-Umkehrungen wurden hier in verschiedenen Höhen, jedoch in geringer Ausbildung angetroffen; oberhalb des Niveaus von 2 km war die Luft gewöhnlich trocken.

Die im August und September östlich von 100° O. Lg. ausgeführten Aufstiege haben sehr widersprechende Ergebnisse geliefert — z. B. am 10. August Wind aus OSO bis zur grössten

Höhe, 13 000 m, dagegen am 11. August auf 5—8000 m N, höher oben WSW. Vorläufig würde es verfrüht sein, aus ihnen allgemeine Schlüsse ziehen zu wollen, vielmehr wird man weitere Beobachtungen abwarten müssen.

#### d) Andere Meere.

Aus anderen, von S. M. S. „Planet" nicht berührten Teilen des Weltmeeres ist nur aus dem Europäischen Eismeere Erhebliches anzuführen. Hier haben, wie oben schon erwähnt, im Sommer 1902 Berson und Elias auf einer Reise nach Spitzbergen eine Reihe von Drachenaufstiegen ausgeführt, von denen 15 nördlich vom Polarkreis fielen, deren höchster aber nur 1283 m erreichte. Temperatur-Inversionen wurden in den untersten Luftschichten angetroffen*), aber fast nur in der Nähe der norwegischen Küste; sie wurden, wahrscheinlich mit Recht, der warmen sommerlichen Luft auf dem Festlande zugeschrieben.

In den Sommern 1906 und 1907 hat sodann Hergesell in der Umgegend von Spitzbergen Aufstiege von der Yacht des Fürsten von Monaco veranstaltet. Aus denjenigen des ersten Jahres ist soviel bekannt, dass auch in diesen Gewässern im Sommer häufig die Temperatur in den untersten Luftschichten ebenso rasch nach oben abnimmt, wie in den tropischen Meeren, in grösserer Höhe aber eine Reihe von geringen Temperatur-Umkehrungen oder doch Isothermien sich zeigt, so dass im ganzen die Abnahme der Temperatur bis zu 7 und 8 km Höhe sehr langsam ist, nur 0,48° auf 100 m. Über das, was in jenen Breiten im Winter vorgeht, werden wir erst nach der Rückkehr der dänischen Expedition aus Ostgrönland etwas erfahren, auf der ein junger deutscher Forscher, Alfred Wegener, eine Reihe von Drachenaufstiegen in allen Jahreszeiten zu machen beabsichtigte.

Aus dem Stillen Ozean sind Aufstiege von Schiffen bis jetzt noch nicht bekannt geworden. Eine Reihe von Drachenaufstiegen sind jedoch in der gemässigten Zone an der kalifornischen Küste und in der heissen auf Samoa ausgeführt, am letzteren Orte durch das Observatorium der Königlichen Gesellschaft der Wissenschaften zu Göttingen. Die Ergebnisse auf Samoa geben ungefähr dasselbe Bild, wie die vom Atlantischen Ozean; rasche Temperaturabnahme in der untersten Schicht, darauf in 1000—2000 m Höhe eine dünne Schicht mit Inversion der Temperatur und starker Abnahme der Feuchtigkeit. Aber die Zahl der Beobachtungen ist zu klein, um daraus feste Schlüsse ziehen zu dürfen.

#### e) Allgemeine Schlussfolgerungen.

Fassen wir nur die tropischen Meere ins Auge, so finden wir, dass einige Ergebnisse der verschiedenen Expeditionen so gut untereinander übereinstimmen, dass man sie als feststehend betrachten darf, so beschränkt auch die Menge des Materials noch ist, das gegenwärtig zur Verfügung steht.

1. Die Temperatur der Luft nimmt in der untersten Schicht der Atmosphäre über den Ozeanen zwischen den Wendekreisen und in deren Nähe fast stets sehr schnell mit der Höhe ab, ungefähr um 1° für 100 m. Von den Aufstiegen auf S. M. S. „Planet" gab nur einer die mittlere Abnahme der unteren 500 m zu nur 0,5° für 100 m; 3 Aufstiege ergaben sie zu 0,7°, 2 zu 0,8°, 11 zu 0,9°, 4 zu 1,0°, 11 zu 1,1°, 2 zu 1,2° und 3 sogar zu 1,3°; sie war also fast ebenso oft grösser wie kleiner als 1,0° C auf 100 m oder als die adiabatische Temperaturabnahme trockener Luft.

---

*) Red.: Auch bestätigt durch die von Coym auf dem schwedischen Vermessungsschiffe „Skagerak" im August 1906 veranstalteten Drachenaufstiege im Sund und Skagerak. Höchster Aufstieg 3030 m. S. „Ergebnisse der Arbeiten des Königl. Preuss. Aeronaut. Observatoriums bei Lindenberg im Jahre 1906".

2. Dieses starke Temperaturgefälle geht mit zunehmender Höhe entweder in ein langsameres über oder wird mehr oder weniger plötzlich durch eine oder mehrere Schichten unterbrochen, in denen die Temperatur mit der Höhe zunimmt — sogenannte Inversionen oder Temperatur-Umkehrungen. Diese Schichten sind gewöhnlich vergleichsweise sehr dünn, nur selten haben sie mehr als 200 oder 300 m Mächtigkeit, gewöhnlich unter 100 m; die Zunahme der Temperatur in ihnen beträgt nicht selten 5° und sogar 10°, es ist also die Änderung mit der Höhe in ihnen gewöhnlich weit schneller, als in den Schichten, in denen sie mit wachsender Höhe abnimmt.

3. Diese Temperatur-Inversionen sind häufig, aber nicht immer, von starker Abnahme der Luftfeuchtigkeit begleitet, wobei die Luft solche Trockenheitsgrade erreicht, wie sie an der Erdoberfläche nur in Wüsten und in Gebirgstälern bei starkem Föhn beobachtet worden sind.

4. Die unterste von diesen warmen und trockenen Schichten wird im NO-Passat des Atlantischen Ozeans, wenigstens in dessen östlichem Teil, schon in der geringen Höhe von 500 bis 1000 m angetroffen; die Inversion der Temperatur beginnt schon etwa 200 m niedriger. Über den anderen Ozeanen aber ist diese Schicht bis jetzt stets merklich höher gefunden; der Beginn der Inversion wurde hier nicht niedriger als 900 m, gewöhnlich erst oberhalb 1100 m vorgefunden. Die Ursachen dieser Verschiedenheit sind unbekannt, und überhaupt ist die Erklärung der ganzen Erscheinung noch zweifelhaft. Man muss sich zunächst begnügen, die Tatsachen festzustellen und ihre Erklärung bis zur Gewinnung einer besseren Übersicht aufschieben. Höher oben wiederholen sich diese Temperatur-Umkehrungen gewöhnlich in schwächerem Grade. Ausser den Inversionen treten oft eine oder mehrere sogenannte ,,isotherme Schichten" auf, in denen die Temperatur sich mit der Höhe nicht verändert.

5. Über der Schicht der äquatorialen Mallungen und zu beiden Seiten derselben bis auf etwa 10 Breitengrade Abstand davon — im Süden mehr, im Norden weniger — herrschen *östliche* Strömungen, sowohl über den Passaten des Atlantischen als über dem Monsun des Indischen Ozeans. Im Passat finden wir in dieser Zone nur eine geringe Drehung und Verstärkung des Windes mit der Höhe, im Monsun aber weht von der Höhe von 5 oder 8 km an ganz anderer Wind, als unten, ein östlicher über dem westlichen. Diese neueren Beobachtungen bestätigen also die durch den Krakatau-Ausbruch 1883 nachgewiesene allgemeine Bewegung der oberen Luftschichten in der Nähe des Äquators von Ost nach West.

6. Im Gegensatz dazu haben sich im äusseren Teile der Passate, in den Breiten von 10° oder 15° bis 30° oder mehr in den hohen Flügen der Registrier- und Pilotballons fast immer in der Höhe von einigen tausend Metern *westliche* Luftströmungen gezeigt, sowohl über dem regelmässigen Passat im östlichen Teile des Atlantischen Ozeans, als über dem abgelenkten an der Südostküste von Südamerika. Der Übergang aus der unteren östlichen in die obere westliche Strömung geschieht entweder durch eine mehr oder weniger mächtige windstille Schicht, oder durch eine nördliche oder durch eine südliche Zwischenströmung. Auch im Indischen Ozean zeigen die Arbeiten von S. M. S. ,,Planet" die zwei oberen Strömungen, die im Atlantischen Ozean festgestellt sind, zugleich aber im Aufstieg No. 45 eine bemerkenswerte Übereinander-Lagerung derselben in der Nähe ihrer Grenze, die vermutlich auch hier nicht weit von 10° Breite liegt.

7. Bezüglich der Temperatur der Luftschichten oberhalb 10 000 m über der Meeresfläche ergeben die Beobachtungen auf der ,,Otaria", denen diejenigen von S. M. S. ,,Planet" nicht widersprechen, ein fast völliges Fehlen jener relativ warmen oberen Schicht, die in Europa sich in diesen Höhen gewöhnlich zeigt, und als Ergebnis in grossen Höhen so niedrige Temperaturen, wie sie in Europa wohl noch niemals angetroffen worden sind.

Fünftes Kapitel.

# Die Drachenaufstiege an Bord S. M. Torpedoboot „Sleipner"

Sommer 1904

veranstaltet

auf Allerhöchsten Befehl Seiner Majestät des Kaisers.

Von

Geh. Regierungsrat Prof. Dr. Hergesell.

Als Ende des Monats Juni 1904 die Yacht Seiner Hoheit des Fürsten von Monaco im Kieler Hafen ankerte, hatte Seine Majestät der Kaiser die Gnade, unter anderen wissenschaftlichen Einrichtungen des Schiffes auch die an Bord der Yacht befindlichen Apparate für Drachenaufstiege, die zur Erforschung der freien Atmosphäre über dem Meere geplant waren, in Augenschein zu nehmen. Das grosse Interesse, welches Seine Majestät von jeher für die meteorologische Forschung im allgemeinen und ganz besonders für die Förderung der wissenschaftlichen Luftschiffahrt gezeigt hat, offenbarte sich auch hier sofort in dem Befehl, zu untersuchen, ob auf S. M. S. „Hohenzollern" während der bevorstehenden Nordlandsreise ähnliche

Experimente angestellt werden und eine hierzu geeignete Einrichtung trotz der Kürze der zur Verfügung stehenden Zeit noch beschafft werden könne. Eine Besichtigung S. M. S. „Hohenzollern" ergab nun allerdings das Resultat, dass auf dem grossen Kreuzer in Anbetracht seiner ganzen Einrichtung nur schwer die nötigen Anstalten getroffen werden könnten, um Drachenaufstiege zu ermöglichen. Dagegen war S. M. Torpedoboot „Sleipner" in vorzüglicher Weise für die Anstellung solcher Versuche geeignet. Die Beschaffung der nötigen Drachen und Instrumente erschien, wenn auch wegen der Kürze der Zeit schwierig, so doch möglich, besonders da aus den Beständen der Yacht und des meteorologischen Instituts in Strassburg verschiedene Stücke abgegeben werden konnten.

Auf Anregung Seiner Hoheit des Fürsten von Monaco hatte Seine Majestät dann die Gnade, anzuordnen, dass schon von Kiel aus mit dem an Bord der Yacht befindlichen Material auf „Sleipner" einige Vorversuche gemacht würden, damit die Methoden und die Behandlung der Instrumente den Offizieren des „Sleipner" bekannt gegeben werden könnten und das Schiff praktisch für solche Versuche erprobt würde. Infolgedessen wurde das ganze an Bord der Yacht befindliche Material von Drachen und Instrumenten sowie die Handwinde und übrigen Bestandteile auf den „Sleipner" verbracht und verschiedene Aufstiege von dem Unterzeichneten und dem Adjutanten des Fürsten von Monaco, dem französischen Marineoffizier Herrn Sauerwein, ausgeführt. Zur Information waren an Bord des „Sleipner" von S. M. S. „Hohenzollern" die Herren: Kapitänleutnant v. der Osten und v. Haxthausen kommandiert.

Nachdem bereits am 30. Juni eine kurze Fahrt der Yacht „Princesse Alice" mit allen bei der Sache interessierten Herren stattgefunden hatte, ging am 1. Juli S. M. Torpedoboot „Sleipner" zum Zwecke von Drachenaufstiegen in See. Die Drachenwinde stand unmittelbar hinter dem Salon, eine drehbare Auslaufrolle, durch welche das Stahlkabel ging, befand sich einige Meter dahinter am Heck. Die Witterung war für Drachenaufstiege gewöhnlicher Art die denkbar ungünstigste, da sich beinahe kein Lüftchen bewegte. Zur Ergänzung des nötigen Drachenwindes hatte das Schiff in allen drei Kesseln Dampf aufgemacht und lief zeitweise mit vollster Geschwindigkeit, so dass mitunter eine Fahrt von 10 m/sec und mehr zur Verfügung stand. Alle Aufstiege gelangen vorzüglich. Schon nach einigen Versuchen konnte man überraschend leicht die Drachen emporbringen und immer weiter aufwärts treiben. Nach etwa 700 m wurde ein zweiter Drache, nach 1500 m ein dritter befestigt. Im ganzen liess man 3000 m Kabel aus. Die grösste Höhe betrug 1880 m, und nur der Umstand, dass keine weitere Menge geeigneten Kabels zur Verfügung stand, verhinderte das Erreichen grösserer Höhen. Lediglich um das Manövrieren des Schiffes mit Drachen in der Luft und die Einübung der Mannschaften zu betreiben, veranstaltete man am Nachmittag noch zwei weitere Aufstiege. Auch am folgenden Tage fanden wiederum Versuche statt; der „Sleipner" hatte Befehl erhalten, die Yachten Ihrer Majestäten des Kaisers und der Kaiserin auf der Fahrt nach Travemünde zu begleiten und womöglich die Drachenaufstiege in nächster Nähe zu veranstalten. Alle diese Versuche gelangen vortrefflich.

In technischer Beziehung erwies sich das Torpedoboot als ein vorzügliches Drachenschiff. Es wurde nachgewiesen, dass bei vollständiger Windstille, wie sie am 1. Juli vorlag, mit derartig schnellem Schiffe ein Erreichen beliebiger Höhen möglich ist, dass es stets gestattet ist, wenn man den Krümmungsradius des Kurses nicht zu klein nimmt, beliebige Richtungen und Drehungen auszuführen. Wir haben vollständige Kreise mit den Drachen in der Luft beschreiben können; je geringer die Höhe der Drachen ist, um so kleiner kann man den Durchmesser des Kreises nehmen. Die Fahrten fanden bei einer Luftdruckverteilung statt, welche, wie schon erwähnt, in den unteren Schichten fast gar keinen Wind verursachte. Drachenaufstiege waren unter diesen Umständen weder auf dem Lande, noch auf langsamer fahrenden Schiffen bisher ausführbar gewesen, da eben keine Möglichkeit vorhanden war, die Drachen in der Windstille emporzutreiben.

*Die Aufstiege des 1. Juli 1904 auf dem „Sleipner" markieren in diesem Sinne ein wichtiges Ereignis in der Geschichte der wissenschaftlichen Luftschiffahrt, da zum ersten Male Drachen bei völliger Windstille zu grossen Höhen geführt wurden.*

In meteorologischer Beziehung hat der Aufstieg ebenfalls zu interessanten Ergebnissen geführt.

In den untersten Schichten bis etwa 250 m Höhe finden wir eine Zunahme der Temperatur um etwa 3°, darüber beginnt eine starke Abnahme, etwa 1 Grad für 100 m, bis zu einer Höhe von 1000 m, hier beginnt wiederum eine neue Temperaturzunahme, die bis zu 1580 m der Maximalhöhe der Drachen reicht, jedoch hier anscheinend noch nicht zu Ende ist. Wir haben demgemäss drei verschiedene Luftschichten gefunden, welche sich auch durch ihren Wasserdampfgehalt scharf unterscheiden. Die unterste, unmittelbar dem Wasser aufliegende Zone enthält viel Wasserdampf, wie ja natürlich ist. Die darüber liegende Schicht mit starkem Temperaturgradienten ist dagegen sehr trocken. Die relative Feuchtigkeit sinkt unter 50%. Der Umstand, dass mit wachsender Höhe die letztere Grösse wieder ansteigt, der Dampfgehalt dagegen konstant bleibt, weist nach, dass wir es in dieser Schicht mit einem absteigenden Luftstrom zu tun haben, wie er übrigens für ein Barometermaximum charakteristisch ist. Die oberste Schicht, in welcher wiederum Temperaturzunahme und Abnahme der relativen Feuchtigkeit bis auf 20% eintritt, ist auch dadurch ausgezeichnet, dass in ihr die Windstille aufhört und eine, wenn auch leichte horizontale Bewegung der Luft beginnt. Diese Bewegung verursacht nun in der darunter liegenden ruhenden Schicht ein Phänomen, welches zuerst wohl von Helmholz beschrieben und durch Wolkenbildung erkannt wurde. Durch den Oberwind bilden sich in der ruhenden Schicht, gerade wie auf einer Wasserfläche durch den Wind, Wogen, die aber, weil hier die in Frage kommenden Medien ein ganz anderes Dichteverhältnis haben, von viel grösserer Länge ausfallen müssen, wie die Wasserwellen. Sind diese Wellen von genügender Höhe, so können sie an ihren Köpfen den Wasserdampf kondensieren und streifenartige Wolkenbildung verursachen, wie sie als Wogenwolken öfters auch in Beobachtung treten. Kommt es nicht zur Kondensation des Wasserdampfes, so bleiben die Wogen unsichtbar und sind bisher nicht beobachtet worden.

*Der Drachenaufstieg am 1. Juli 1904 hat die Existenz derartiger Gebilde auch ohne Kondensation gezeigt. Die Drachen des „Sleipner" sind wohl die ersten, welche Luftwogen wirklich gekreuzt haben.*

Von 11ʰ 37ᵐ bis 12ʰ 02ᵐ schneidet das Beobachtungsinstrument sechsmal hintereinander die Grenze zwischen der oberen Inversionsschicht und der darunter liegenden adiabatischen Schicht, wobei sowohl die Temperatur als die relative Feuchtigkeit jedesmal einen scharfen Sprung macht. Da die gleichzeitigen Höhenänderungen gering, bisweilen fast unmerklich sind, und da die Umkehrpunkte in der Höhenkurve in ziemlich gleichmässigen Zeitintervallen aufgezeichnet werden, ist dieses nicht anders, als durch eine wellenförmige Abgrenzung der unteren Zonen gegen die obere zu erklären. Da die Fahrgeschwindigkeit des Schiffes 10 m/sec war und der zeitliche Abstand der Wellenköpfe etwa 180 sec betrug, so folgt hieraus eine Wogenlänge von 1800 m, was sehr gut mit der aus dem Dichteverhältnis berechneten Wellenlänge übereinstimmt.

Die weiteren Drachenaufstiege an Bord S. M. S. „Sleipner" sind gelegentlich der Nordlandsfahrt vom Offizierkorps des Schiffes ausgeführt worden. Wegen der Kürze der zur Verfügung stehenden Zeit, die weitere Beschaffungen nicht erlaubte, konnten nur 2 Instrumente, 10 Drachen und etwa 5000 m Kabel mitgegeben werden. Die Instrumente mit ihren

Registrierungen und die Berichte wurden mir auf Allerhöchsten Befehl zur Bearbeitung übersandt. Dieselbe hat folgende Ergebnisse geliefert:

*Drachenaufstieg am 21. Juli 1904 im Strind Fjord und Throndjemfjord.*

Da unten wenig Wind herrschte, wurde der Aufstieg bei 18 Seemeilen Fahrt begonnen. Die Drachen stiegen gut. Bei 800 m Kabel wurde der zweite Drache, bei 1700 m der dritte Drache gesetzt. Bemerkenswert für den Aufstieg ist, dass die Drachen plötzlich aus windstillen Zonen in solche mit ziemlich starkem Wind kamen. Die Geschwindigkeit des Schiffes musste deshalb oft gewechselt werden, je nach der Kabelspannung. Da kein permanent arbeitendes Dynamometer an Bord war, konnte der Zug nur von Zeit zu Zeit abgelesen werden. Dieser Umstand führte auch zum Bruch des Kabels. Als 2700 m ausgegeben waren, brach das Kabel mit scharfem Bruch bei 2600 m. Unmittelbar vorher waren die Drachen plötzlich, von einer Böe erfasst, unter starker Beanspruchung des Kabels schnell gestiegen, so dass der Kabelwinkel auf 50° ging. Das Schiff fuhr sogleich den Drachen nach und konnte zwei Drachen, das abgerissene Kabel, sowie das Instrument bergen. Trotzdem das letztere in See gefallen, waren die Registrierkurven gut erhalten. Nach diesen betrug die Maximalhöhe 1900 m, die Temperatur, welche unten 12° betrug, war auf 2,7° in der Maximalhöhe gesunken. Die vertikale Verteilung der Temperatur und Feuchtigkeit zeigte bemerkenswerte Züge. In den unteren Schichten nahm die Temperatur sehr schnell ab (1° für 100 m). Diese Abnahme dauerte bis zu 1000 m, so dass hier bereits dieselbe niedrige Temperatur herrschte, wie in der Maximalhöhe von 1900 m. In dieser Höhe erreichten die Drachen die Wolken und damit begann ein neues Temperaturregime; die Temperatur nahm wiederum zu und zwar bis etwa 1600 m Seehöhe. Darüber begann eine starke Temperaturabnahme, stellenweise von mehr als 1°/100 m, welche bis zur Maximalhöhe und wahrscheinlich noch darüber hinaus angedauert hat. Die relative Feuchtigkeit, welche ebenfalls aufgezeichnet wurde, stieg in der untersten Schicht mit schneller Temperaturabnahme allmählich von 70% auf 100%, über den Wolken sank dieselbe wiederum auf 60%, später nach Erreichen der obersten Temperaturschicht auf 50% und darunter. Das Verhalten dieses meteorologischen Elements erweist, dass die unterste Schicht mit schneller Temperaturabnahme von aufsteigenden Luftströmen erfüllt war, welche in 1000 m Höhe ihren Wasserdampf kondensierten und so zur Wolkenbildung Veranlassung gaben, und dass sich über der Wolkenschicht eine trockene Zone von absteigender Luft befand, welche dem barometrischen Maximum, das in jenen Tagen über der norwegischen Küste lag, angehörte. Nach dem Schiffsbericht war der Himmel tatsächlich mit vielen Cumuluswolken bedeckt, welche stellenweise Böen verursachten. Das gewittrige Wetter jenes Tages mit schnell wechselnden Winden wurde also von der unteren, durch die schnelle Temperaturabnahme im labilen Gleichgewicht befindliche Schicht erzeugt; die schnell wechselnden Winde entstanden durch die vertikale Zirkulation und durch die Nähe der Küste.

*Die Drachenaufstiege am 1. August 1904 bei der Insel Rundö.*

Bei ziemlich heiterem Wetter und südwestlichen Winden wurden am 1. August 1904 zwei Aufstiege unternommen. Der erste begann um $11^h 30^m$. Das Schiff lief beim Auslassen des ersten Drachens mit 16 Seemeilen, konnte aber bald, nachdem die Drachen die Bodenschicht verlassen hatten, die Geschwindigkeit auf 7 Seemeilen ermässigen. Ein zweiter Drache wurde bei 800 m Kabel hochgelassen, wegen des schwachen Unterwindes musste das Schiff beim Auflassen wieder 12 Seemeilen Fahrt nehmen. Die Richtung des Oberwindes ging mit der Höhe immer nach rechts. Auch nahm die Stärke mit der Höhe zu. Bei 1370 m Kabel erfolgte plötzlich ein rapides Ansteigen des ersten Drachens. Die Kabelspannung nahm sehr schnell zu, das Kabel zerriss. Der zweite Drache fiel ins Wasser und hielt, gewissermassen als Wasseranker, den oberen Drachen in der Luft. Das Kabel konnte durch schnelles Nachfahren wieder aufgenommen und der Aufstieg fortgesetzt werden. Es wurden zwei weitere Drachen gesetzt und 2073 m Kabel ausgegeben. Der Wind nahm mit der Höhe so stark zu, dass die Maschine völlig stoppen konnte. Beim Einwinden stieg der Druck auf 60 kg, so dass wiederum Befürchtung eines Kabelbruchs entstand. Das Schiff lief infolgedessen rückwärts, was das Einwinden sehr erleichterte. Alle Drachen und das Instrument kamen glücklich an Bord. Leider hatte die Registrierung infolge einer Klemmung der Uhr versagt.

Der Aufstieg ist indessen sehr lehrreich, weil er zeigt, wie schwierig die Technik der Drachenaufstiege in der Nähe von Land ist. In den unteren Schichten, im Windschutz, sind die Winde sehr gering, mit der Höhe nehmen sie sehr schnell zu, es entstehen Wirbelbildungen, welche das Gleichgewicht der Drachen stören und schnelles Manövrieren notwendig machen. Die grosse Beweglichkeit und Steuerfähigkeit des „Sleipner" hat hier vor allem gezeigt, wieviel mit einem solchen Schiff in der Drachentechnik geleistet werden kann.

Am selben Tage wurde, um womöglich noch eine Registrierung der meteorologischen Elemente zu erhalten, ein zweiter Aufstieg unternommen. Auch dieser erwies sich, infolge der oben erwähnten Umstände, sehr schwierig. Der Aufstieg begann um $2^h 40^m$ und zwar, da genügend Wind vorhanden war, bei gestoppter Maschine. Die Drachen stiegen zunächst sehr gut, gerieten aber bald infolge Wirbelbildung in der Nähe des Landes in Luftschichten, in welchen ihre Stabilität sehr gefährdet war. In etwa 600 m ging zunächst der obere Drache stark nach rechts, indem er sich zu gleicher Zeit seitwärts legte, schlug dann plötzlich mit grosser Geschwindigkeit nach unten bis in die Höhe des zweiten Drachens, um ebenso schnell wieder in die Höhe zu schiessen. Es wurden im ganzen 2180 m Kabel abgelassen. Beim Einwinden ging das Schiff wieder rückwärts. Trotzdem stieg die Kabelspannung so stark, dass die Linie bei 1950 m brach. Vorher machten beide Drachen zusammen das oben beschriebene Manöver noch einmal; beim Wiederaufsteigen zerriss das Kabel. Die Drachen blieben jedoch in der Luft, da der Widerstand des im Wasser liegenden Kabels genügte, um dieselben zu halten. Dieselben entfernten sich mit so grosser Geschwindigkeit, dass das mit aller Kraft nachfahrende Boot sie nicht einholen konnte. Bei diesem Aufstieg gingen 2 Drachen und 2000 m Kabel verloren. Durch Zufall wurden die Registrierungen erhalten. Durch den Fischdampfer „Snorre" wurde ein noch in der Luft schwebender Drache nordöstlich der Gräsinseln entdeckt; der andere war wahrscheinlich inzwischen herabgefallen und hatte die Fahrt der Drachen verlangsamt. Das Einziehen des Instrumentendrachens, welches ohne Winde vollführt werden musste und über eine Stunde dauerte, gelang der Mannschaft. Die mir später übermittelte Registrierkurve ergab folgende Resultate: In den unteren Schichten nahm die Temperatur zunächst wieder adiabatisch ($1^0/100$ m) bis zu einer Höhe von 200 m ab, hierauf folgte ein starker Temperatursturz, und darnach wiederum eine Temperaturabnahme von $1^0$ auf 100 m. Die relative Feuchtigkeit nahm zuerst ab, dann wiederum zu. Diese verschiedene Temperaturverteilung ist wohl mit den verschiedenen, durch die Drachen beobachteten Windschichten in Zusammenhang zu bringen.

Weitere Aufstiege, so wünschenswert sie auch wegen der zu erwartenden Beschlüsse gewesen sind, konnten leider wegen des grossen Kabelverlustes nicht mehr gemacht werden.

Die auf S. M. Torpedoboot „Sleipner" gemachten Aufstiege sind trotz ihrer geringen Anzahl von grosser Bedeutung für die Entwicklung der Drachentechnik. Sind sie doch bis jetzt die einzigen, welche auf einem schnell fahrenden Schiff, welches zu gleicher Zeit eine grosse Beweglichkeit hat, gemacht worden sind. Durch diese Versuche ist erwiesen worden, dass gerade derartige Fahrzeuge für Drachenversuche die zweckmässigsten sind. Die gewonnenen Erfahrungen wurden denn auch bei der Konstruktion des Drachenbootes „Gna" für die aerologische Station am Bodensee vielfach verwertet. Allerdings können erfolgreiche Aufstiege in der Nähe von hohen Küsten wohl nur unter besonderen Vorsichtsmassregeln (Verwendung von starken Kabeln usw.) wegen der dort auftretenden Luftwirbel ausgeführt werden*). Auf freiem Meere dagegen ist es leicht, mit einem derartig schnell fahrenden Boot Drachenaufstiege bei fast allen Wetterlagen bis zu beliebigen Höhen zu vollführen. Gerade der Umstand, dass ich auf zwei verschiedenen Schiffen operieren konnte, auf der verhältnismässig langsam fahrenden Yacht „Princesse Alice" und dem schnellen beweglichen „Sleipner", hat mir die Ueberzeugung verschafft, wie wertvoll eine Fahrgeschwindigkeit von 10 m/sec und mehr ist. In den Passaten, wo wir über der Passatschicht, welche nur wenige hundert Meter hoch war, oft Windstillen fanden, konnten wir mit der „Princesse Alice", welche nur ungefähr 12 Seemeilen fahren konnte, in den windstillen Schichten die Drachen nicht höher bringen, so viel Kabel wir auch ausgeben mochten. Dieselben legten sich, ohne zu steigen, vom Schiffe immer mehr abtreibend, auf die untere Windschicht wie auf ein Kissen auf. Lediglich durch die Geschwindigkeit des Einwindens konnten die Drachen dann höher getrieben und Höhen bis zu 4500 m erreicht werden. Allein bei dieser Methode mussten über 10 000 m Kabel ausgegeben und mehr als 11 Drachen gesetzt werden. Der Aufstieg erforderte zudem 10—12 Stunden Zeit. Noch mit ganz anderem Erfolge hätten wir sicher gearbeitet, wenn ein schnelles Schiff wie der „Sleipner" zur Verfügung gestanden hätte. In wenig Stunden, mit weniger Drachen und Kabel hätten wir bequem die Luftschichten von 5000—6000 m erforscht. Bei windstillem Wetter, wo ein Schiff von weniger als 15 Seemeilen Fahrt keine Drachen emporzubringen vermag, können mit einem Fahrzeug von grosser Geschwindigkeit beliebige Höhen erreicht werden. Windstille Tage waren auf den Meeren, welche ich durchfahren habe, nicht selten, ja, was noch wichtiger ist, durch die Drachen ist nicht nur in den Passaten, sondern auch im Mittelmeer und anderswo häufig konstatiert worden, dass der Wind über der See schon in geringen Höhen oft verschwindet. Auch in solchen Fällen können nur Fahrzeuge wie der „Sleipner" zu ergiebigen Drachenaufstiegen benutzt werden.

Die maritime Meteorologie, die Wissenschaft von den Wettervorgängen über dem Meere befindet sich noch in den allerersten Anfängen; ernstliche Versuche, die Erscheinungen auch hier in der freien Atmosphäre durch besondere Expeditionen zu studieren, sind, mit Ausnahme der Kreuzerfahrten des Fürsten von Monaco, nicht gemacht worden. Schon diese, wenn auch bis jetzt noch in geringer Zahl, haben ergeben, in wie überraschender und eigenartiger Weise unsere Kenntnisse von den Wettervorgängen über den Meeren bereichert wurden. Beispielsweise sind unsere Anschauungen über die Passate durch wenige Aufstiege völlig verändert worden. Ich hege die feste Überzeugung, dass durch Drachenaufstiege von schnellen Schiffen aus nicht nur die reine Wissenschaft, sondern auch die ausübende Schiffahrtskunde hohen Gewinn ziehen wird.

*) Red.: Das Schwedische Vermessungsschiff „Skagerak" konnte auf der Fahrt von Lysekiel nach Göteborg bei 4 km Draht nur 1115 m Höhe erreichen. In dem Bericht heisst es: „Für die ausgegebene Drahtlänge ist die erreichte Höhe sehr gering; die Drachen können wegen starker Wirbelbewegungen durch die Störungsschicht in 1000 m Höhe nicht hindurchdringen und stehen sehr unruhig; Zug vorübergehend bis 50 kg."

Forschungsreise S.M.S. „Planet", 1906/07. Bd. II, Aerologie.  TAFEL 1

Forschungsreise S.M.S. „Planet", 1906/07. Bd. II. Aerologie.  TAFEL 2

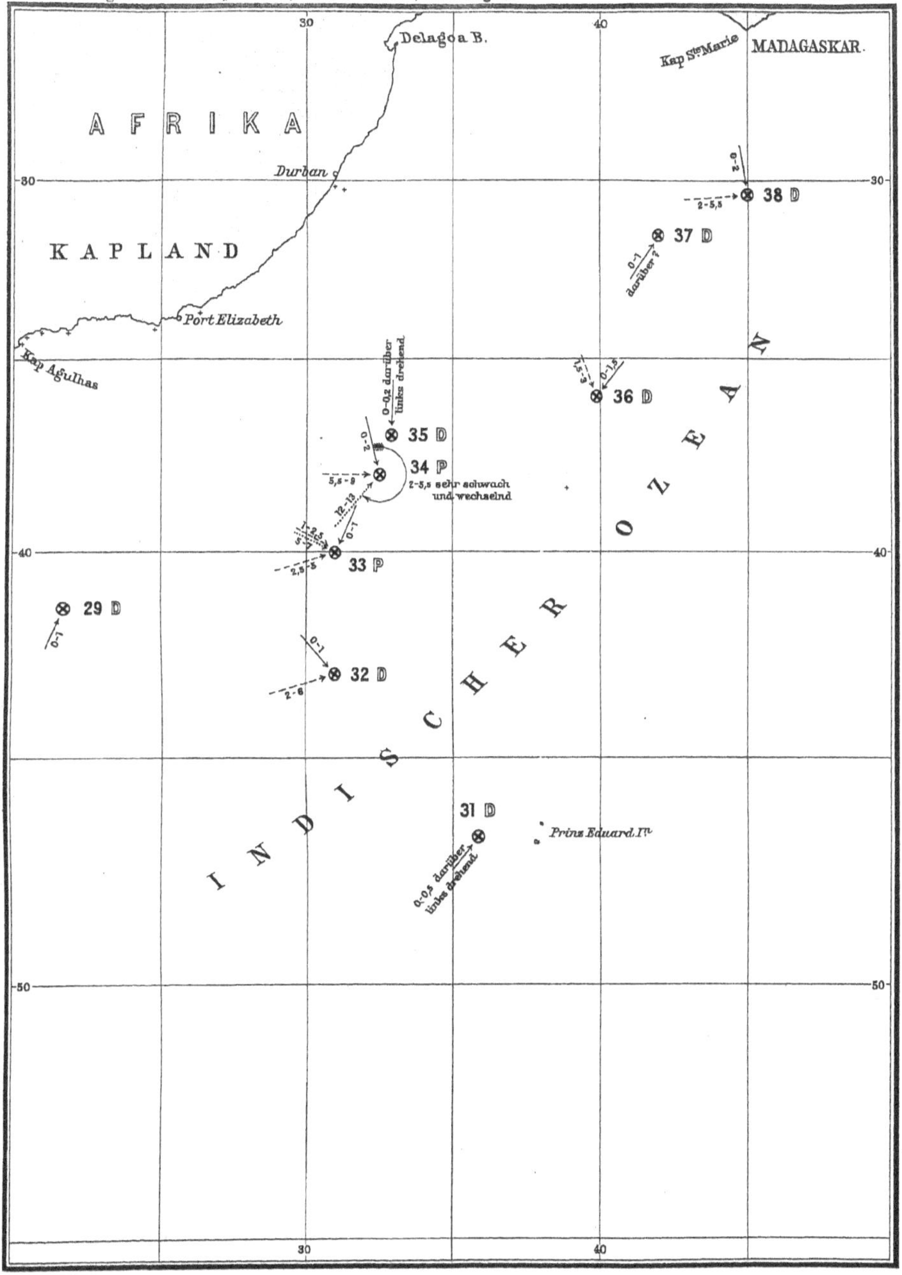

Forschungsreise S.M.S. "Planet", 1906/07. Bd. II, Aerologie.

TAFEL 3

Forschungsreise S.M.S. "Planet", 1906/07. Bd. II, Aerologie.   TAFEL 4

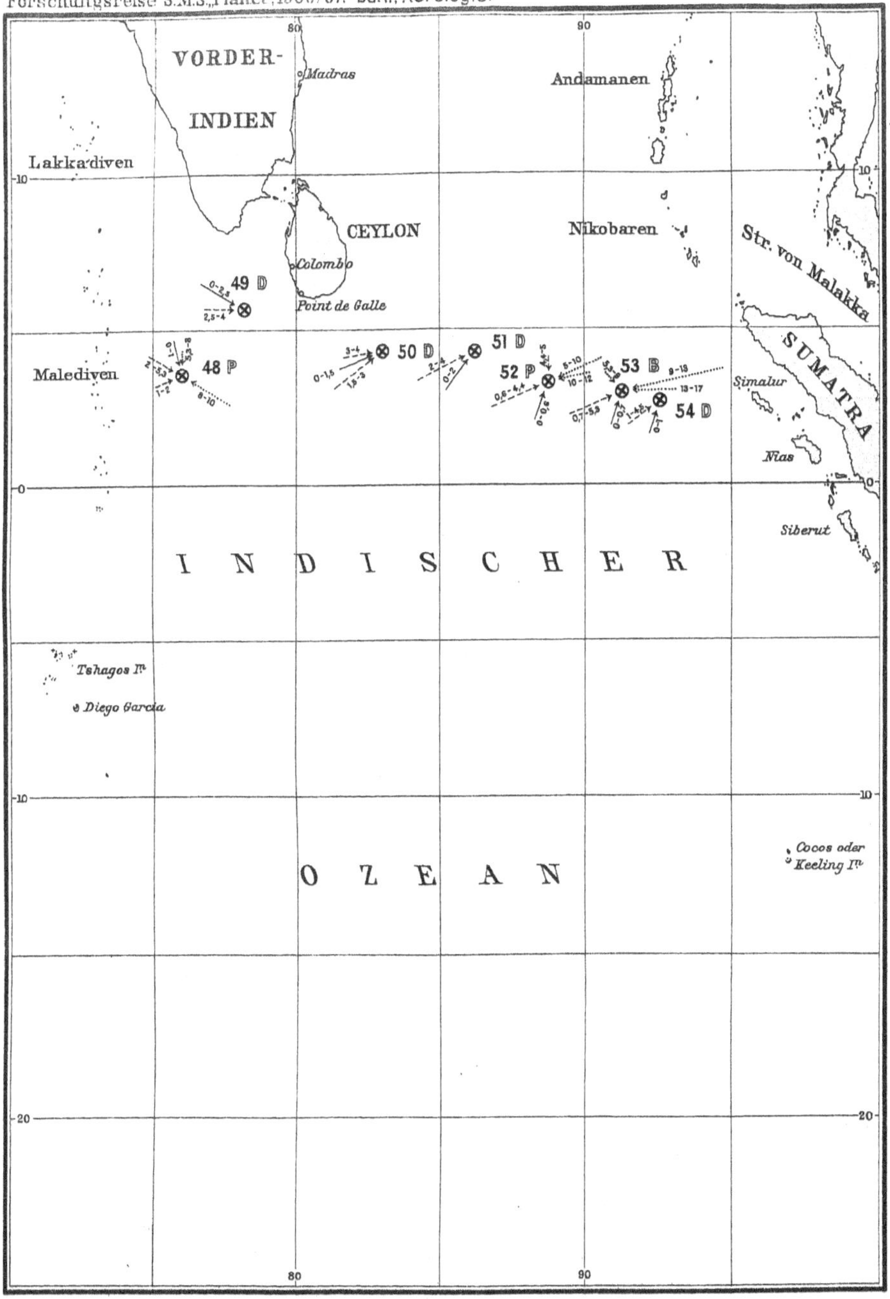
VORDER-
INDIEN
Madras
Andamanen
Lakkadiven
CEYLON
Colombo
Point de Galle
Nikobaren
Str. von Malakka
SUMATRA
Malediven
Simalur
Nias
Siberut
49 D
48 P
50 D
51 D
52 P
53 B
54 D
I N D I S C H E R
Tshagos I^n
Diego Garcia
O Z E A N
Cocos oder
Keeling I^n
80
90
10
0
20

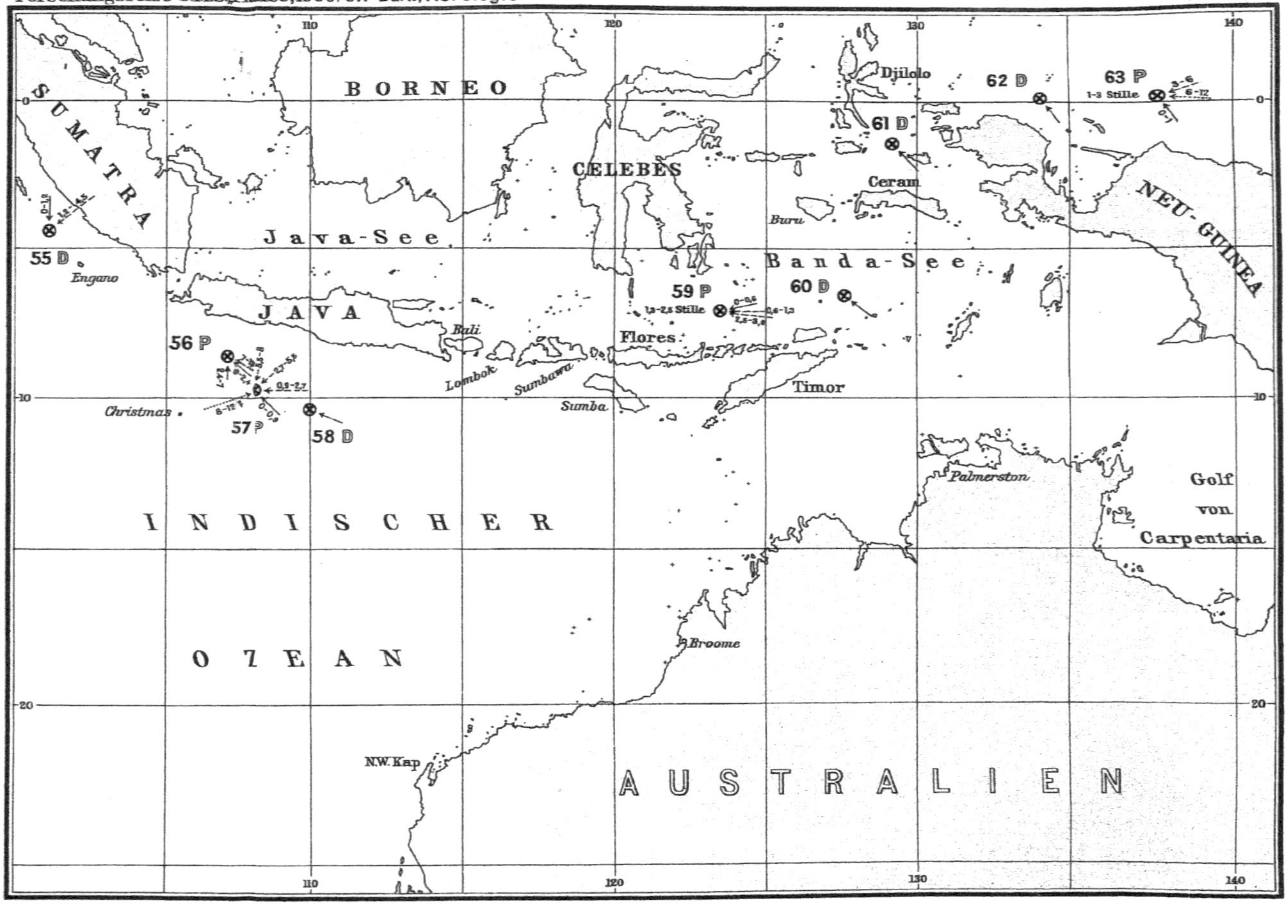

TAFEL 6

Forschungsreise S.M.S. "Planet" 1906/07. Bd. II. Aerologie.

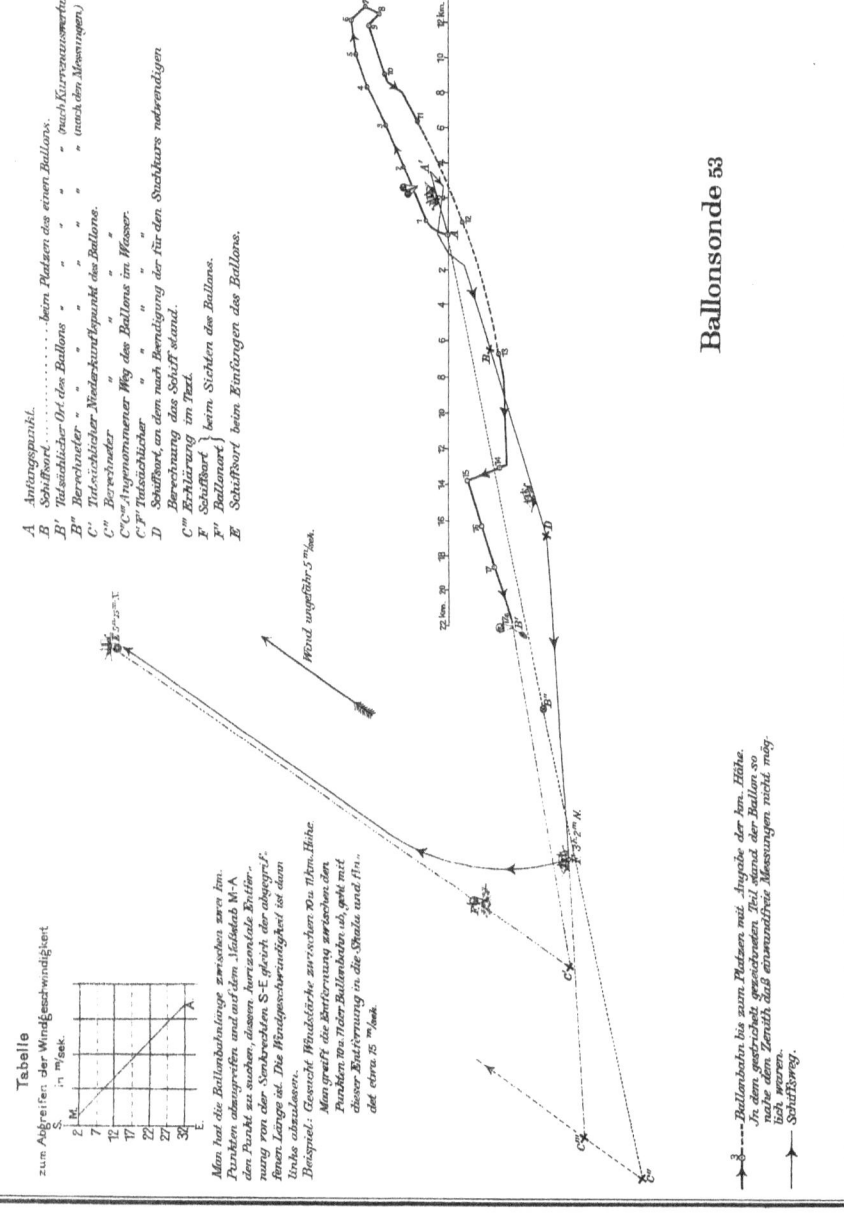

Forschungsreise S. M. S. „Planet" 1906/07  
Bd. II. Aerologie

Anhang

# Diagramme

zum

# Aerologischen Tagebuch

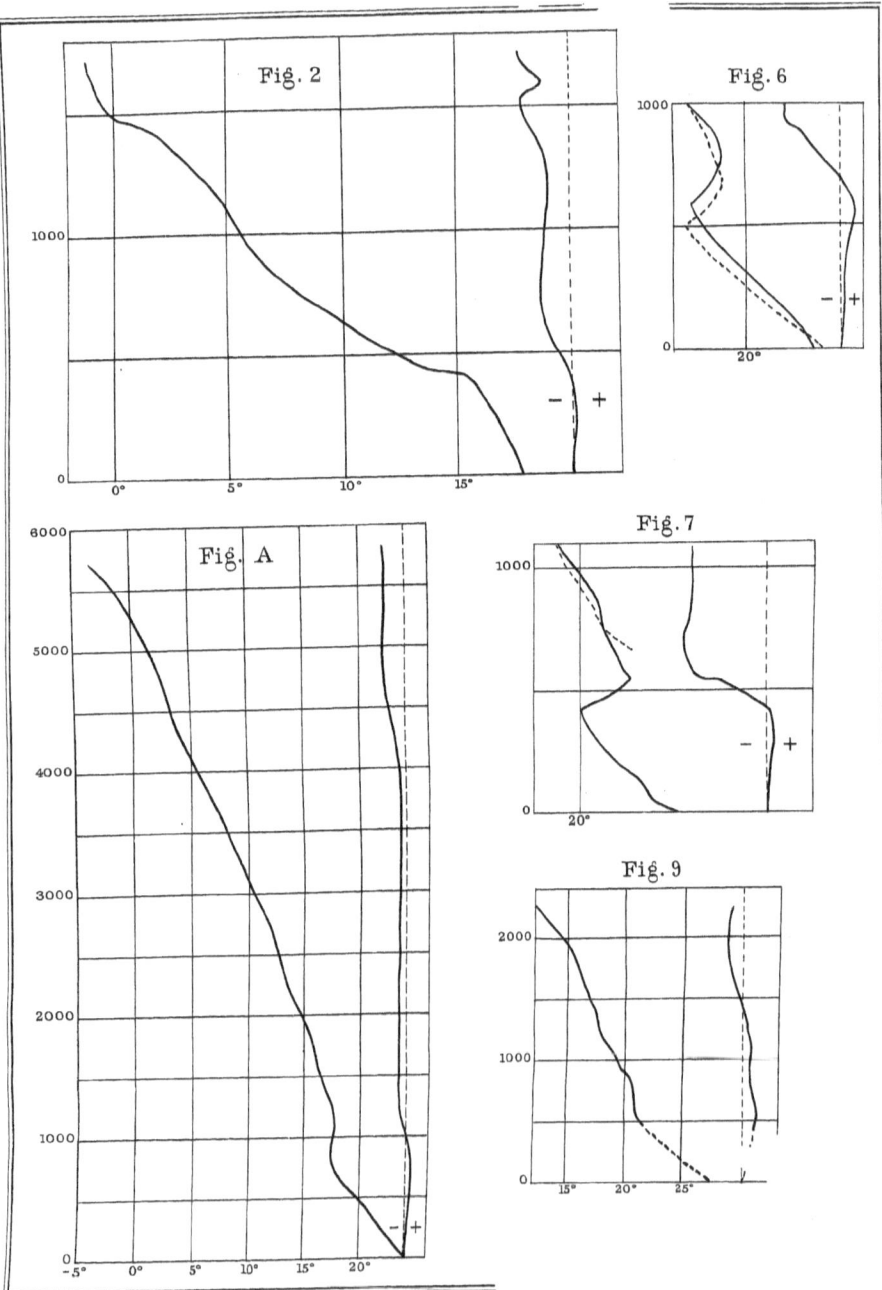

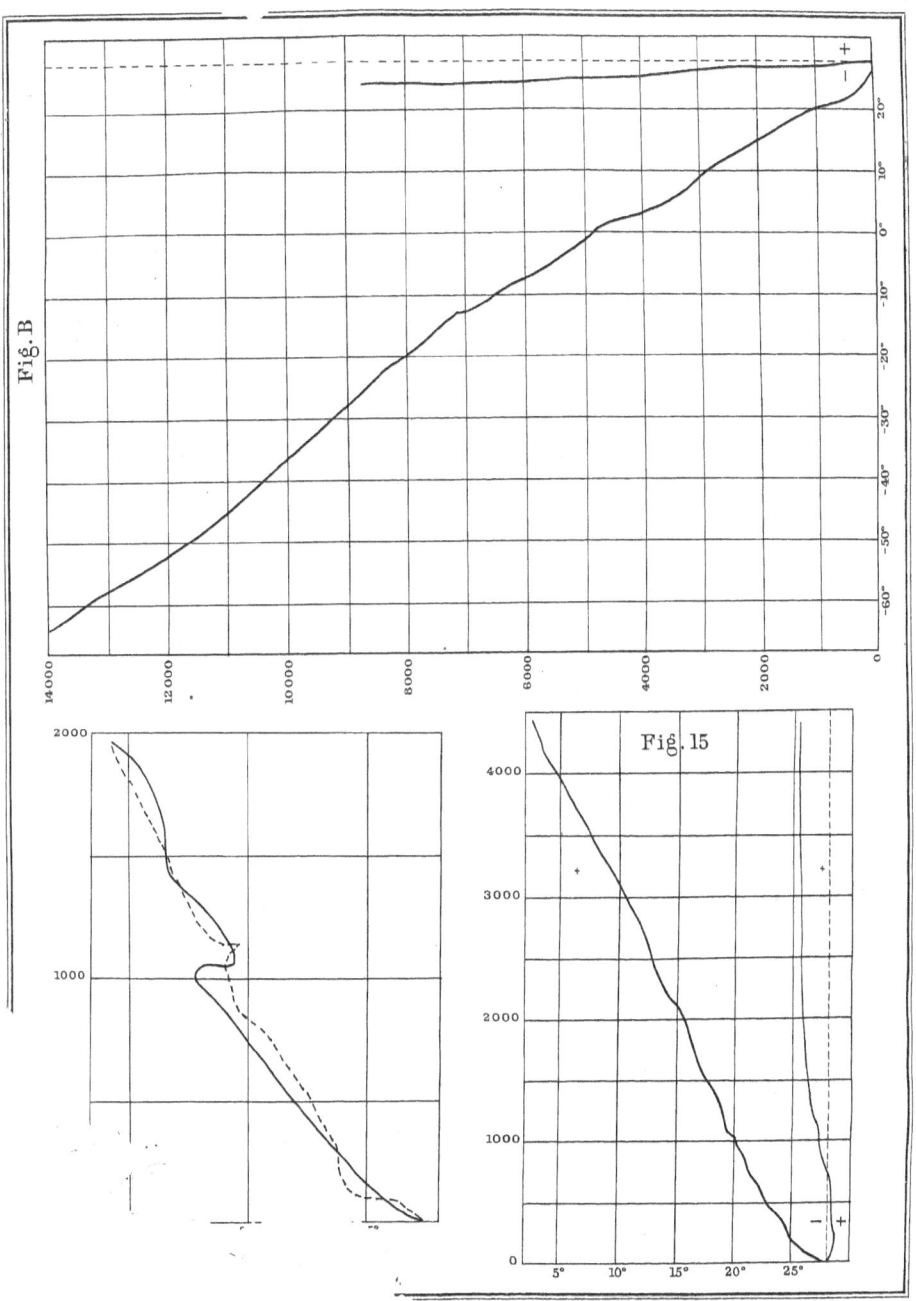

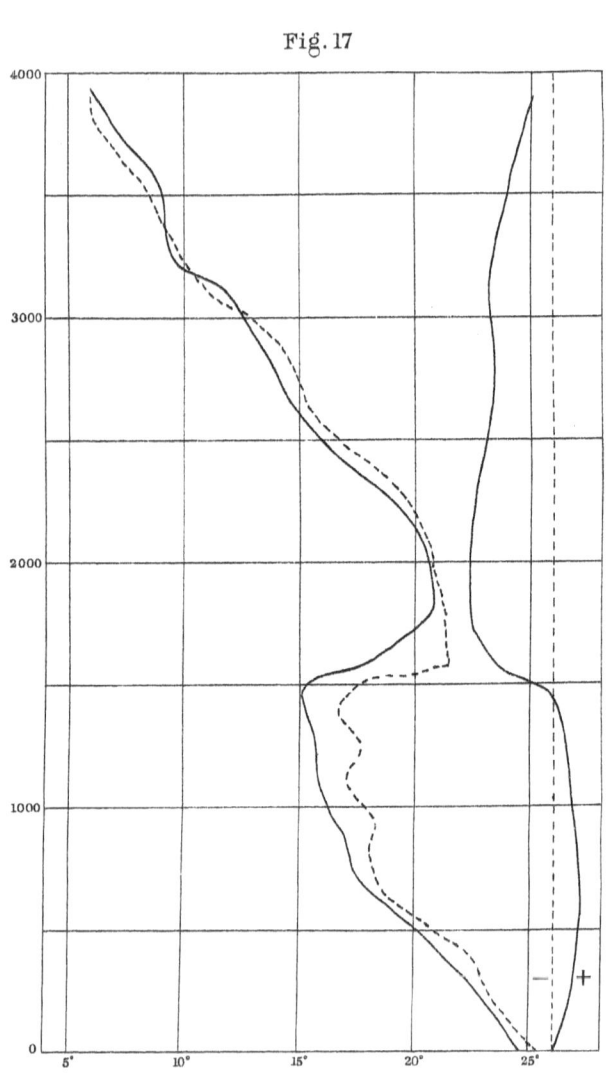

Fig. 17

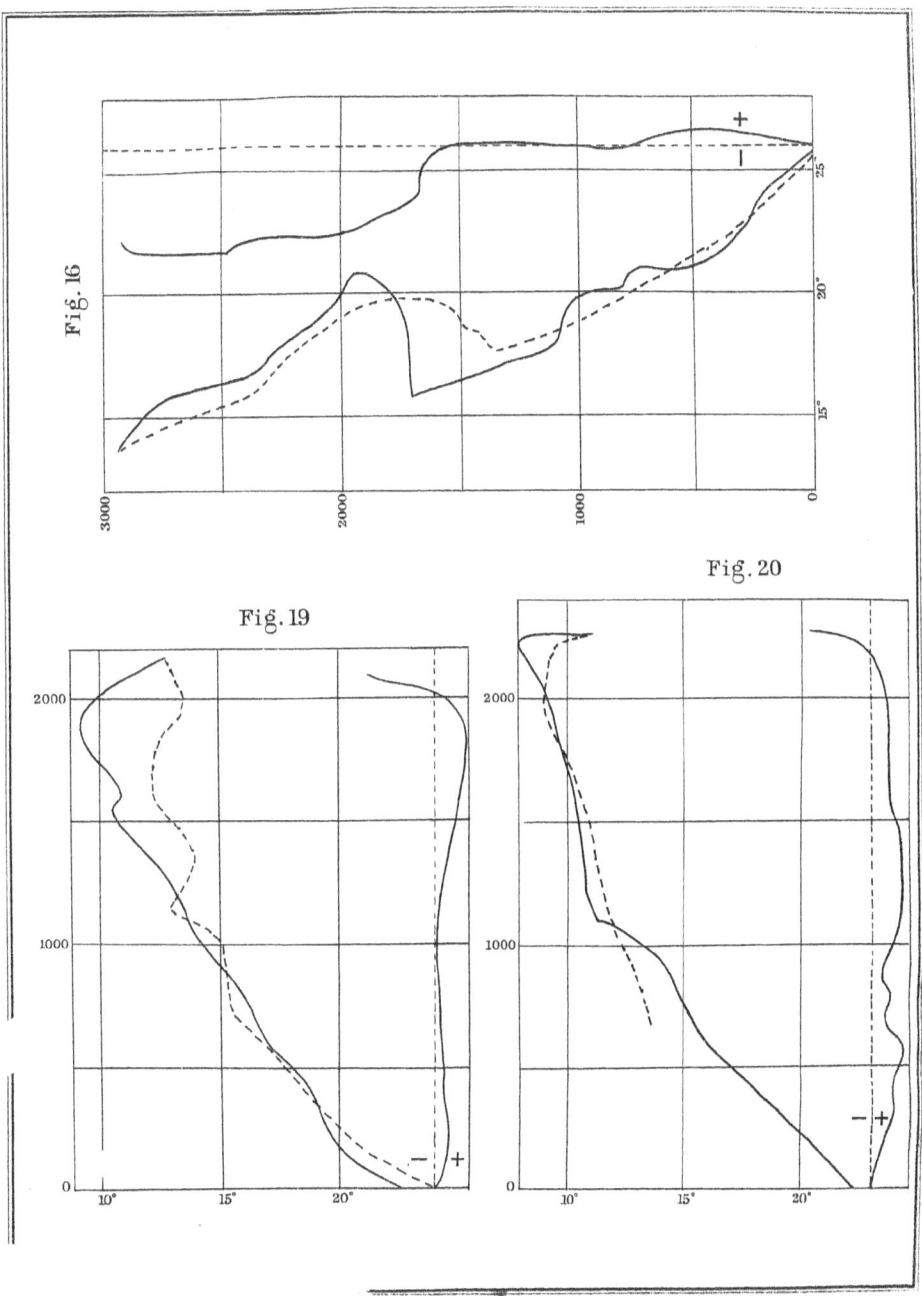

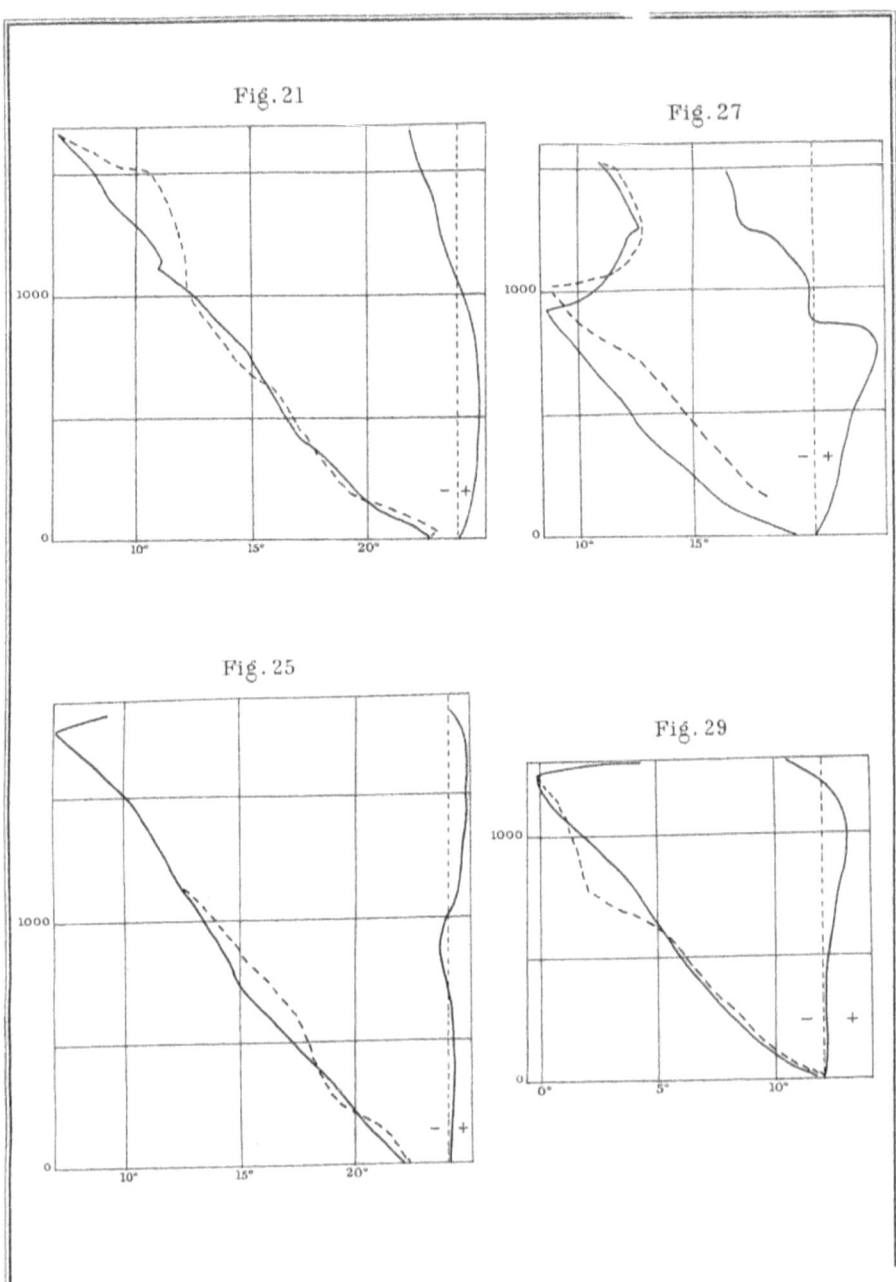

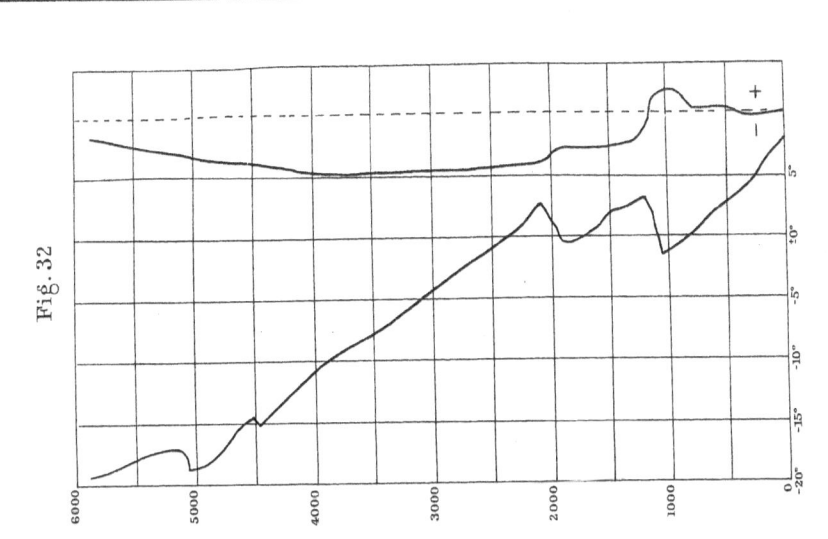

Fig. 32

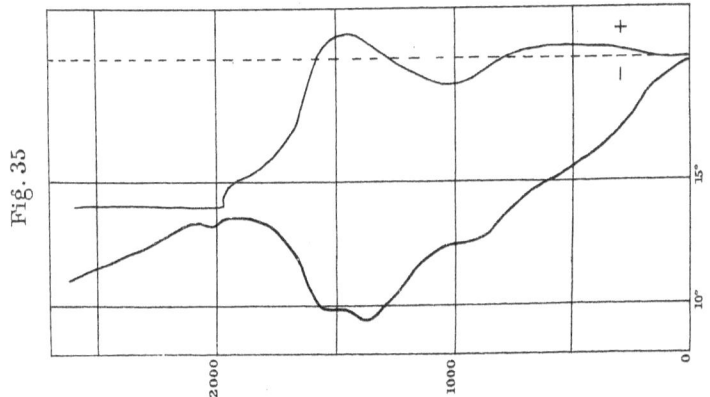

Fig. 35

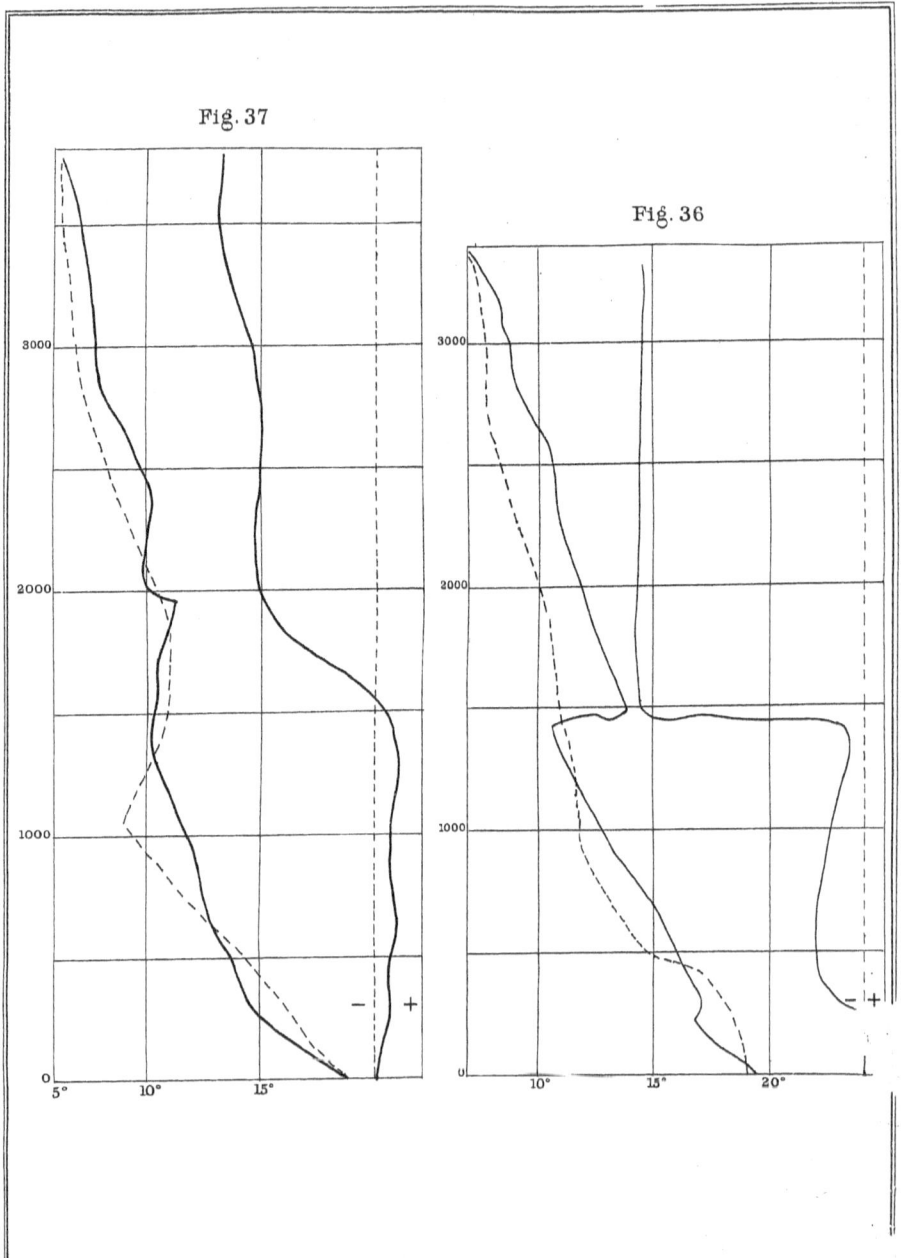

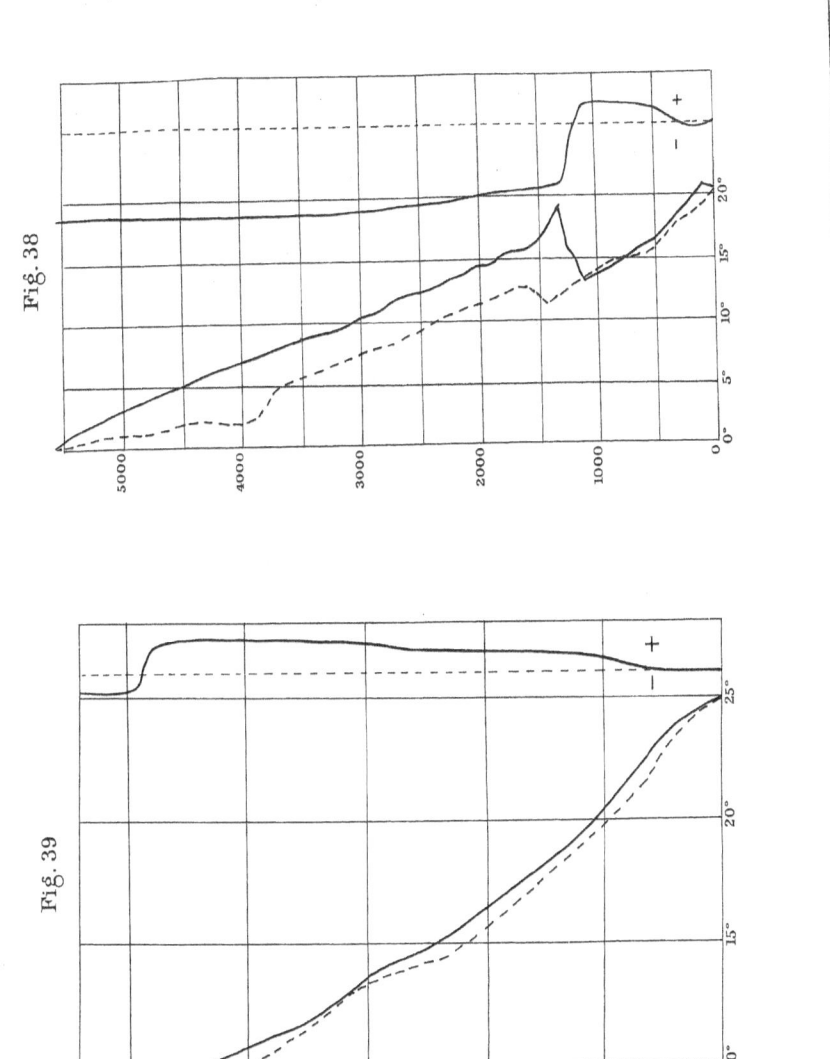

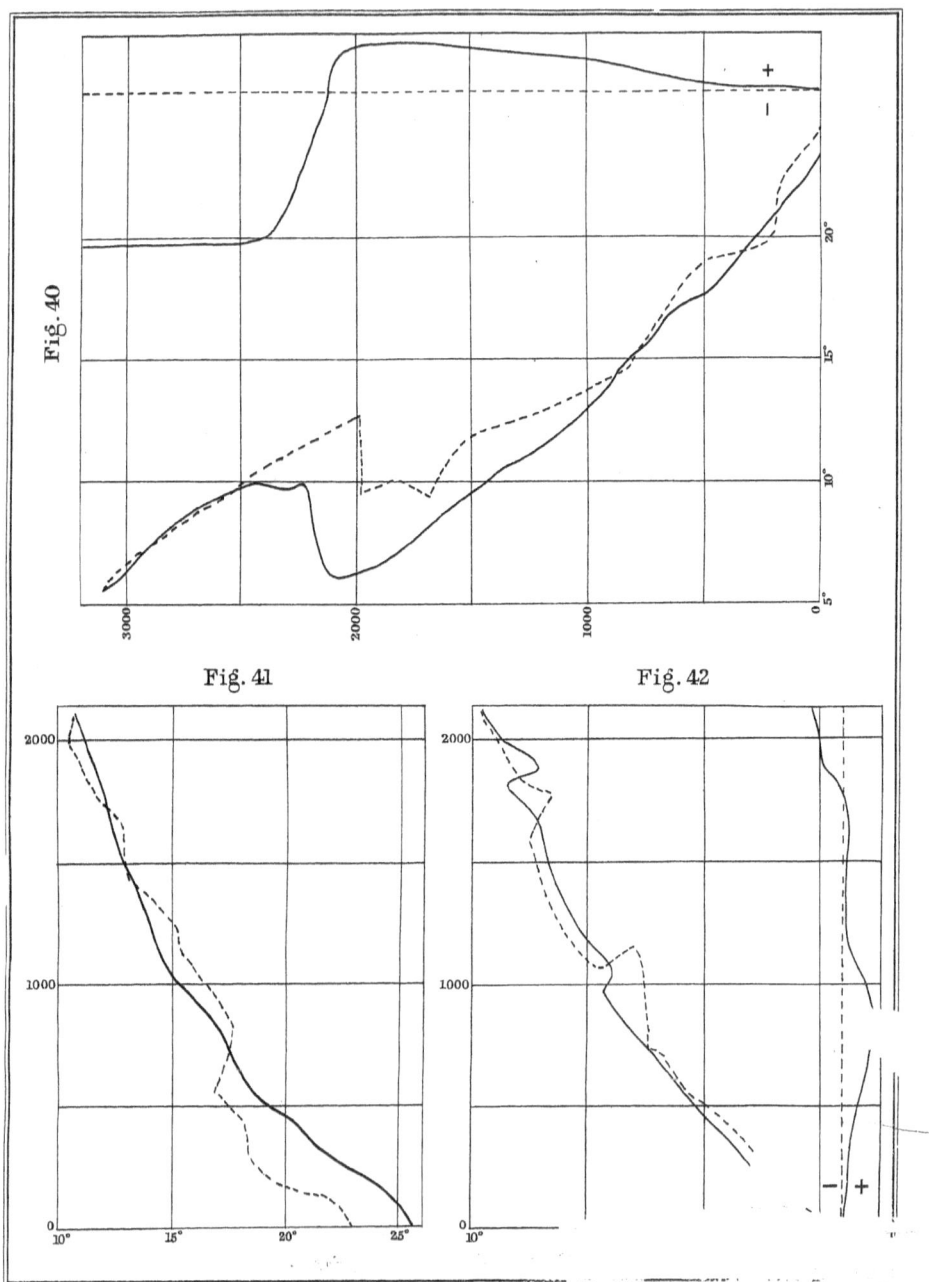

Fig. 40

Fig. 41

Fig. 42

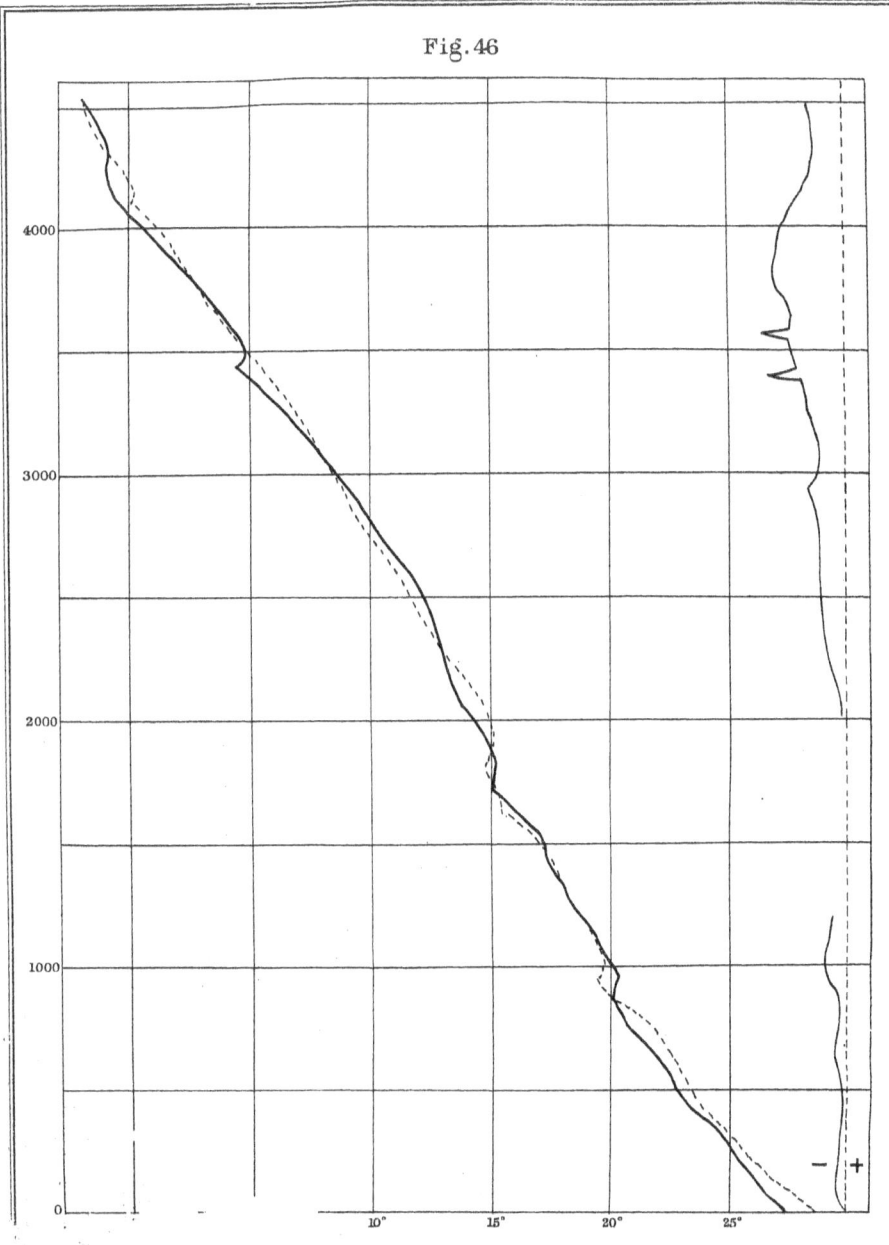
Fig. 46

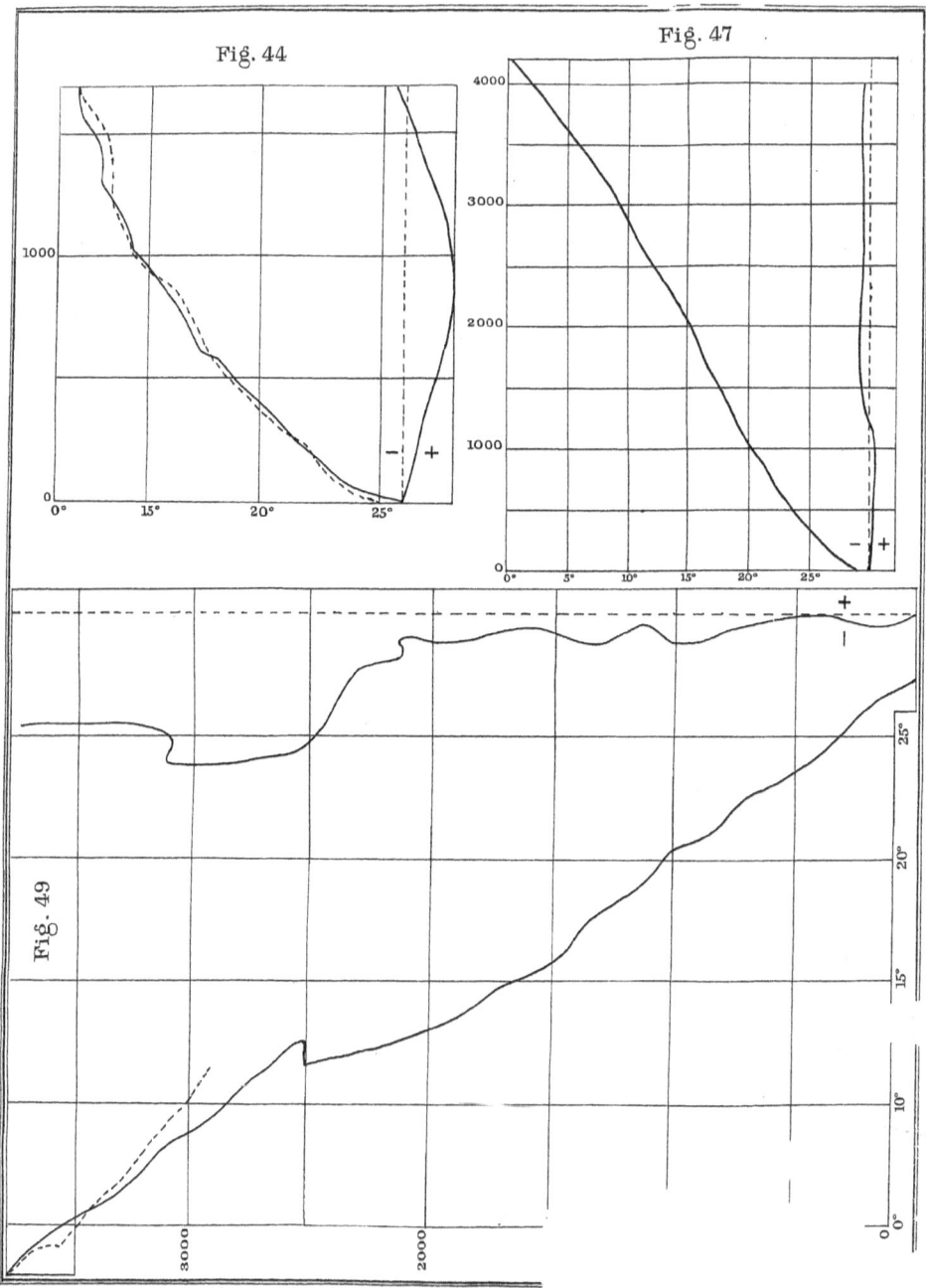

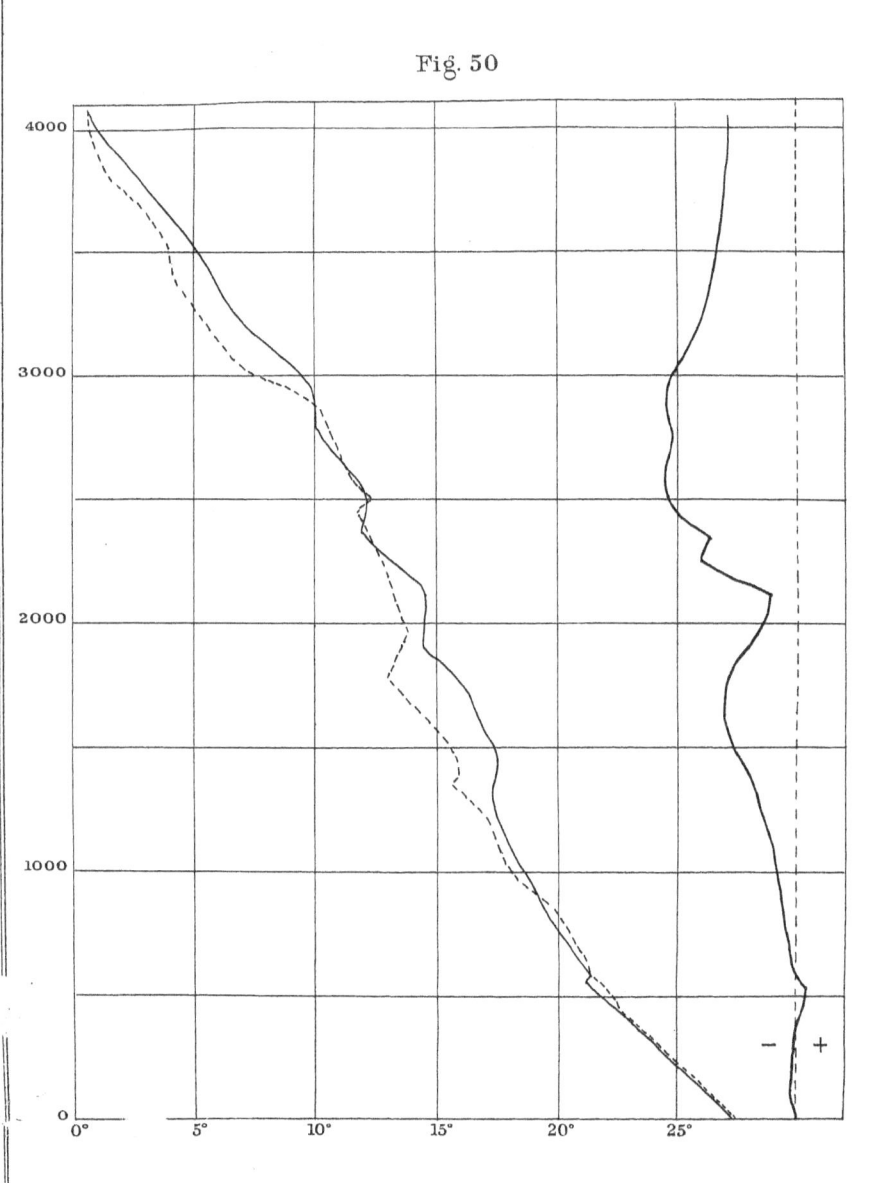

Fig. 50

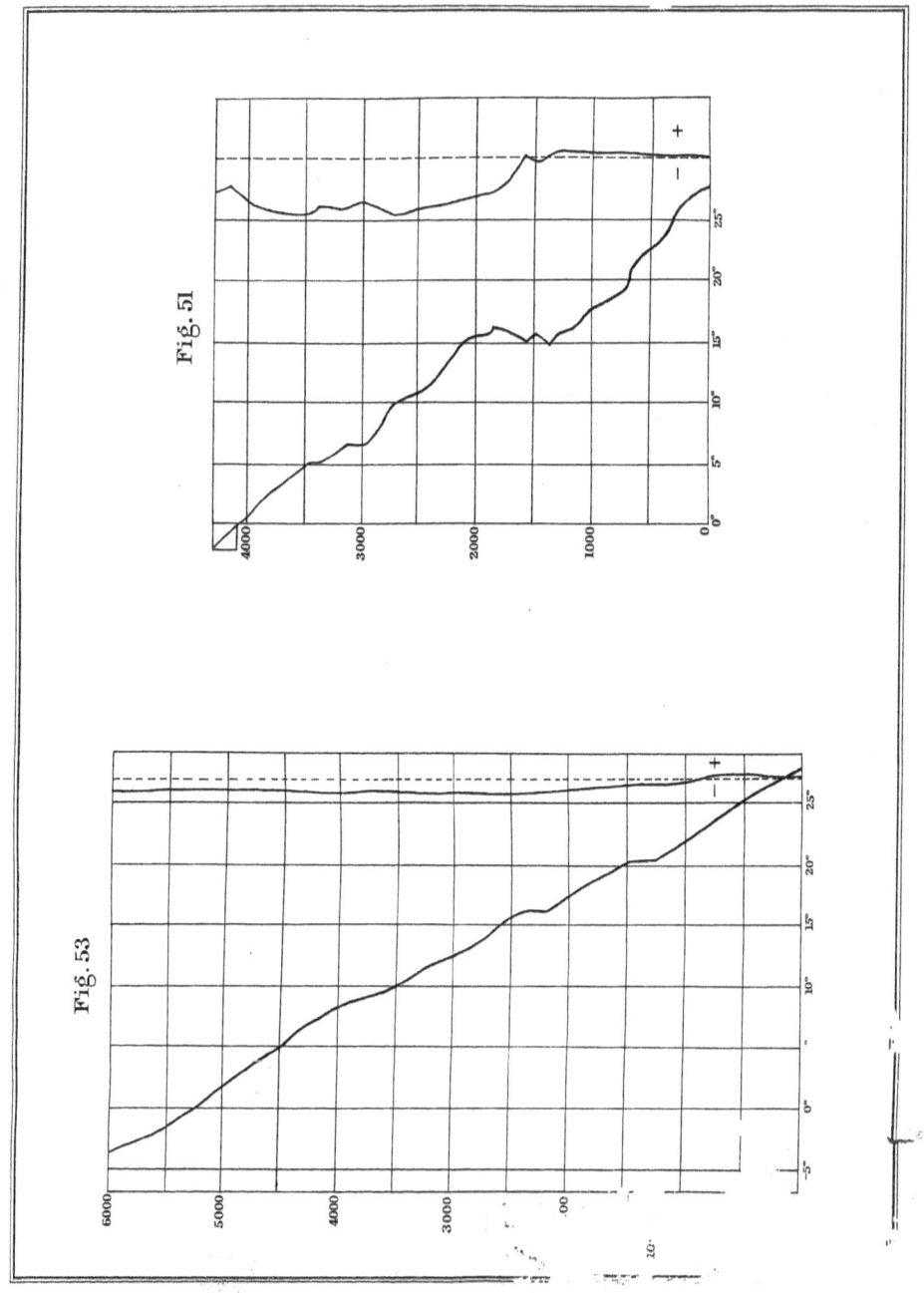

Fig. 54

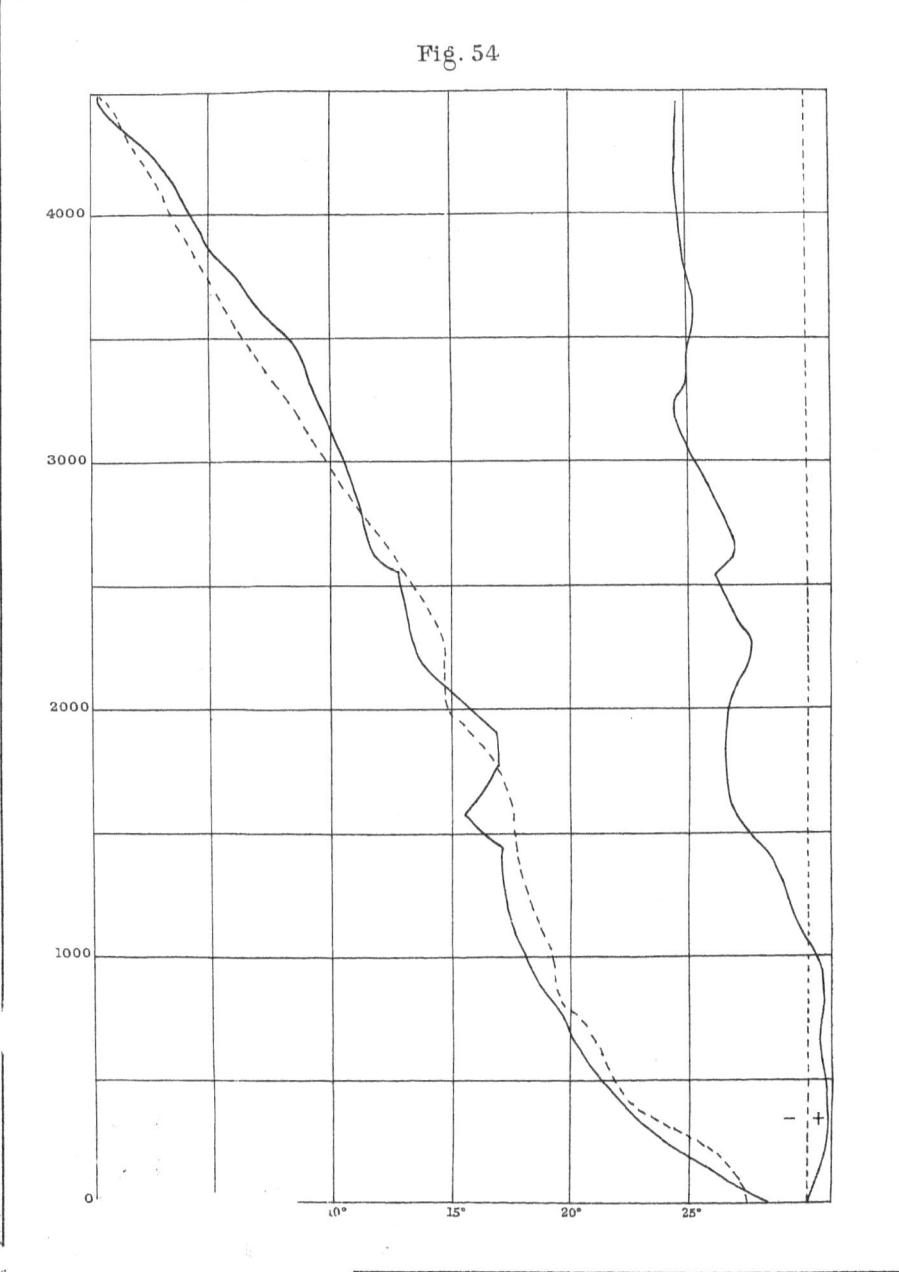

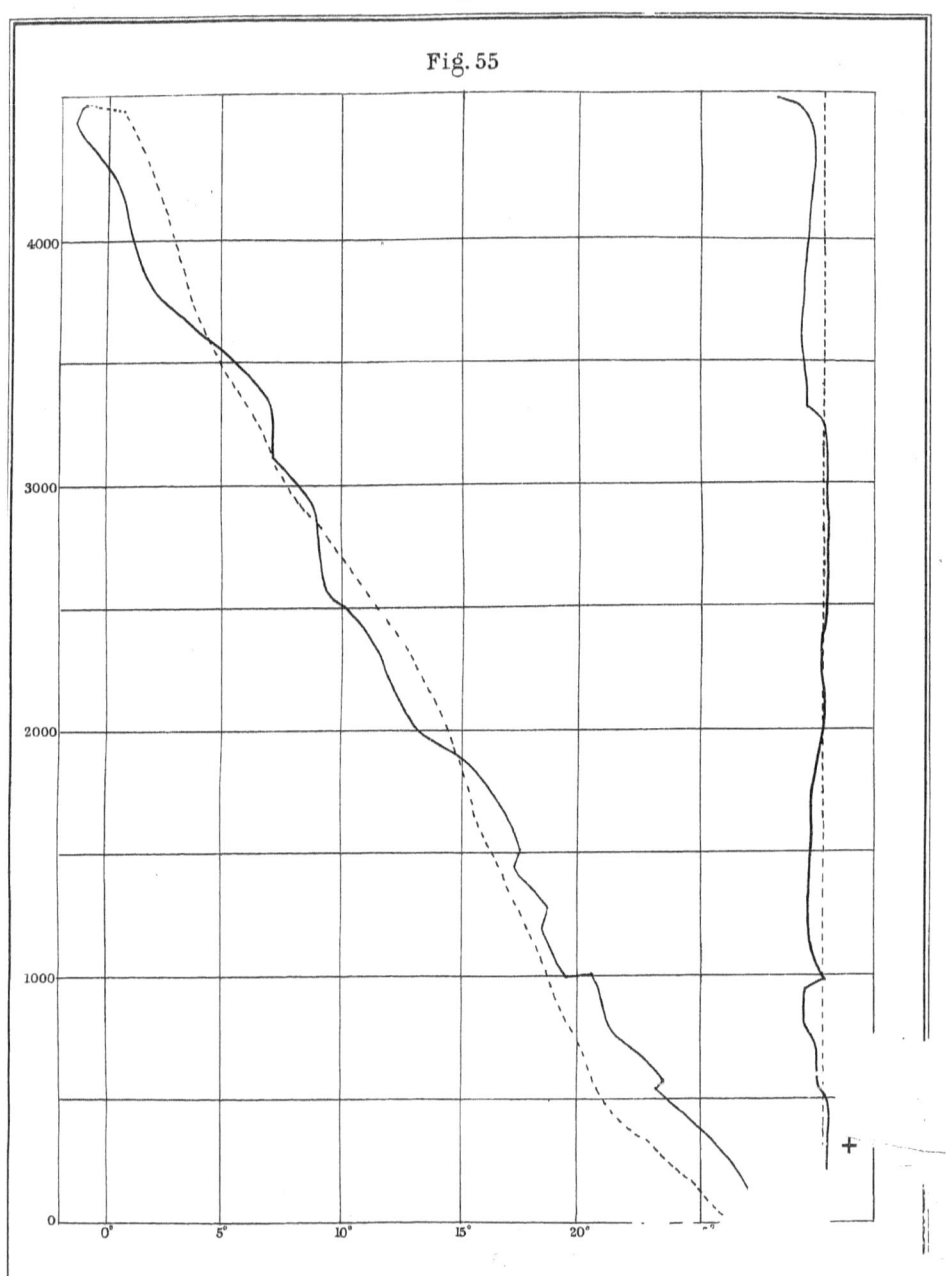
Fig. 55

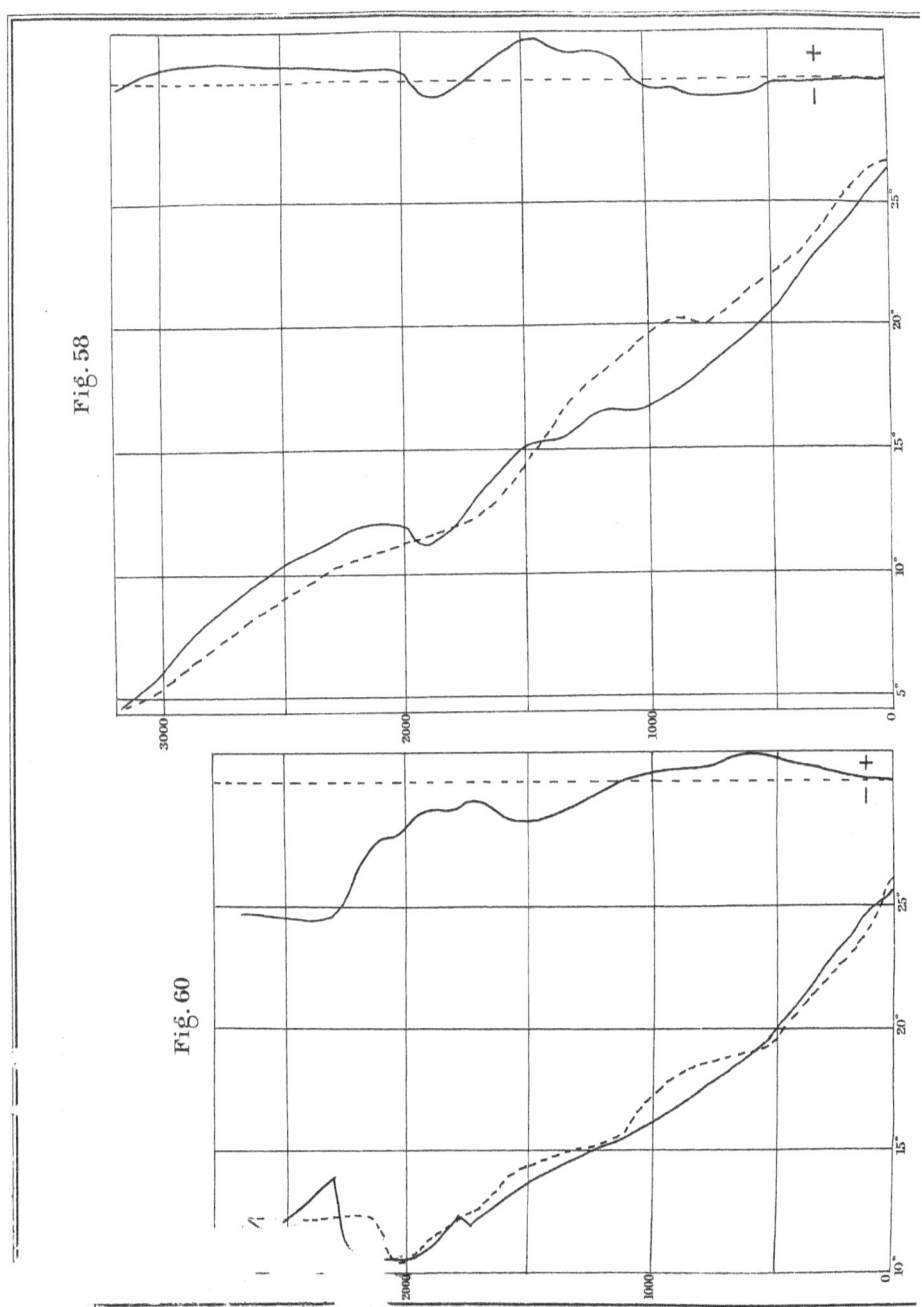

Fig. 58

Fig. 60

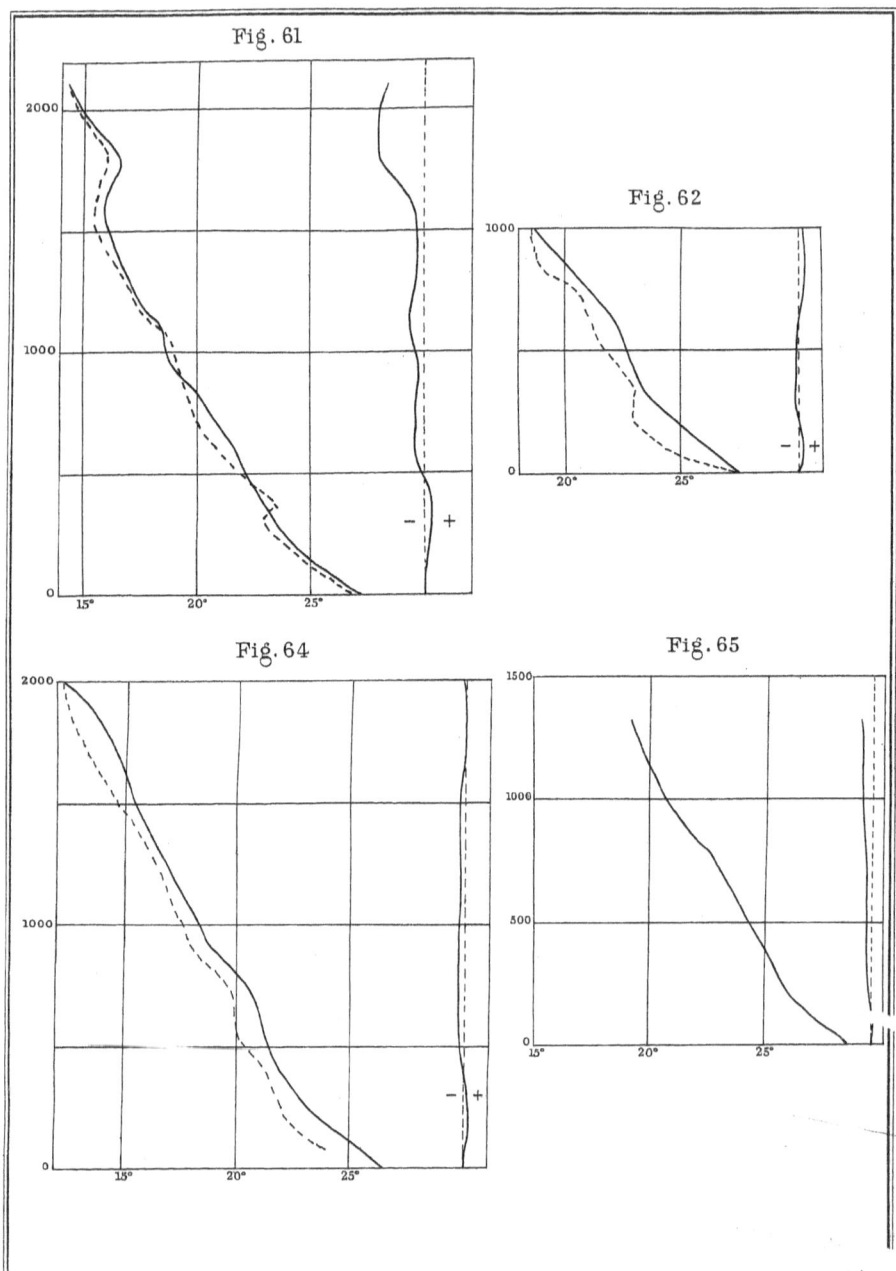

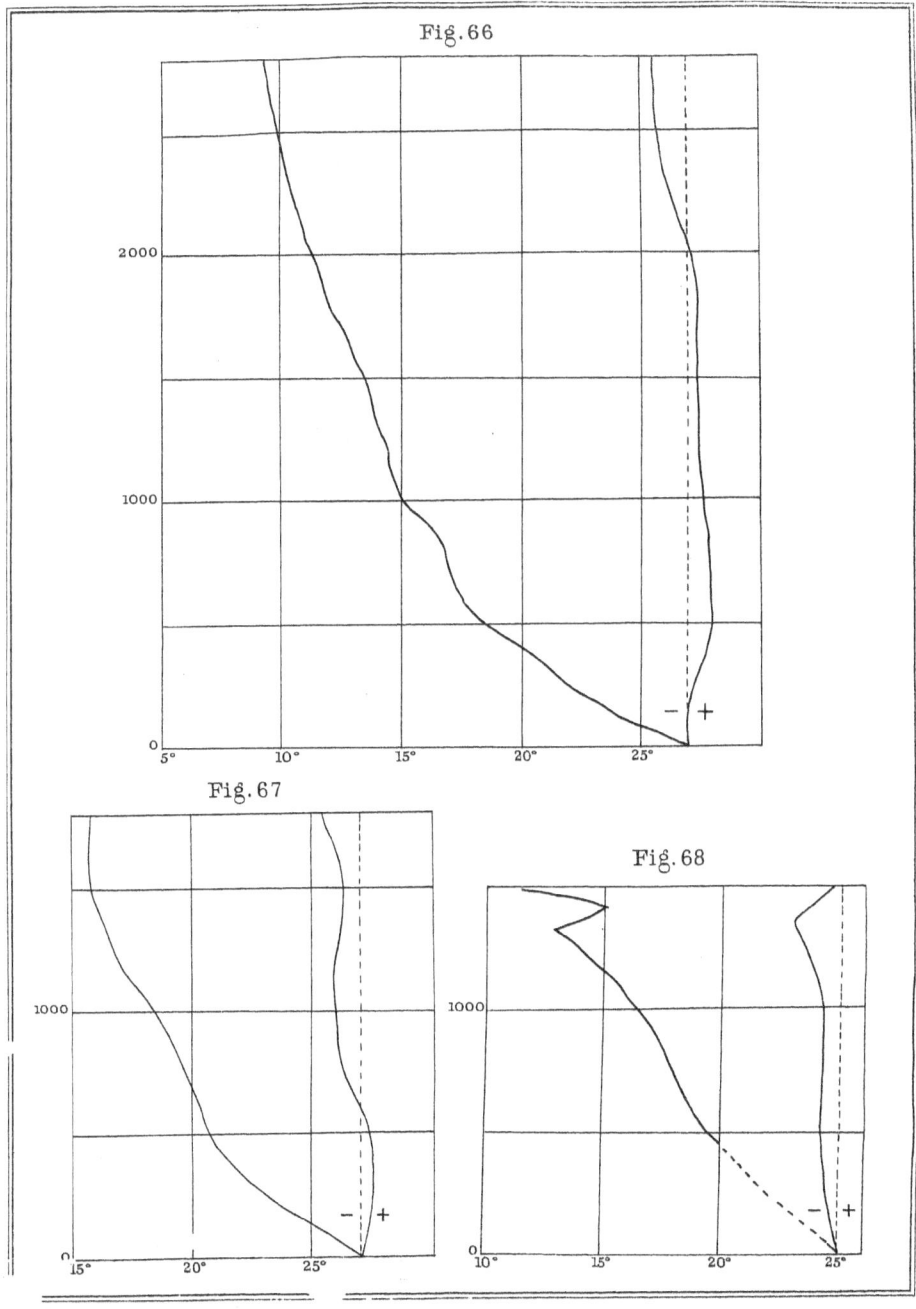

Fig. 66

Fig. 67

Fig. 68

www.ingramcontent.com/pod-product-compliance
Lightning Source LLC
Chambersburg PA
CBHW030300010526
44108CB00038B/1046